中国共产党历次代表大会史丛书

第一辑

中共四大史

王佩军　童　科　温美平　编著

中共党史出版社

图书在版编目（CIP）数据

中共四大史 / 王佩军，童科，温美平编著 . -- 北京：中共党史出版社，2024.6

（中国共产党历次代表大会史丛书 . 第一辑）

ISBN 978-7-5098-6448-7

Ⅰ . ①中… Ⅱ . ①王… ②童… ③温… Ⅲ . ①中共四大（1925）—史料 Ⅳ . ①D220

中国国家版本馆 CIP 数据核字（2023）第 234712 号

书　　名：**中共四大史**
作　　者：王佩军　童科　温美平

出版发行：中共党史出版社
责任编辑：姚建萍
责任校对：申宁
责任印制：段文超
社　　址：北京市海淀区芙蓉里南街 6 号院 1 号楼　**邮编**：100080
网　　址：www.dscbs.com
经　　销：新华书店
印　　刷：北京盛通印刷股份有限公司
开　　本：680mm × 960mm　1/16
字　　数：230 千字
印　　张：16.25
版　　次：2024 年 6 月第 1 版
印　　次：2024 年 6 月第 1 次印刷
书　　号：ISBN 978-7-5098-6448-7
定　　价：42.00 元

此书如有印装质量问题，请联系中共党史出版社读者服务部　电话：010-83072535

中共四大遗址

目录 CONTENTS

第一部分

谁主沉浮
——中共四大前的时局与形势

第一章　国共携手开创革命新局面

一、第一次国共合作的正式形成

（一）鲍罗廷来华与改组筹划

1923年2月，孙中山平定陈炯明的叛乱，回到广州重建海陆军大本营，以大元帅名义统率各军，第三次建立广东革命根据地，在这一年中多次击退陈炯明、沈鸿英部的进攻，逐步控制珠江三角洲和广东中部地区，形成对广东革命根据地的巩固，成为国民革命运动进一步发展的重要阵地。但在这一期间，孙中山把精力用于军事行动和组织政府，改组工作陷入停顿，为此马林与孙中山也产生了争执。马林离开中国后，由鲍罗廷接任其工作。

鲍罗廷

1923年6月12日至20日，中国共产党在广州举行第三次全国代表大会。经过热烈讨论，大会接受共产国际关于同国民党合作的指示，通过《关于国民运动及国民党问题的议决案》《中国共产党第三次全国代表大会宣言》等文件。这些文件指出：党在现阶段“应该以国民革命运动为中心工作”，采取党内合作的形式同国民党建立联合战线，“共产党党员应加入国民党”，“努力扩大国民党的组织于全中国，使全中国革命分子集中于国民党”。文件还规定了保持党在政治上的独立性的一些原则。

1923 年 10 月，鲍罗廷到达广州，一方面建议苏联政府提供物资援助孙中山在广东的事业，一方面向孙中山提出按苏联共产党的模式改组国民党的计划。在共产国际和中国共产党的帮助，以及鲍罗廷的具体指导下，孙中山克服阻碍再次启动对国民党的改组，改组工作进入实质性阶段。

孙中山多次发表演说，总结中国革命一再失败的教训，反复强调学习俄国革命经验、改组国民党的必要性。为了具体筹划改组工作，孙中山聘请鲍罗廷担任国民党组织教练员。孙中山表示，请鲍罗廷做国民党的教练员，是为了“使之训练吾党同志。鲍君办党极有经验，望各同志牺牲自己的成见，诚意去学他的方法”①。

10 月 19 日，孙中山正式委任廖仲恺、汪精卫、张继、戴季陶和李大钊五人为国民党改组委员，负责办理国民党本部改组事宜。24 日，孙中山委派廖仲恺、邓泽如召集特别会议，商讨国民党改组问题。25 日，国民党改组特别会议在广州正式举行，进一步讨论改组的必要性和计划，同时，孙中山正式任命鲍罗廷为国民党临时中央执委会顾问，并请他起草国民党党章。28 日，国民党临时中央执行委员会正式成立，孙中山委任廖仲恺、胡汉民和谭平山等九人为国民党临时中央执行委员，汪精卫、李大钊等五人为候补执行委员，负责国民党全面改组的工作。

为了推进国民党的改组，中国共产党在各地的组织和党员都积极参加了当地的国民党改组工作。参加上海工作的有恽代英、向警予等，参加北京工作的有李大钊、于树德等，参加广州工作的有阮啸仙、杨匏安、周文雍等，参加浙江工作的有宣中华、沈定一等，参加直隶工作的有韩麟符、于方舟等，参加湖北工作的有刘伯垂、廖乾五、项英等。国民党旅欧支部则是由周恩来、李富春、聂荣臻等共产党人帮助建立的，执行部内大部分重要部门由共产党人担任领导职务。中共中央于 11 月 24 日至 25 日召开中

① 孙中山:《人民心力为革命成功的基础》(1923 年 11 月 25 日)，《孙中山选集》，人民出版社 1981 年版，第 547—548 页。

共中央执委会扩大全会，通过了《国民运动进行计划决议案》，基本统一了全党思想。会后，又发出了《通告第十三号》，向各地党组织部署了进行改组工作的具体步骤和方法。

共产国际执委会东方部充分肯定中国共产党在改组国民党工作中的作用，认为“在从思想上和组织上建设国民党的整个工作中，我们中国共产党的那些加入国民党的同志起了巨大的作用”，“最近几个月，党把自己的全部力量都投入到这项工作中来了”[①]。

（二）国民党一大的召开

1924 年 1 月 20 日至 30 日，中国国民党第一次全国代表大会在广州举行。大会由孙中山主持。出席开幕式的代表 165 人中，共产党员有 20 多人，其中包括李大钊、谭平山、林祖涵（林伯渠）、张国焘、瞿秋白、毛泽东、李立三等。他们在这次“大会上的表现是十分出色的”[②]。李大钊被孙中山指派为大会主席团成员。谭平山任共产党党团书记，并代表国民党临时中央执行委员会在大会上作工作报告。

大会审议并通过了《中国国民党第一次全国代表大会宣言》草案。这个草案是鲍罗廷根据《共产国际执行委员会主席团关于中国民族解放运动和国民党问题的决议》的基本精神起草的，由瞿秋白翻译、汪精卫润色，并经过孙中山同意。草案对三民主义作了适应时代潮流的新解释。民族主义对外主张“中国民族自求解放”，反对帝国主义侵略；对内主张“各民族一律平等”，反对民族压迫。民权主义主张民主自由权利“为一般平民所共有，非少数者所得而私”，“凡卖国罔民以效忠于帝国主义及军阀者，无论其为团体或个人，皆不得享有此等自由及权利”。民生主义的重要原则，“一曰平均地权；二曰节制资本”。所谓“平均地权”，就是“私人

---

① 《共产国际执行委员会东方部给共产国际执行委员会主席团的报告（摘录）》（1924 年 1 月 15 日），中共中央党史研究室第一研究部译：《共产国际、联共（布）与中国革命档案资料丛书》第 1 卷，北京图书馆出版社 1997 年版，第 399 页。

② 《加拉罕给契切林的信》（1924 年 2 月 9 日），中共中央党史研究室第一研究部译：《共产国际、联共（布）与中国革命档案资料丛书》第 1 卷，北京图书馆出版社 1997 年版，第 412 页。

所有土地，由地主估价呈报政府，国家就价征税，并于必要时依报价收买之”；“农民之缺乏田地沦为佃户者，国家当给以土地，资其耕作”。所谓“节制资本”，就是要将“本国人及外国人之企业，或有独占的性质，或规模过大为私人之力所不能办者，如银行、铁道、航路之属，由国家经营管理之，使私有资本制度不能操纵国民之生计”，等等。①

经过重新解释的三民主义包含了新的内容和新的革命精神，后人称之为新三民主义。新三民主义的政纲同中国共产党的民主革命纲领在基本原则方面是一致的，因而成为国共合作的共同纲领。国民党一大事实上确立了联俄、联共、扶助农工的三大政策。

会议通过《中国国民党章程》，确认了共产党员以个人身份加入国民党的原则。这次大会通过的宣言和章程，是国共合作的政治基础。由于孙中山的坚持，国民党右派在口头上对此不能不表示赞成，但并不愿意执行。是否真正执行大会的宣言，实际上成为后来共产党员和国民党左派同国民党右派斗争的核心问题。

中国国民党第一次全国代表大会的召开，标志着国民党改组的完成和第一次国共合作的正式形成。这是中国共产党实践民主革命纲领和民主联合战线政策的重大胜利，也是孙中山晚年推进中国革命的一大历史功绩。

实行国共合作，既是国共两党反对帝国主义和封建军阀的共同需要，也是两党各自发展的需要。

二、国民党的新变化

（一）国民党中央领导机关的建立

国民党一大选举产生了国民党中央执行委员会41人，其中执行委员24名，分别为胡汉民、汪精卫、张人杰、廖仲恺、李烈钧、居正、戴季

① 孙中山：《中国国民党第一次全国代表大会宣言》（1924年1月23日），《孙中山选集》，人民出版社1981年版，第591—593页。

陶、林森、柏文蔚、丁惟汾、石瑛、邹鲁、谭延闿、覃振、谭平山、石青阳、熊克武、李大钊、恩克巴图、王法勤、于右任、杨希闵、叶楚伧、于树德；候补执行委员17人，分别是邵元冲、邓家彦、沈定一、林伯渠、茅祖权、韩麟符、李宗黄、白云梯、张知本、彭素民、毛泽东、张国焘、傅汝霖、于方舟、张苇村、瞿秋白、张秋白。在当选的中央执行委员和候补执行委员中有共产党员10人，约占委员总数的四分之一。此外，大会还选举产生了国民党中央监察委员会。由邓泽如、吴稚晖、李煜瀛、张继、谢持担任委员，蔡元培、许崇智、刘震寰、樊钟秀、杨庶堪任候补委员。接着召开的国民党一届一中全会，推选廖仲恺、谭平山、戴季陶、彭素民、邵元冲、胡汉民、汪精卫、邹鲁为中央执行委员会常务委员，并决定成立中央党部，谭平山任组织部长、戴季陶任宣传部长、邹鲁任青年部长、廖仲恺任工人部长、林伯渠任农民部长、廖冰筠任妇女部长、林森任海外部长。除谭平山、林伯渠外，在中央党部各部门任重要职务的共产党员还有：工人部秘书冯菊坡，农民部秘书彭湃，组织部秘书杨匏安。

（二）国民党地方组织的发展

改组以前，国民党的活动范围基本局限在狭小的上层社会，缺乏下层的群众工作。国民党的组织只在广东、上海、四川、山东等少数省、区和海外存在。共产党员加入国民党后，在各地积极帮助创建和发展国民党组织，使国民党在全国范围内得到空前的大发展。到1926年1月，国民党已有正式省党部11个，特别市党部4个，正在筹备的省党部8个，除新疆、云南、贵州等少数省、区外，已在全国大多数省、区建立起党部组织。这些党部大都是以共产党员和国民党左派为骨干建立起来的，其中许多党部的实际负责人是共产党员。如北京执行部的李大钊、于树德，汉口执行部的林伯渠、李立三、项英，湖北省党部的董必武、陈潭秋，湖南省党部的何叔衡、夏曦，浙江省党部的宣中华、沈定一，四川省党部的吴玉章，直隶省党部的于方舟、李永声，江苏省党部的侯绍裘，陕西省党部的杨明轩、刘含初，热河党部的韩麟符。在上海执行部，毛泽东、恽代英分别主持组织部、宣传部的工作。总之，在国民党中央党部和各级地方党部的工作中，共产党人发挥了重大的作用。

随着国民党各级组织的建立，国民党党员人数迅猛增加，到国民党二大前夕，已达20万之多。据统计，北京执行部所辖华北、东北、西北15个省、区，有党员1.4万余人。江苏省党部改组后，县、市、区党部发展到25个，党员达3500多人。浙江省党部在20多个县建立了组织，党员约有2000人。四川的国民党党务工作在共产党员吴玉章主持下，更是成绩斐然，党员发展到8000多人①。

（三）国民党党员成分的变化

在国民党党员人数增加的同时，党员成分也发生很大变化，工人、农民和青年学生占了相当大的比重。如广东各县党部，农民党员占80%；广州市党部中，工人党员占60%。又如山东省党部的党员，学生占40%，工人占25%，农民占15%，教师占15%，其他占5%。湖北省党部组织部在陈潭秋的主持下，十分注意吸收工农分子参加，到1925年10月，全省国民党员中，工、农和青年学生占75%以上。改组后的国民党基本上成为工人、农民、城市小资产阶级和民族资产阶级的革命联盟，成为国共联合战线的重要组织形式。

三、上海大学与革命干部的培养

（一）学校筹办

上海大学前身是东南高等师范专科学校，招收了以皖籍为主的160余名学生，后因校长王理堂、校务长陈绩武、会计汤石菴等人借学敛财、携款私逃，学生要求改组校务，成立自治会并推选学生代表，通过邵力子出

① 中共中央党史研究室:《中国共产党历史》第一卷（上册），中共党史出版社2011年版，第118页。

上海大学旧址

面邀请于右任担任校长职务，于1922年10月成立并定名为上海大学。由于缺乏办学经验，于右任和邵力子邀请共产党人共商办学问题，李大钊介绍邓中夏出任校务长，主持校务工作，陈独秀又派瞿秋白出任上海大学社会系主任，使得上海大学成为国共两党共同创办的学校。到1923年夏秋之际，中国共产党又派出不少得力干部参与上海大学领导工作，许多共产党员担任要职。

邓中夏赴任之后，进行了一系列办学工作，确定了上海大学是以“养成建国人才，促进文化事业”为宗旨，改革了学校的建制，决定建立校行政委员会，作为学校最高领导机关。1923年12月，上海大学正式成立行政委员会，于右任兼任委员长，邵力子、瞿秋白、邓中夏等为委员。邓中夏起草了《上海大学章程》并经校评议会通过，根据章程制定了《上海大学章程细则》，对校务方面的重大事宜及各个方面工作作出详细规定。

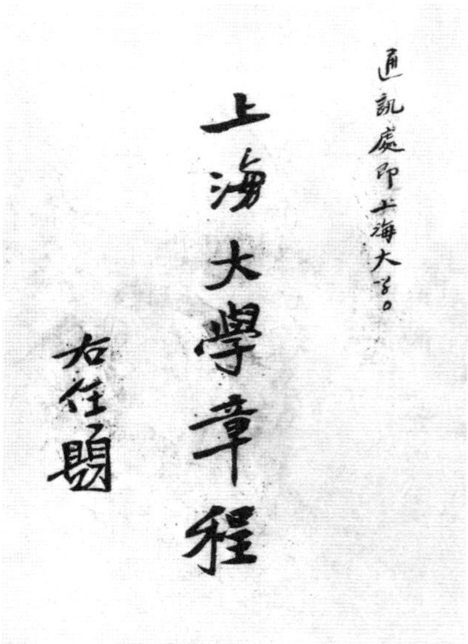

《上海大学章程》

上海大学起用了大量共产党员和进步人士担任老师或进行讲学，瞿秋白、施存统先后担任社会学系主任，陈望道担任中国文学系主任，各科教授还包括蔡和森、安体诚、张太雷、沈雁冰、恽代英、萧楚女、李达、任弼时、郑振铎、田汉等。从事实层面上看，上海大学的经办与教学多由共产党人进行主导，可谓是一所共产党人所主持的学校。

（二）教学活动

1923年7月，瞿秋白到上海大学后给胡适写信，“要用些精神，负起责任”，建设“南方的新文化运动中心”。瞿秋白指出：“办学的目的是为了认识社会、改造社会，因此，上大应当具有时代性、革命性，才能担负时代赋予的使命和革命的责任。”他整顿师资队伍、贯彻理论与实践相结合的方针、提高教学质量以及建立共产党基层组织等工作，对确立上海大学办校方针和原则起了奠基作用。

1923年8月，恽代英到上海大学社会学系任教授，讲授国内政治、国际问题等。恽代英讲课观点鲜明、论证充分、逻辑严密、说理透彻，很受学生欢迎。恽代英在上海大学发表了大量的演讲。作为党内最早提出青年运动必须始终走与群众相结合道路观点的领导人之一，恽代英在传播马克思主义的过程中，一直高度重视依靠广大青年和群众的参与来宣传马克思主义。恽代英倡导广大的党员同志到群众中去，了解群众需求，学习群众方法，得到群众信任，这样才能赢得强大的革命力量。

1924年夏，张太雷回到上海，在上海大学社会学系教政治学、政治学史和英文。除了让学生提高英文水平，张太雷还教授学生学习阶级斗争和民主理论的有关知识，他选用列宁的《帝国主义论》作英语教材，将需要传播的信息很好地穿插在教学之中。他常常结合当时国内外社会现实问题，谈当前的阶级斗争，谈政治上、组织上的重要问题，充分借助高校授课的机会，向青年学子积极宣传社会主义思想①。

上海大学重视马克思主义理论教育，开设了众多相关课程。瞿秋白讲授《社会哲学概论》《现代社会学》《现代民族问题》，蔡和森讲授《社会进化史》，邓中夏讲授《中国劳工问题》，施存统讲授《社会思想史》《社会运动史》《社会问题》《劳动问题》，安体诚讲授《现代经济学》，恽代英讲授《中国政治经济状况》，萧楚女讲授《中国农民问题》《外交问题》，

① 《瞿秋白张太雷恽代英“常州三杰”与上海大学》，《常州日报》2021年5月28日。

董亦湘讲授《唯物史观》《民族革命》，杨贤江讲授《青年问题》等，李大钊在1923年一年内曾四次来上海大学作《劳动问题的根源》《社会主义释疑》等专题演讲。

在邓中夏、瞿秋白等共产党人的积极努力下，上海大学逐渐成为培养革命干部的新型高等学府，与此同时，中国共产党上海地方兼区执行委员会成立。1923年，上海成立四个党小组，第一组即上海大学小组，共11人，其中有瞿秋白、张太雷、邓中夏、施存统等。1924年，上海大学小组发展到18人，组长为刘剑华（刘华）。它是上海人数最多、力量最强的共产党小组[①]。

1924年春，上海大学全体教职员合影。

在国共合作的形势下，上海大学实际上由共产党人领导并主持的一所新型的革命学校，成为上海青年运动的中心和名副其实的革命的高等学府，亦是上海共产党组织的一个重要基地。学校公开出售《向导》《中国青年》《前锋》等革命刊物。党还领导全校师生创办平民学校、工人补习班、工人夜校，进行反帝反封建的宣传教育工作。当时的《申报》还报道过上海大学创办平民学校的消息。上海大学为宣传马克思主义理论，培养革命干部和发展国民革命运动作出了很大的贡献。当时即有“北有五四的北大，南

① 《茅盾回忆录（六）·文学与政治的交错》，转引自上海社会科学院历史研究所编：《五卅运动史料（第一卷）》，上海人民出版社1981年版，第111页。

有五卅的上大”之说[①]。

（三）校外实践

1. 平民教育运动

上海大学组织学生通过教育活动到工人中去、与工人结合。1924年4月1日，上海大学召开平民教育大会，邓中夏阐明中国社会有倡导平民教育之必要，讨论平民教育实施方案，通过《上海大学平民夜校组织大纲》，选举刘剑华等8人为上海大学平民义务夜校执行委员，立即开展工作。上海大学附设的平民夜校于4月15日开学，由于报名的学生太多，乃设6个班级，上课的有360余人，学费免收，书籍用品均赠送，课程有识字、语文、算数等6门，并设有讲座，请学校老师讲形势与任务、中国社会问题等。之后又举办了第二期、第三期平民夜校。

上海大学平民夜校办得十分兴旺。另外，上海大学师生走出校门办学，到沪西、杨树浦、南市、吴淞等地办平民夜校。上海大学的师生通过举办平民夜校与工人、平民的接触联系亦越来越广泛和密切，进一步推动了上海大学师生与工人运动的结合，有助于互相提高政治思想觉悟，这是培养革命干部的重要一环。

2. 开展工人运动

上海不仅是人文荟萃之地，亦是工人集中之地。它是中国共产党的诞生地，亦是党中央的所在地。党成立之初，亟须提出革命纲领，制定革命策略，开展工人运动，推动革命发展。最早是派李启汉到沪西开展工人运动。1922年秋，中国社会主义青年团上海地方组织即派嵇直接替李启汉的工作，他一开始用“代写书信，不取分文”来联络工人；接着开办工人补习班，招收工人来学习，然后在工人中物色对象共同来办工人补习学校，结识了孙良惠等积极分子，又一起办了两所工人补习学校。1924年春，党决定把这两所学校合并成“小沙渡沪西工人补习学校”。为

① 肖甡编著：《唤起工农——中国共产党第四次全国代表大会》，万卷出版公司2008年版，第97页。

进一步开展上海工人运动，党从上海大学将邓中夏抽调出来，并从湖南调来李立三、项英专门从事工人运动，且从上海大学调出一批党员充实各区的平民教育力量。党中央总结了长辛店、安源等地举办俱乐部的经验，在沪西工人补习学校的基础上建立沪西工友俱乐部。党从上海大学调了一批师生到俱乐部工作，干部配备极强，其中有蔡和森、邓中夏、恽代英、瞿秋白、杨之华、刘华以及李立三、向警予、项英等共产党人，深受工人们的爱戴。在上海大学师生的努力工作下，沪西工友俱乐部成绩卓越，团结教育了大批工人，成为沪西工人活动的中心，为进一步开展工人运动打下了坚实的基础。经过共产党员的宣传教育，工人们的思想觉悟有了提高，懂得了一些革命道理，彼此之间的联系和团结也得到了加强。

刘华是以上海大学学生身份成为沪西工友俱乐部负责人之一的，俱乐部成立后刘华、顾秀、江元清三位学生被聘为工人识字班、工人夜校补习班义务教员，刘华、顾秀兼任俱乐部委员会宣传委员。之后刘华成为俱乐部主任，担任主要工作。刘华此次担任要职，与他在上海大学的经历不无关系。

3. 参与革命实践

上海大学师生在上海发动工人运动的实践，反映了中国共产党人在城市进行革命的可贵探索。邓中夏、刘华、杨之华等人发动上海工人投身反帝反封建斗争的经历，有重要的范本意义。刘华、杨之华等一开始在工人当中做思想动员工作，从宣传理论入手，宣传什么叫帝国主义、资本主义，什么叫最后阶段、必然灭亡。没有文化的工人，听了一头雾水，不明白他们讲的道理。后来，刘华、杨之华等改变宣讲策略，从近处说起，从实处说起，“从他们自身的情况谈起，讲切身利益。比如说讲东洋人怎样对待他们，你从他们自身讲起，他们就感到讲的是自己的事，这样就把理论和实际结合了。讲工人的生活，一步一步地就感到亲切，容易理解”。[①] 这一改

---

① 阳翰笙:《回忆上海大学》,《新文学史料》1984 年第 2 期。

变的实质，就是探索在上海这样一个遭受帝国主义侵略而工人知识水平普遍较低的大城市里，如何用马克思列宁主义来武装群众的问题，这样做的效果果然很好。刘华、杨之华等人都是在实践中不断学习、不断成长起来的，上海工人队伍也就是在这样的教育下逐渐强大起来的。

此外，妇女运动也得到发展。在共产党人的推动下，国民党中央及省、区、县各级党部都设有独立的妇女部，一批女共产党员成为妇女运动的开拓者。在上海，向警予、杨之华、王一知等积极开展妇女工作。由向警予任主编的《妇女周报》，主张妇女解放，提倡男女平等，成为发动妇女的重要舆论阵地。在北京，妇女部秘书缪伯英注重妇女劳工运动与平民教育。在天津，邓颖超、刘清扬等以女星社为中心，设立补习学校，开展对女工的组织与宣传工作。广东、湖北、江苏、湖南、直隶等地的妇女运动，也都呈方兴未艾之势。

上海大学的前身是私立东南高等专科师范学校，在创办之初便打出试验"男女同校"、提倡"新文化"的旗号，吸引了许多历经五四运动洗礼的有志青年慕名而来。上海大学正式成立后，许多进步的女青年在此学习或任教。同时，上海是女工集中的城市，为唤醒女工的阶级觉悟并奋起抗争，党领导下的一批女性党员深入其中开展组织工作。

据统计，上海大学半数以上的女性①在中共上大支部的领导下参加了女工工作，杨之华、张琴秋等人是其中代表。在上大工作或学习的向警予、王亚璋、王一知、丁玲等人也曾积极投身到发动和组织群众的工作中，她们受到女工群体的欢迎，许多女工参加了共产党创办的平民学校。以党的早期领导人、时任中共中央妇女部部长的向警予为例，她时常到上大女生宿舍去和学生们讨论政治问题，借此引导倾向革命的女学生注重与妇女运动相结合，深入女工中去。当时在上大读书的张琴秋后来回忆，向警予带她去参加职工会议，要求学生们"不断地与工人群众接近，与他们逐渐建立起深厚的感情"，并且鼓励她"一个革命者，就要在群众中锻炼

① 杨阳、忻平：《上海大学、五卅运动与中共"群众党"建设》，《上海大学（1922—1927）与五卅运动》，上海大学出版社2021年版，第49页。

自己”。[①]

1923 年进入上海大学社会系学习的杨之华也是妇女运动中的一名健将，在校期间她积极参加各项社会活动，对妇女运动非常热心。上海大学开办的工人夜校设有妇女特别班，杨之华为特别班女工讲课。她经常穿着女工服装深入女工集中的工厂中作宣传和动员。在向警予、杨之华等人的带动下，中共四大前后有一大批共产党员深入妇女群众中传播革命真理，有计划地建立妇女组织。

（四）革命干部的培养

该校的学生中，也有不少在以后成为中国文化界和政界的名人。

博古（秦邦宪），1925 年入上海大学社会学系学习，参加五卅运动，同年底加入中国共产党。1931 任中共临时中央局成员、常委，1931 年 9 月至 1935 年 1 月负责中共中央工作。1937 年任中共中央组织部长。1945 年在中共七大上继续当选为中央委员。1946 年因飞机失事在山西兴县遇难。

丁玲，1923 年经瞿秋白等介绍，入上海大学中国文学系学习。1930 年参加中国左翼作家联盟。1932 年加入中国共产党。1936 年奔赴陕北，成为到达陕甘宁苏区的第一位知名作家，在苏区历任“中国文艺协会”主任、陕甘宁边区文协副主席等职务。一生为革命文学的发展奋斗了半个多世纪。

何秉彝，1924 年入上海大学社会学系学习。积极参加平民学校的工作，向工人教课。1925 年初任上海学生联合会的秘书、共青团上海地委组织主任，加入了中国共产党。2 月参与二月罢工的组织与宣传工作。在五卅运动中被帝国主义者杀害。

李硕勋，1923 年入上海大学社会学系学习，1924 年加入中国共产党。五卅运动期间，参与上海街头的反帝爱国斗争，被选为上海学生联合会代表和全国学生联合会会长。1927 年参加南昌起义，被任命为第十一军第二十五师党代表兼政治部主任。1929 年任中共江苏省军委书记，发动和领

① 张琴秋：《当我第一次深入工人中的时候》，湖南省妇女联合会编：《怀念向警予同志》，湖南人民出版社 1979 年版，第 32 页。

导了苏北的农民起义。1931 年因叛徒出卖被捕就义。

刘华，1923 年进入上海大学附中半工半读，1924 年加入中国共产党。任上海大学平民夜校执行委员和教员，并负责沪西工友俱乐部的全部工作，协助邓中夏在沪西组织工人运动。1925 年组织领导二月罢工，在五卅运动中任上海总工会副委员长。年底被军阀孙传芳杀害。

王稼祥，1925 年进入上海大学附中部学习，担任学生会主席。1928 年进莫斯科红色教授学院读书，同年加入中国共产党。1931 年任中国工农红军总政治部主任。1956 年当选中央书记处书记。1951 年 1 月至 1966 年 3 月，任中共中央对外联络部部长。

杨尚昆，1926 年加入中国共产党，进入上海大学学习。后赴苏联，入莫斯科中山大学学习。新中国成立后，历任中共中央办公厅主任、中央副秘书长，兼任中央军委秘书长等职。1980 年至 1993 年 3 月任中共中央政治局委员、中共中央军委第一副主席、中华人民共和国主席。

四、黄埔军校与革命武装的建立

（一）军校的创办

国共合作建立以后，国内明显分为南北两大政治营垒。北方直系军阀曹锟、吴佩孚掌控的北京政权，对工人运动实施反动高压手段，使革命暂时处于低潮。南方国民党控制的广东革命根据地，革命持续向前发展，成为全国革命的中心。中国共产党利用这一有利条件，一面积极帮助国民党改组，建立各级党部和创建革命军队，从思想上和组织上建设国民党，一面大力开展工农群众运动。

早在 1921 年 12 月，共产国际代表马林会见孙中山时，就向他建议创办军官学校，以建立革命军的基础。鉴于过去长期依靠旧军队进行革命而屡遭失败的痛苦教训，孙中山在筹划改组国民党的同时，也积极酝酿创办一所军官学校。鲍罗廷到广州后，孙中山向他表示国民党的首要任务是按苏联红军的式样建立一支革命军队。

广东革命形势的迅猛发展，迫切要求建立一支可靠的革命武装力量。为造就军政人才，建立革命军的基础，孙中山在苏俄、共产国际和中共的帮助下，效仿苏联红军，在广州创建黄埔军校。军校设立了党代表制度和政治部机构，使之成为一所完全区别于旧军队的新型的军事学校。1924 年 5 月，黄埔军校开学。孙中山自任军校总理，委任蒋介石为校长，廖仲恺为党代表，先后聘请加伦等苏联军官为军事顾问。6 月 16 日，孙中山在黄埔军校开学典礼上发表演说时指出："我们今天要开这个学校，是有什么希望呢？就是要从今天起，把革命的事业重新来创造，要用这个学校内的学生做根本，成立革命军。"①

校本部之下，设政治、教授、训练、管理、军需、军医六部。军校初创时，政治部先后以戴季陶、邵元冲、周恩来为主任，张松年为副主任；教授部以王柏龄为主任，叶剑英为副主任；训练部以李济深为主任，邓演达为副主任；军需部以周骏彦为主任，俞飞鹏为副主任；管理部以林振雄为主任，陈适为副主任；军医部以宋荣昌为主任，李其芳为副主任。

苏联政府对黄埔军校给予大力支持，除资助 200 万元作为开办费外，还运来 8000 支步枪和 200 万发子弹等军需物资，并派遣了一批有丰富经验的军事教官。

（二）军事教育与政治教育

1. 军事教育

按照传统的军事教育学制，培养一个初级军官需要三年时间。然而，黄埔军校创立之初，广东的革命政权四面受敌，环境险恶。军校必须"在最短之期间，养成革命战斗之斗士，培养革命军队之基础"。② 为此，军校在苏联顾问的指导下，参照红军建设的经验，结合中国的实际情况，确立了为期半年的学制，并据此设置课程，安排各项科目的教学大纲和具体进度，针对各

① 孙中山：《在陆军军官学校开学典礼的演说》（1924 年 6 月 16 日），《孙中山选集》，人民出版社 1981 年版，第 917 页。

② 广东革命历史博物馆编著：《黄浦军校图志》，广东人民出版社 2010 年版，第 11 页。

科的具体内容及特点，拟定实施办法，搭建起了军事教育的基础架构。

军校初创时，由于器械的缺乏和条件的简陋，实行单纯的步科教育。第二期设立了预备教育期，以术科为主，学生经过一个月的预备教育，才能正式升为军官候补生。同时开始实施分科教育，分步科、工兵、炮兵、辎重、宪兵等五科。第三期学生开始实施入伍生制度，原定半年的学习期限延长到九个月，分为步兵和骑兵两科。第四期设入伍生部，入伍生教育时间延长为半年，入伍生经考核后升学。第四期起增设了政治、骑兵、交通和无线电等科目。

总的来说，黄埔军校的军事教育主要有两个特点：一是理论与实际相结合，注重实用，不尚空谈。黄埔军校第一至四期学生在校期间，都曾经历过较大规模的战斗的锻炼。第一期学生参与了平定商团叛乱的战斗；第二期学生随校部东征队出发到东江，边战斗边上课，在攻占潮汕之后，还在潮州设分校就地开课；第三期入伍生参加了东征，并协同友军平定了杨刘叛乱；第四期学生参加了第二次东征，随后又参与了南讨邓本殷和北伐诸役。由于革命形势的需要，军校学习从基本的战斗战术开始，有时是一面行军一面学习和演习术科的许多项目，如距离测量、地形识别、侦探勤务、行军警戒、行军宿营等，都是在实战中完成的。二是训练演习交替进行，注重实战应用。演习分为野外演习、战术实习和野营演习三类。由于环境设计逼真，战斗气氛浓烈，学生将所学的知识运用在演习中，可以获得类似实战的感受和经验。

2. 政治教育

黄埔军校是一所国共合作的军事学校。中国共产党十分重视黄埔军校的工作，从各地选派大批党、团员和革命青年到军校学习。在第一期学生中有蒋先云、陈赓、左权、许继慎、徐向前等共产党员和青年团员五六十人，约占学生总数的十分之一。

黄埔军校的最大特点是把政治教育提到和军事训练同等重要的地位，注重培养学生的爱国思想和革命精神，这是它同一切旧式军校根本不同的地方。孙中山在开学演讲中，明确地阐述了学习主义和研究革命理论的重要意义。在他的关注下，黄埔军校积极学习苏联红军的经验，设立了政治部，开展政治教育和政治工作，制定了“政治与军事并重，理论与实际相结合”的教学方针，从环境设施到教学训练都注重革命精神的灌输。

黄埔军校讲堂

黄埔军校创立之初，由戴季陶和邵元冲担任政治部主任，但工作均没有多大起色。1924 年 11 月，刚从欧洲归国不久、任中共广东区委委员长的周恩来出任黄埔军校政治部主任，开始建立政治部的正常工作秩序和工作制度，并加强对军校学生的政治教育，指导校军教导团的政治工作和中国青年军人联合会的活动，对军校的政治工作和政治教育作出了重要贡献。政治部组织对学生开设政治教育与政治训练课。军校政治教育大纲规定的政治课多达 26 门，其中包括社会主义、三民主义、工人运动、农民运动、苏联研究等方面的课程。共产党人恽代英、萧楚女、熊雄、聂荣臻等后来也到军校担任政治教官和各级领导工作，周恩来将第一期毕业生中的大部分共产党员留在军校工作，这使得教职员中有了一批进步的政治骨干①。

从严格意义上说，中国共产党从事军事活动是从黄埔军校开始的，并由此“开始懂得军事的重要”②。周恩来和中共广东区委在取得孙中山同意之

① 唐芳、刘新庆：《时势决定任务——中共四大召开的历史背景述论》，《力量之源——纪念中共四大 90 周年学术研讨会论文集》，上海人民出版社 2005 年版，第 116 页。

② 《战争和战略问题》（1938 年 11 月 6 日），《毛泽东选集》第 2 卷，人民出版社 1991 年版，第 547 页。

后，从军校第一期毕业生中抽调部分党、团员作为骨干，改组大元帅大本营的铁甲车队，由共产党员廖乾五任党代表、政治部主任。这支实际上由共产党直接领导的革命武装，从成立到组建成叶挺独立团，为支持工农运动、保卫广东革命根据地，进行了英勇的战斗。黄埔军校的政治工作制度，以后逐步推广到广州革命政府统辖的其他军队中。

（三）军事人才的培养

在共产党方面，在黄埔军校工作学习过的共产党员，许多人参加了南昌、秋收、广州起义，以后参加土地革命战争、红军长征、抗日战争和解放战争。其中有近 40 人担任不同时期人民军队的正军职以上的职务。1955 年授衔的 10 位元帅，有 5 位是黄埔军校的教官或学生，在 10 名大将中有 3 位、57 名上将中有 9 位出身于黄埔军校。

在国民党方面，出身于黄埔军校的兵团司令以上高级将领有 100 多人，30 多人被授予上将军衔，50 多人被授予中将军衔。他们分别担任集团军总司令、兵团司令以上的职务，其中有 3 人任国防部长，4 人任军兵总司令。其中代表人物如杜聿明、郑洞国、宋希濂、陈明仁、王耀武等。

五、群众运动的兴起

（一）沙面罢工与工人运动的复兴

国共合作的实现，促进了工人、农民、学生、妇女等群众运动的开展。在工人运动方面，中共广东区委通过国民党中央工人部中的共产党员，积极领导广东地区的工人斗争。1924 年 5 月，广州召开工人代表会议，出席会议的代表 160 多人，代表着 70 个工会和 10 多万名工人。会议决定成立工人代表会议执行委员会。这次会议促进了广东工人运动的发展。

1924 年 5 月 19 日，法国社团在沙面维多利亚酒店举行招待法国驻越南总督马兰的宴会。宴会进行时，越南人范鸿泰从阳台的窗户扔进一个炸弹，造成 5 人当场死亡，10 多人受伤。6 月 30 日，沙面英法当局借口法国驻越南总督遇刺，宣布实行“新警律”。规定从8月1日起，沙面华人出入，一概须携带执照，执照上须贴有主人的照片。每晚9时后，华人非携带执照，不能出入，而欧美人、日本人、印度人等则可自由出入。

“新警律”一颁布，立即激起广州工人的无比愤怒。中国共产党广州地委派主持工会工作的刘尔崧等人乘势发动沙面工人罢工。7月15日，沙面3000多名工人宣布罢工，要求取消“新警律”，并组织了“各界反对沙面苛例罢工委员会”领导这次斗争。16日，沙面工部局华籍巡捕48人也加入罢工行列。全市各进步工会起而响应，广州各洋行货仓的运输工人也举行罢工；海员工会宣布，如果沙面罢工在一周内不能妥善解决，他们将以实际行动支持；广州电业局警告沙面当局，如不接受条件，将停止向沙面供电。罢工的浪潮严重冲击着英法当局。上海、北京、湖南等地的工团也纷纷向罢工工人表示支持与慰问。无奈，英法终于被迫答应罢工工人的要求，于8月17日签订了协议，主要内容为：第一，“新警律”取消，修改旧通行证，华人外人一律平等；第二，通行证有效期一年者应贴有持证人相片，临时通行证只在发出当晚有效，不附相片；第三，每晚10时以后无证不得通行；第四，私家雇役一律复工，补发薪水；第五，公役一律复职补薪，惟巡捕许其自动辞职；第六，双方不得借故报复。

1924年7月15日至8月17日，在党的领导下广东沙面工人举行罢工并取得胜利。

沙面罢工持续一个多月，最终取得胜利。这次罢工不仅轰动广州和香港，而且影响及于其他省、区，打破了二七惨案以来工人运动的消沉状态。此后，各地工人运动在中国共产党的领导下逐渐得到复兴。

8月，广东工团军成立，共产党员施卜任团长，刘公素、胡超任副团长，共300余人，由黄埔军校学生负责军事训练和政治教育。工团军受广州工代会执行委员会直接指挥，是中国共产党通过工会掌握的一支工人武装。

（二）广东农民运动的发展

与此同时，农民运动逐步开展起来。在以共产党员为主的国民党中央农民部和国民党中央农民运动委员会的推动下，国民党中央执行委员会于1924年3月初步确定农民运动计划，决定组织农民协会和农民自卫军。7月，国民党中央农民部颁布了《农民协会章程》。中共广东区委通过国民党中央农民部和广州革命政府，派遣特派员到广东省各县进行宣传和组织工作，点起农民运动的火焰。各县纷纷建立农民协会，组织农民自卫军，向土豪劣绅和贪官污吏进行斗争。

为了培养农运骨干，经彭湃等提议，国民党中央执行委员会决定在广州开办农民运动讲习所。从1924年7月起，广州农讲所在共产党人彭湃、罗绮园、阮啸仙、谭植棠、毛泽东相继主持下，连续举办六届，为广东、广西、湖南、河南、山东、直隶、湖北、四川、陕西、江西等20个省、区培训700多名农运骨干，有力地促进了全国农民运动的开展。1924年8月，第二届农讲所的225名学生编为广东农民自卫军（亦称广东农团军），共产党员彭湃任团长。这是我国建立的第一支农民自卫武装。10月，共产党员周其鉴等在广东广宁组织了第一支县农民自卫军，随后广东许多县相继建立了农军组织。1924年12月，彭湃在给中共广东区委农民运动委员会的报告中指出：这些农运骨干“工作得很好，没有辜负我们对他们的培养和训练”①。

---

①《彭湃文集》，人民出版社1981年版，第71页。

（三）学生运动

中共中央重视学生运动的开展。在党、团组织的共同指导下，全国许多省、市都有学生联合会在活动。1924 年下半年，以上海为中心，湖南、湖北、河南、四川、江西、广东、浙江、直隶、山东、山西等地掀起第二次非基督教运动高潮，有力揭露和打击了帝国主义利用教会从事文化侵略的阴谋。各地学联还带领青年学生积极参加废除不平等条约运动和国民会议运动，努力宣传中国共产党的主张。此时的学生运动，是以反对帝国主义利用基督教对中国进行文化侵略以及开展废除不平等条约运动为主流。

六、废除不平等条约运动与国民会议运动

（一）废除不平等条约运动

1924 年 5 月 31 日，《中俄解决悬案大纲协定》签订，中国和苏俄正式建立外交关系，这是中国近代外交史上第一个平等条约。协定签订后，中共中央机关刊物《向导》发表文章，号召人民为废除不平等条约而斗争。中俄建交后，北京各驻外使馆发生了“公使团拒绝交还俄使馆”事件，引起北京人民的极大愤慨。1924 年 7 月 13 日，北京学生联合会、中俄问题研究会等 50 多个团体代表及各界人士共 230 多人，在中央公园（今中山公园）联合召开北京反帝国主义运动大会，成立反帝国主义运动大联盟。此后，全国各地的反帝大同盟纷纷成立，它们通过各种方式宣传反帝废约运动。9 月 7 日《辛丑条约》签订 23 周年纪念日，北京、广州、天津、上海、武汉、长沙、济南、太原等地召开反帝的群众大会，造成了强大的反帝废约的声势，把废除不平等条约运动推向高潮。1925 年 1 月，中国国民党中央执行委员会发表宣言，指出：“废除不平等条约运动，为今日中国民族求独立之唯一途径”。此后，废约运动与国民会议运动相汇合，形成声势浩大的反帝浪潮。

（二）北京政变与孙中山北上

1923年10月5日，曹锟经过贿选当上了总统。而此时张作霖自恃军事力量日渐强大，遂于1924年9月4日致电北京，痛斥曹锟，并于9月15日向直军宣战。张作霖自任总司令，分兵三路，入关讨伐曹锟、吴佩孚。总统曹锟急忙任命握有重兵的吴佩孚为讨伐军总司令，分兵三路迎击奉军，第二次直奉战争爆发。

1924年10月23日，直系将领冯玉祥率部倒戈，发动北京政变，推翻曹锟、吴佩孚的北京政府，但迫于形势，又同反直系的张作霖、段祺瑞妥协，组成以段祺瑞为临时执政的北洋政府。

北京政变后，冯玉祥、张作霖、段祺瑞先后电邀孙中山北上共商国是。11月10日，孙中山接受邀请，发表《北上宣言》，接受了中共以前提出的召集国民会议的主张，要求“取消一切不平等之条约”和“召集国民会议，以谋中国之统一与建设”。

中国共产党为反对帝国主义和段祺瑞政府以及各派军阀、政客继续分裂宰割中国的阴谋，于1924年11月19日，在中共中央的机关刊物《向导》刊登了《中国共产党对于时局之主张》，一方面表示支持孙中山北上及其政治主张，一方面再次重申去年提出的国民会议的主张，认为只有国民会议才可望解决中国的政治问题，并提出十三条作为召开国民会议预备会的最低要求。

同时中共中央发出通告，要求各地组织国民会议促成会，发动大的示威运动，配合孙中山的北上。至是年底翌年初，北京、天津、上海、南京、广东、浙江、湖南、湖北等地纷纷成立国民会议促成会，呼吁召开国民会议，反对军阀段祺瑞即将召集的善后会议，使国共两党主张的召开国民会议运动在全国迅猛发展。

12月3日，陈独秀发表《国民会议及其预备会议》指出：“我们为什么赞成国民会议？第一，因为这个会议无论将来成功或失败，眼前便给我们以民众的政治活动之机会；第二，将来成功固佳，即失败也能够给一部分人以革命需要的教训。”陈独秀主张：“速开国民会议之预备会议，现在的临时执政奉还政权于人民，即以此由人民团体选出的预备会议执行临时政府的职权，国民会议由他召集，他的主席团就是此临时政府处理各部行政的首长。”①

（三）国民会议运动

1923 年 7 月，《中国共产党对于时局之主张》发表，首次阐明了“国民会议”的主张，提出以国民会议取代国会，成为民意机关和立法机关，并具有组织政府的权力。中国共产党明确指出：“我们的主张是：由负有国民革命使命的国民党，出来号召全国的商会、工会、农会、学生会及其他职业团体，推举多数代表在适当地点，开一国民会议。”中国共产党认为：“只有国民会议才真能代表国民，才能够制定宪法，才能够建设新政府统一中国”。因此强调：“只有这一条路，是真能救济我们中国人民逃出外力军阀二重压迫的道路”。②

1924 年 12 月，中共中央陈独秀和青年团中央林育南共同签发通告，指示开展促成国民会议运动的方针。这一通告指出：“此次国民会议及其促成会这个运动，不但是国民运动一大时机，并且是我们的党建筑社会的基础之一大时机，因此党及 S.Y. 均应全体动员努力工作”。此项工作应注意的要点如下：（一）国民会议促成会这个名称无论如何各地必须一致，促进会、后援会等名称，务设法改正。（二）一个地方只能有一个促成会，如广东有两个促成会，湖南促成会之外又有后援会，都绝对的必须合并。若因鄙视商界或国民党右派不肯忍耐和他们对于此项运动之合作，便是很大的错误。至于大商阶级所号召的什么和平统一促成会等组织，民众不但不应加入，且须极力加以攻击。（三）促成会当以劳动群众及小商人中等商人为重要成分，必须竭力邀请他们加入，万万不可使促成会仅仅是个 C. 与 S. 变

① 参见《向导》第 93 期。

② 中共中央文献研究室、中央档案馆编：《建党以来重要文献选编（1921—1949）》第 1 册，中央文献出版社 2011 年版，第 289 页。

相的团体。（四）在促成会工作的 C. 及 S. 同志须合组一党团，直接受 C. 地委指挥。（五）促成会对内对外的宣传，根本应该说人民自身要有一个真正人民的国民会议及其预备会议，不可在任何地方，任何时机都宣传国民会议是孙中山所主张的，使民众过于倚赖中山而轻视了自己。（六）各地促成会及其所包含之团体，应立即分别通电指摘段祺瑞最近的反动政策，并宣告所有善后会议的议决案，人民均认为无效。（七）向他处促成会鼓吹由上海促成会召集“全国国民会议促成会联合会”的必要；但实行时期须候 C. 中局审定。（八）我们此时不但要集合已有的社会各团体于促成会，并且须乘此时机努力使与我们有关系的团体（工会、农会、学生会、妇女团体）内容充实起来，的确有些群众，不是空招牌的团体，并应乘机组织新团体，如教职员联合会、公私机关职员联合会、店员联合会等。（九）各地促成会也应该注意地方争斗，鼓吹省长及县长民选。①

中共中央的上述号召立即得到了全国人民的响应，各地先后成立了“国民会议促成会”，拥护国民会议的召开，形成了反对军阀的民主运动。共产党人李大钊、恽代英、向警予、王尽美、邓颖超等是这一运动的积极参加者和领导者。

1924 年冬至 1925 年春，在国共两党共同推动下，全国各阶层人民和工会、农会、学生会、商会、妇女会等群众团体，纷纷组织国民会议促成会，强烈呼吁由国民决定国家大事，召集国民会议制定宪法，铲除封建势力，建立民主共和政体，反对段祺瑞政府召开的善后会议。

综上所述，中国的政治形势正在发生空前的大变动，预示着革命高潮的即将到来。如何领导日益高涨的革命运动向前发展，已经迫切地提到中国共产党的议事日程上来。

---

① 中共中央文献研究室、中央档案馆编：《建党以来重要文献选编（1921—1949）》第 2 册，中央文献出版社 2011 年版，第 198—199 页。

第二章　统一战线内部的矛盾和斗争

国民党的前身可追溯到 1894 年成立的兴中会和 1905 年成立的同盟会。由于历史的原因，国民党在其发展历程中逐步演变为一个内部成员极其复杂、具有政治联盟性质的政党。二次革命失败后，邹鲁就说："当时党员虽众，声势虽大，而内部分子意见分歧，步骤混乱，既无团结自治之精神，复无奉令承教之美德。致党魁有似于傀儡，党员有类于散沙，迨夫外侮之来，立见摧败，患难之际，疏如路人。"[①] 在合作的酝酿阶段，陈独秀就对国民党的复杂性表示了极大的怀疑，认为国民党"注重上层、勾结土匪、投机取巧、易于妥协、内部分子复杂、明争暗斗"[②]。在国民党内，既有反帝反封建比较坚决的资产阶级民主派，他们是反帝反封建的民主革命阵线的左翼；又有反帝反封建不够坚决的资产阶级中间派，他们构成反帝反封建的民主革命阵线的中间力量，他们同中国共产党的合作是动摇的；还有对帝国主义、封建军阀妥协的资产阶级右派，构成反帝反封建的民主革命阵线的右翼，他们自始至终反对与中国共产党合作[③]。

国民党虽经改组，其成分有所改变，但仍有一些地主买办分子、官僚政客和南方军阀留在党内，并占有一定的地位。而且，既然国民党本身是各阶级联合组织的政党，各阶级的经济背景不同，其阶级性和政治要求也就不同，这就决定在统一战线内必然存在着阶级矛盾和阶级斗争。这种矛盾和斗争，在国共合作实现后主要表现在赞成还是反对反帝反军阀，以及

---

① 邹鲁：《中国国民党史稿》（第一编），商务印书馆 1938 年版，第 264 页。

② 张国焘：《我的回忆》，现代史料编刊 1980 年版，第 213 页。

③ 宋晓明主编：《中共党建史（1921—1949）》，党建读物出版社 1996 年版，第 78 页。

赞成还是反对孙中山的联俄、联共、扶助农工的三大政策这两个问题上，其实质又是由谁来掌握统一战线的领导权。在国民党内，这种矛盾和斗争又具体表现为左、中、右三派的分化和冲突。这种矛盾和斗争，随着全国革命形势的发展和共产党力量壮大而日趋尖锐；帝国主义对中国革命的干涉，又使这种矛盾和斗争越来越公开。

一、国民党一大前后的风波

早在 1923 年 11 月，国民党右派分子邓泽如、林直勉等十人以国民党广东支部的名义上书孙中山，对苏联支持中国国民党改组的动机表示怀疑，指控中国共产党人参加国民党是“施其阴谋”。

总理钧鉴：敬肃者，窃以本党改组，其动机虽出自我总理之乾纲独断，惟组织法及党章党纲等草案，实多出俄人鲍罗廷之指挥。然此表面文章尚无大害，惟探闻俄人替我党订定之政纲政策全为陈独秀之共产党所议定。陈于苏俄本有密切之关系，其所组织之共产党为苏俄政府所给养。此回改组，陈独秀因粤人对伊感情太坏，乃避去，而以其党徒谭平山出而任事，陈独秀在暗中牵线。内里之阴谋，经为其党徒范体仁争权夺利而冲突，遂向国会议员徐清和详细陈述。兹请转述徐议员之言，及其他方面探得者，密报于我总理，以免外人弄我如傀儡，此为党员等天职所在，势难容已，非敢反对此回改组也。党员等自问爱党爱国断不减陈独秀，亦当为总理信其无他也。

……

又党章草案定总理一职为选举，职窃恐事实随环境变迁，五年之后，将见陈独秀被选为总理矣。党员等不予承认，则有违党章；若予以承认，则辱及全党。我党无形销减，即在此时，思之实为寒心。

至苏俄政府之协助我党改组，与陈独秀是否同一鼻孔出气，党员等未敢断定之。惟陈独秀利用我党改组而施其阴谋，则凡党员皆能共见矣。

孙中山对此作出批示，指出陈独秀并未参与国民党党章和政纲起草，切不可疑神疑鬼；三民主义中的民生主义与共产主义其实没有差别，共产党人加入国民党不会对国民党的主义产生实质影响；实行党内选举制度是民权主义的具体要求，不可因为实行过程中可能出现的弊端而因噎废食。但邓泽如等在孙中山批示后仍进行反共活动。

在1924年1月的国民党一大上，广州代表方瑞麟就在国民党右派的支持和怂恿下，提出在章程中增加"本党党员不得加入他党"的条款，其目的是反对共产党员"跨党"①。随后，李大钊以北京代表的身份在大会上讲话，对于共产党人加入国民党的原因加以解释，声明共产党员加入国民党而兼跨固有的党籍，是想对国民革命和国民党有所贡献，是经孙中山允许的光明正大的行为；共产党员参加了国民党，即当执行国民党的政纲、章程和纪律，如有违反，理应受到惩罚；国民党既许共产党员参加，就不必疑猜防制，这种疑猜防制是国民党发展前途的障碍，是不可不扫除的。对于李大钊的声明，国民党人汪精卫、廖仲恺等相继发言表示支持，与会的绝大多数代表也表示赞同。结果，方瑞麟的提案被否决。会议通过《中国国民党章程》，确认了共产党员以个人身份加入国民党的原则。

二、《弹劾共产党案》的提出

国民党一大后，右派分子开始聚集在国民党元老邓泽如、冯自由、刘成禹、蔡元培等人的周围，积极从事破坏合作的活动。他们在全国各地不断串联，如北京的石瑛，汉口的张秋白和谭理鸣，上海的谢持、茅祖权和叶楚伧，广东的孙科、吴铁城和马超俊等，甚至举行群众大会、煽动海外党员的"过激情绪"②、暗地里与港英当局勾结。

中共党员和青年团员加入国民党后，对国民党依靠一部分军阀反对另一部分军阀，同张作霖、段祺瑞建立反对直系军阀的"三角联盟"的做法提出善意的批评，并在《向导》《新青年》等报刊上发表文章，希望国民党

---

① 中共中央党史研究室:《中国共产党历史》第一卷（上册），中共党史出版社2011年版，第116页。

② 中共中央党史研究室第一研究部译:《共产国际、联共（布）与中国革命档案资料丛书》第1卷，北京图书馆出版社1997年版，第497页。

走上依靠工农革命的道路。但是，却屡遭国民党方面的警告和责难。加之，国民党内右派势力的反动活动越来越猖獗，中国共产党不得不重新评估国民党性质，调整与国民党合作的方针政策。1924 年 5 月 10 日至 15 日，中共中央在上海举行扩大执行委员会会议。会议通过了关于在巩固和加强党的共产主义组织的同时继续留在国民党中工作的决议，该决议说明中共对国民党的态度变得强硬。会议强调了共产党自身的组织和发展，认为只有成功地训练好产业无产阶级群众的阶级精神及阶级意识，使之在共产党的领导下参加国民革命，才能“防止资产阶级的妥协性，民族解放才能彻底”。会议最后指出，我们在国民党中和国民党外，做种种复杂的工作，即在比我们强大的党，也很容易有不偏于“左”倾即偏于右倾的危险，何况是我们这毫无经验的党。因此，我们越发感觉在国民党工作的重要，便越发感觉认识国民党及巩固我们党的重要。

1924 年 7 月，谢持等人在搜集反对共产党人的材料时，掌握了《中国社会主义青年团第二次大会决议案及宣言》和《团刊》第七号等“证据”，认为共产党员和青年团员加入国民党，却以共产党党团在国民党中活动。这些行为“违反党义，破坏党德，确于本党之生存发展，有重大妨害”。①

右派把搜集的所有材料提交给国民党中央执行委员会，会上张继、谢持与廖仲恺、谭平山等人发生了激烈的争执，最后不欢而散；会后，他们还专程拜访鲍罗廷，当面质问此事。

1924 年 7 月 13 日，陈独秀在给维经斯基的信中说，国民党内大部分都是右派反共分子，“如果说那里还有一定数量的左派，那都是我们自己的同志。孙中山和另外几位领导人只是中派，而不是左派”。“现在支持国民党，就只会是支持国民党右派因为他们掌握着党的所有机构”，同时表示：“我们不应该没有任何条件和限制地支持国民党，而只支持左派所掌握的某些活动方式，否则，我们就是在帮助我们的敌人，为自己收买反对派。”

7 月 21 日，陈独秀与毛泽东联名签发第 15 号中共中央通告，指出自从

① 邹鲁：《中国共产党史稿》，东方出版中心 2011 年版，第 327 页。

“5月吾党扩大执行会后，国民党大部分党员对我们或明或暗的攻击排挤日甚一日，意在排除我们急进分子，以缓和列强及军阀对于国民党的压迫。此时国民党只有极少数领袖，如孙中山廖仲恺等尚未有和我们分离之决心，然亦决不愿开罪于右派分子，已拟定于秋间召集中央执行委员会全体会议，以解决对我们的关系”。为此，中共中央要求各地党组织采取毫不妥协的态度，要以各种方式公开表示对右派的不满，努力获得和巩固指挥工人、农民、学生和市民各团体的实权，并且“急宜组织‘国民对外协会’吸收一切不满意国民党右派主张的左倾分子，以‘形成国民党左翼与未来的新国民党之结合’”。

三、国民党一届二中全会

国民党决定召开中央全会来讨论右派对共产党的弹劾案，用国民党的纪律制裁陈独秀等，压制中国共产党。1924年8月15日至30日，国民党一届二中全会在广州召开。会议专门讨论了“党内共产派”问题，国民党右派认为国民党内的共产主义者有从事“支部活动”之嫌，要求“共产党员友好地退出国民党”，即开除共产党员。中派责问共产党员为什么在国民党内还要保守自己的“秘密”，指责中共中央与共产国际联系是企图“垄断中国革命”，攻击共产党在决议中用粗俗的、不礼貌的语言评论国民党员，提出国民党要有一个特殊的组织，能知道共产国际和中共对国民党的态度等等。鲍罗廷作了妥协，擅自同意在国民党中央政治委员会下设立国际联络委员会，任务之一是尽力弄清共产党对国民党的态度，来解决（控制）共产党的问题。在上海的陈独秀闻讯后异常愤怒，召开会议，作出决议，并致电鲍罗廷和瞿秋白，规定：第一，禁止在国民党的会议上进行任何有关共产党问题的辩论，并对此辩论不予承认，禁止瞿秋白以党的名义在国民党的会议上发言。第二，中共中央拒绝承认国民党下属的为解决两党间问题而设立的国际联络委员会。第三，责成我们的同志在全会上对反革命分子采取进攻态势，从防御转入进攻的时机已经到来。①

① 《中共中央致鲍罗廷、瞿秋白电》，1924年8月27日。转引自杨奎松:《“中间地带”的革命》，山西人民出版社2010年版，第84页。

但是在广东，国民党一届二中全会还是通过了成立国际联络委员会，以监督共产国际和共产党关系的决议。消息传到上海，中国共产党人强烈要求致电莫斯科，控告鲍罗廷和他所实行的一整套妥协路线。中共中央采取多项强硬措施，坚决抵制国民党的决议，严厉责备鲍罗廷不尊重中共中央的错误行为。经过紧急磋商，中央派高尚德赶往广州，传达中共中央拒绝国民党全会决议、贯彻中共中央进攻路线、抵制鲍罗廷的妥协政策的决定，并规定鲍罗廷无权领导广东地区党组织的工作。陈独秀还要求共产国际对鲍罗廷提出警告。他致函维经斯基，指出国民党的这次会议对我们是很大的打击。孙中山等人虽然不能开除我们，但却利用右派来压制我们，“目的在把中国共产党置于国民党的领导之下，或至少使中国共产党对它开放”。他指出：我们必须反对这种行为，但是令人气愤的是，“鲍罗廷同志不是站出来反对，而是建议他们成立所谓国际联合委员会，隶属于国民党政治委员会，并且拥有解决（国共）两党问题的全权。”他指出，中国共产党中央执行委员会绝对不同意这个建议。建议共产国际提醒鲍罗廷同国民党打交道必须十分谨慎，还要提醒鲍罗廷始终要同中共中央进行协商。①

1924 年 10 月，中共中央召开会议作出决议，指出共产国际代表和瞿秋白在广州对国民党的问题上犯了错误。在列举了一些事实以后，强调：“执委会认为，鲍罗廷同志犯了许多错误，他过高地估计了国民党中派的作用并同它达成了妥协，还有在实行自上而下对国民党的改造政策时犯的错误。特别大的错误是他支持国民党的军事行动。”“由于目前国民党中有许多反动的右派分子，而中间派摇摆不定，又由于在国民党军队中是清一色来自反动右派的指挥员，没有可靠的革命力量，缺乏足够数量的革命分子在军队中做宣传工作和对它施加影响，所以国民党根本不能采取革命的军事行动。如果在这个时期我们支援国民党的军事行动，那么客观地说，这

① 中共四大史料编纂委员会编：《中国共产党第四次全国代表大会》，中共党史出版社 2004 年版，第 123—124 页。

就会加强国民党中的反动派，削弱对国民革命的宣传。”① 批评的矛头所向，尤其是军事同盟，直指联共（布）和共产国际。

四、上海天后宫事件

在上海，国共合作“蜜月期”过后，右派的反共浪潮逐渐高涨。1924年5月以后，拥护改组、支持国共合作的胡汉民、汪精卫先后离开国民党上海执行部，前往广州，前来接替的戴季陶担负常委之职，但基本不到部视事，中央委员中只剩叶楚伧一人。起初，叶楚伧在表面上还能做到拥护“三大政策”，但随着右派活动越发猖獗，成为上海执行部主要负责人的叶楚伧不再能够维持他的中立立场。在“弹劾共产党案”的影响下，上海右派分子开始集结响应。8月1日，周颂西、喻育之等人召集上海各区党部及区所属分部大会，讨论所谓“处置共产党在本党做党团运动问题”②。会上，他们举出“共产党破坏国民党之铁证”，污蔑“共产党挟持俄国金钱以破坏国民党”③，并要求与会人员在事先拟好致孙中山“要求驱逐共产党”的电稿上签名，甚至对拒绝签字的代表大打出手。一周后，喻育之等人前往上海执行部要求叶楚伧致电国民党中央排除“共产分子”，并打伤了工人农民部秘书邵力子。叶楚伧虽未应允发电，却也没有对喻育之、周颂西、何世桢等人予以惩处，导致右派分子更加肆无忌惮。

9月3日，直系军阀江苏督军齐燮元与皖系军阀浙江督军卢永祥因争夺上海的控制权，爆发了江浙战争。这场战争实际上是直系军阀与反直系军阀势力之间的一次重大较量，也是第二次直奉战争的导火索。孙中山和皖、奉两系早有联盟。国共合作以来，共产国际、中国共产党多次劝告孙

---

① 中共中央党史研究室第一研究部译:《共产国际、联共（布）与中国革命档案资料丛书》第1卷，北京图书馆出版社1997年版，第534页。

② 《上海市一、二、五、九区执委会致孙总理函》(1924年8月13日)，台北国民党党史馆馆藏档案，档号：汉9112。转引自中共上海市委党史研究室编:《环龙群英会——国民党上海执行部研究》，上海人民出版社2017年版，第285页。

③ 《上海市第五区党部执委致孙总理函》(1924年8月4日)，台北国民党党史馆馆藏档案，档号：汉9108。转引自中共上海市委党史研究室编:《环龙群英会——国民党上海执行部研究》，上海人民出版社2017年版，第285页。

中山放弃“依靠一派军阀反对另一派军阀”的投机策略，但他不为所动，始终不愿彻底放弃上层路线、将革命依靠力量完全转移到底层被压迫民众方面。江浙战争爆发后，孙中山等人选择支持皖系卢永祥，并企图乘机北伐，推翻直系中央政府，统一中国；但中共中央则反对与任何军阀结盟，认为“此次江浙战争，显然是军阀争夺地盘与国际帝国主义操纵中国政治之一种表现”①。10 月 10 日，上海商界、学界等各团体在天后宫举行庆祝“双十”集会。上海大学社会学系学生、青年团员黄仁和同学何秉彝、郭伯和等人来到天后宫会场后，广为散发呼吁“打倒一切帝国主义，打倒一切军阀”的传单。在会上，国民党右派童理璋、喻育之等号召要帮助卢永祥打倒齐燮元。双方发生激烈冲突，黄仁被国民党右派雇佣的流氓殴打、推下高台，伤重不治身亡。天后宫事件发生后，各界群众义愤填膺，强烈抗议。上海大学学生发表通电，揭露惨案真相，要求上海执行部严惩国民党右派。黄仁牺牲后，瞿秋白奉党中央之命组织行动委员会，发动全市学生掀起抗议斗争。《向导》周报第 87 期以“国民党右派惨杀黄仁案”的专栏，集中发表了抗议惨案的文章、通电等。共产党人和国民党左派强烈要求开除童理璋、喻育之的国民党党籍。在社会舆论的压力下，上海执行部决议抚恤黄仁烈士。

天后宫事件后，上海大学左右派之间的斗争更为尖锐，瞿秋白和国民党右派何世桢同时辞职离开上大，由施存统、周越然分别接任社会学系与英文系主任。

五、广州商团叛乱

在广东，国民党右派一面勾结帝国主义和买办阶级，一面勾结雇佣军阀以把持广州，甚至试图推翻革命政府。1924 年 8 月 10 日，广州商团向英商南利洋行购置的一批枪支弹药，因枪支数量和运抵时间与报备不符，被革命政府扣押。随后，商团军代表 1000 多人两次到大元帅府请愿，要求

① 中央档案馆编:《中共中央文件选集》第 1 册，中共中央党校出版社 1989 年版，第 225 页。

发还扣留的军火。被拒绝后，商团军组织广州商人罢市，并以“中华民国政治定国军”名义，通电全省各县商团罢市。8月22日，南海、番禺、顺德、台山、东莞、增城、新会、清远、高要、曲江、阳江、罗定等20多个县属内的138处乡镇先后罢市。孙中山打算以武力强迫商人开市，宣布广州戒严，通缉陈廉伯。但是，日本驻广州总领事向广东省长廖仲恺提出抗议；英国驻广州代理总领事则声称：“如果当局炮轰广州，英国海军将全力对付之”；盘踞东江的陈炯明为配合商团行动，派兵进攻广州。在内外巨大压力和复杂形势之下，为避免与帝国主义的直接冲突，孙中山离开广州赴韶关北伐大本营，广州设留守府，派胡汉民代理大元帅兼广东省长；胡汉民不得不对商团势力妥协，不仅发回部分扣械，还任命商团军干事李朗如为代理广州公安局局长；国民党将军廖行超、范石生更是私下与商团军订立“六条件”，企图媾和①。

蔡和森在《向导》周报上发表文章，将商团事件描述为“帝国主义、买办阶级、雇佣军阀以及国民党右派分子伙同宰割革命政府之奇观”。这次事变的罪魁陈廉伯不仅是汇丰银行的买办，而且是国民党右派把持的广州市党部之职员；主张罢市反对孙中山最力的先施公司、大新公司及西关各大商店的经理职员以及陈恭受等莫不尽是国民党右派的党员；范石生、廖行超之辈属于右派更不待说②。10月15日，黄埔军校第一、二期学生联合许崇智的粤军与李福林的福军、吴铁城的警卫队以及工团军、农团军，击溃武装商团的一万二千人并缴械。

面对统一战线内错综复杂的形势，中国共产党必须明确回答“谁主沉浮”这一关乎革命领导阶级的重大问题，重新审视国共两党关系，正确处理同国民党内不同派系的复杂关系。

---

① 《北伐呢？抵抗英国帝国主义及反革命呢？》，《向导》第83期。

② 《商团事件的教训》，《向导》第82期。

第三章　以国民党为主的统一战线政策对中国共产党自身发展的消极影响

第一次国共合作之初，由于共产国际和中共中央确立了以国民党为主的统一战线政策，集中全力帮助国民党改组和发展，从而忽视了自身建设和党的工作，加上当时全国工人运动处于低潮、党的经费严重不足等方面原因，导致党内思想混乱、党的队伍和组织发展缓慢、宣传教育工作滞后，甚至出现了停顿徘徊的局面。

一、以国民党为主的统一战线政策的形成

在 1923 年 9 月鲍罗廷到达广州、国民党正式启动改组之后，中国共产党开始积极帮助国民党工作，党内的争议反而日益消弭了。鲍罗廷给维经斯基的信中提到："由于国民党进行改组共产党异常活跃。理论争论让位于实际工作。"① 另外，由于共产国际及其代表始终将国民党放到"国民革命之领袖地位"，试图将国民党建设成为一个群众性的政党；而又过低估计中国无产阶级和中国共产党的力量和作用，把中国共产党置于"帮忙的地位"或者"当苦力的角色"，这对中国共产党的各项建设带来了极大的消极影响。1923 年 11 月，中共三届一中全会提出"国民运动是我党目前全部工作。因为目前的中国劳动运动，农民运动，学生运动，妇女运动，在政治上的意义都只是国民运动"。而国民运动"当以扩大国民党之组织及矫正其政治观念为首要工作"，"国民党有组织之地方，同志们一并加入；国民党

① 中共中央党史研究室第一研究部译:《共产国际、联共（布）与中国革命档案资料丛书》第 1 卷，北京图书馆出版社 1997 年版，第 394 页。

无组织之地方，同志们为之创设”。还要求“必须以国民党的名义去创造或参加各种人民的组织”①。国民党一大召开后，中国共产党对于国民党的改组及其新变化感到欣喜。1924 年 2 月底，中共三届二中全会通过《同志们在国民党工作及态度决议案》，要求共产党人对国民党的缺点不能“预存嫌恶藐视的心理”；对待国民党员“不应有不屑与之为伍的成见，以惹起他们的反感”；甚至对于其中的腐败分子，“亦宜取敬而远之的态度，须尽力避免不必要的冲突。”同时，决议案也没有正确判断国民党右派的性质，认为“无论国民党的旧党员与新党员，他们比较疏远我们，还曾经一二次反对我们的主张，他们不一定对我们有恶意或者是不了解我们的原故”，因此“不要遽目为右派，把这样的党员目为属于统一的一个派别，因而嫌恶疑忌他们。”对待国民党内的不同派别也主张采取“调和主义”，希望通过“种种策略化右为左”。此外，还指出“在国民党的各种工作中，我们的同志均应努力工作。”“本党以后一切宣传、出版、人民组织及其他实际运动，凡关于国民革命的，均应用国民党名义，归为国民党的工作。”在组织发展上，甚至担心“国民党误会我们有意拉去他们的党员”，“发展新党员须十分慎重选择，凡非对于本党主义策略及党之纪律充分明了其恳切的愿意服务本党者，不必轻率加入。”②

二、党自身建设的滞后

国民党一大后，大多数中共党员和共青团员都加入国民党，帮助国民党建立发展组织。在新成立的国民党中央“八部一处”中，除谭平山、林伯渠分别担任组织部长和农民部长外，还有不少共产党员在国民党中央领导机构中担任秘书、干事等重要职务。在国民党的一些地方执行部也有不少共产党员在其中担任重要职务。在国民党汉口执行部就有 6 名共产党员担任国民党党部的各种职务。其中，林伯渠任组织部长，李立三、许白昊

① 中央档案馆编：《中共中央文件选集》第 1 册，中共中央党校出版社 1989 年版，第 146 页。

② 中央档案馆编：《中共中央文件选集》第 1 册，中共中央党校出版社 1989 年版，第 181 —184 页。

为组织部干事，项英为宣传调查部干事，林育南任青年部干事，夏之栩任妇女部干事。在国民党北京执行部担任职务的有3人。其中，李大钊任组织部长，蔡和森为秘书，于树德任学生部长。在国民党上海执行部，毛泽东担任代理文书主任、组织部秘书，恽代英为宣传部秘书，邵力子为工人部秘书，罗章龙为组织部干事，施存统、沈泽民为宣传部干事，邓中夏、王荷波、刘伯伦为工人农民部干事，向警予为青年妇女部助理。中共广东区委也派冯菊坡、刘尔崧等人直接参加了国民党广州市各级组织的改组工作。共产党员、青年团员阮啸仙、周文雍等22人担任了广东地区国民党区党部和区分部的各种职务。在国民党机构中任职的共产党人大部分本来就是中共中央和各地方委员会的重要负责人，他们加入国民党尤其是在国民党中担任某种职务以后，往往把改组国民党作为一项重要任务，投入大量精力和时间，相形之下，较少时间和精力投入到党的工作和自身建设。

在以国民党为主的统一战线政策影响下，党的组织发展陷入停顿徘徊。中共一大时，全国党员50多人。由于党成立后就投身于工人运动，并积极采取措施努力发展党的组织队伍，到中共二大时全国党员人数达到195人，一年内党员增加了近3倍。中共三大时党员增加到420人，虽然增长速度没有上一年快，但也增加了1倍多。从中共三大开始，中共党员人数的增长速度就明显地变得缓慢起来。1923年6月到1923年11月近半年时间，“全国党员增加不过百人”①；从1923年11月到1924年5月，有的地区党员总数“时增时减”，而新党员“一时竟不见增加”。据1924年5月上海地方报告，“最近以前有党员五十六人，但现在确数只有四十七人。”②党的地方组织状况同样堪忧。中共三大后整整一年里，新增的组织仅有哈尔滨独立组、杭州独立组、成都独立组三处；解散的组织有湖南水口山和常德两

① 唐金培:《第一次国共合作与党的建设互动研究》，河南人民出版社2011年版，第113页。

② 中央档案馆编:《中共中央文件选集》第1册，中共中央党校出版社1989年版，第188页。

个地方委员会；上海、广东、湖北三个区执行委员会因党员人数少、组织发展缓慢被取消。上海区执委被拆解为上海地执委、南京地执委和杭州独立组，直隶中央；广州区执委本只辖广州一个地方，因此改为广州地执委；湖北区执委取消后，分设汉口和武昌两个地执委，直隶中央。党内正常的组织生活也受到严重影响。上海五个小组“一月来惟第一组开了三次会议，第二、三组只开过一次会议，第四、五组一次会也没有开过”；汉口地方党组织“懂组织和党义的占极少数，同志们多不知服从纪律与党纲为党员应尽职责，并忽视小组会议，故意不出席，甚至有成年不为党任事”；山东地方党组织则四个月来未曾正式开会。①

三、以国民党为主的统一战线政策对中国共产党自身发展的消极影响

（一）以国民党为主的统一战线政策的形成

二七惨案后全国工运处于低潮，再加上右倾政策的影响，党对工人运动的领导大为削弱。从 1923 年 5 月到 1924 年五一节，全国共发生罢工 36 次，除湖南水口山工人和湘潭锰矿工人举行的两次罢工规模稍大一点外，其余的都是手工业工人举行的小规模罢工。②由于共产国际及其代表和陈独秀等中共中央领导人都对革命前途十分悲观，他们对发动和组织工人运动的态度也都相当冷淡，甚至认为：“我们要做工人运动只有加入国民党，集中势力于国民党。”③正如邓中夏后来评价的那样：“陈独秀的中央，对于职工运动的取消主义倾向，一直到一九二四年五月共产党的扩大会议上，才纠正过来。”④在这种消极思想指导下，就是那些想深入到工人中去开展宣传组织工作的中共党员也失去了往日的热情。在反动派的残酷镇压下，汉

① 中央档案馆编：《中共中央文件选集》第 1 册，中共中央党校出版社 1989 年版，第 200 页。
② 中央档案馆编：《中共中央文件选集》第 1 册，中共中央党校出版社 1989 年版，第 254 页。
③ 中央档案馆编：《中共中央文件选集》第 1 册，中共中央党校出版社 1989 年版，第 42 页。
④ 邓中夏：《中国职工运动简史》，人民出版社 1953 年版，第 11 页。

口、长沙等地很多工会组织都遭到严重破坏，取消的被取消，关闭的被关闭，即使没有被取消或关闭的也不过名存实亡。党的区委领导有的遭到通缉，有的被逮捕，还有不少党员与党组织失去联系。据统计，仅湖南水口山工人罢工失败后就有20来名党员与党组织失去联系，下落不明。水口山地方党组织和常德地方党组织不得不因此暂时解散。

（二）宣传和组织工作的滞后

党内经费的严重短缺制约了党的宣传和组织工作。中国共产党成立之初，由于党员人数不多，且多为知识分子，党的经费“几乎完全从共产国际得到，党员缴纳的党费很少”①。随着党员人数的增加，活动费用、交通费用以及生活开支也随之增加，但1923年共产国际提供的活动经费预算只有每月1000金卢布。②鲍罗廷来华后，把一切工作重心都集中在国民党方面，对中共的财政困难不闻不问。1923年“10月、11月、12月都没有从共产国际执委会那里得到钱，而整整6个月没有从红色工会国际那里得到钱了。”③国共合作建立后，共产国际的经费提供仍旧时常出现延误好几个月不到位的情况。1924年1—6月，中共中央收到的月平均经费数额与1923年11—12月收到的月平均经费数额相比就差不多少了一倍。④1924年9月，陈独秀给维经斯基写信，催要1924年7—10月的经费，并要求寄来1000元钱支付中共四大会议开支。由于经费不足，中共“许多方面工作处于荒废状态”，进而使党失去了许多有利的发展机会。从中共三大到三届一中全会，“《新青年》应出二期，只出一期；《前锋》应出五期，只出一期；《向导》应出到四十九期，只出到四十六期”。⑤

---

① 中央档案馆编：《中共中央文件选集》第1册，中共中央党校出版社1989年版，第168页。

② 中共中央党史研究室第一研究部译：《共产国际、联共（布）与中国革命档案资料丛书》第1卷，北京图书馆出版社1997年版，第185页。

③ 中共中央党史研究室第一研究部译：《共产国际、联共（布）与中国革命档案资料丛书》第1卷，北京图书馆出版社1997年版，第316页。

④ 杨奎松：《共产国际为中共提供财政援助情况之考察》，《社会科学论坛》2004年第4期。

⑤ 中央档案馆编：《中共中央文件选集》第1册，中共中央党校出版社1989年版，第186页。

四、以国民党为主的统一战线政策得到初步纠正

（一）改变在国民党中工作的方针政策

为了纠正党的政策和实际工作中的右倾错误，1924 年 5 月，维经斯基在共产国际的支持下，到上海推动并参加了中共中央扩大执行委员会会议。会议的主要议题有三项——国民党工作、工人运动和青年运动。关于国民党工作，会议认为："我们在国民党中和在国民党外，做种种复杂的工作，即在比我们强大的党，也很容易有不偏于左倾即偏于右倾的危险，何况是我们这毫无经验的党。因此，我们越发感觉在国民党工作的重要，便越发感觉认识国民党及巩固我们党的重要"。关于工人运动，会议认为："劳动运动尤其近代产业工人运动是我们的党之根本工作，我们在国民革命运动中若忽视了这种工作，便无异于解散了我们的党"。关于青年运动，会议认为："青年运动也是党的重要工作之一，以前党及 S.Y 在此项工作上都做了种种错误，不可不急于救正"。并要求全国同志对于他的一切议决案都要即刻努力执行，如有疑义及实施方法，也可向中央局充分讨论。①

会上，"关于在国民党内工作的问题引起了非常激烈的争论，许多工人对共产党实际上被溶化在国民党中表示反对，甚至有人主张与国民党决裂"，②最后通过决议，改变了一系列重大认识和决策。

第一，改变过去共产国际决议通过的关于国民党是一个"包含四个阶级的民族革命集团"的含混说法，肯定国民党是一个"资产阶级性的民族主义和民主主义的政党"③。会议通过了《共产党在国民党内的工作问题议决案》，指出：国民党内一大部分党员本来很明显的属于工业及农业的有

① 《此次扩大执行委员会之意义》，中央档案馆编：《中共中央文件选集》第 1 册，中共中央党校出版社 1989 年版，第 229 页。

② 《拉斯科尔尼科夫的书面报告（1924 年 6 月 2 日）》，《共产国际档案资料丛书》第 3 辑，第 496 页。

③ 《共产党在国民党内的工作问题议决案》，中央档案馆编：《中共中央文件选集》第 1 册，中共中央党校出版社 1989 年版，第 195 页。

产阶级的倾向，并且回避反帝国主义的争斗，他们的阶级利益和劳动平民的利益，将来当然不能一致；他们的阶级性每易趋于妥协，也很难必其能为中国民族完全独立奋斗到底。国民党依他的社会成份（阶级分子）及历史上的关系看来，客观上不能有严格的集中主义及明显的组织形式。他既有各阶级的分子在内，决不能同等的代表各部分的利益，只有反帝国主义和民权主义可以做大多数平民群众的斗争的共同政纲。可是也因为这一共同点，并不能十分联络党员，使他们永久觉得党是他们特殊利益之保护者。同时也因为这一共同点不限于一阶级的性质，虽能影响到中国极大多数的群众，却不容易吸收在这党的组织里。①

第二，改变鲍罗廷必欲把国民党变成一个真正有纪律、有组织的革命党的计划，指出“国民党依他的社会成份（阶级分子）及历史上的关系看来，客观上不能有严格的集中主义及明显的组织形式”。

第三，改变中共三大关于“须努力扩大国民党的组织于全中国，使全中国的革命分子集中于国民党”的决定，指出“宣传更重于组织”，“我们当赞助国民党办好组织机关，引进思想上接近国民党的分子，然而这不能作为我们在国民党里的唯一主要工作”。“共产党的责任，就是使国民党不断的有规划的宣传‘宣言’（指国民党一大宣言——引者）里的反对帝国主义及军阀，要求民权的原则。决不能先求国民党数量上的扩大，而后宣传反对帝国主义及军阀”，也不能认组织与宣传是“同等重要的”。

第四，改变过去笼统支持国民党的方针，强调应当把国民党分析成左派和右派，而“左派是孙中山及其一派和我们的同志——我们同志其实是这派的基本队”。我们应当用种种方法“巩固国民党左翼和减杀右翼势力”，“假使现在我们因为巩固扩大国民党起见而取调和左右派的政策，那就是一种错误”。

第五，坚持共产党的基本立场，保持对国民党的批评自由。“我们仍要求国民党内的批评自由，我们便能在国民运动的根本问题上指摘右派政策

① 《共产党在国民党内的工作问题议决案》，中央档案馆编：《中共中央文件选集》第 1 册，中共中央党校出版社 1989 年版，第 231 页。

的错误（最重要的，就是回避反帝国主义的争斗）——在我们自己的机关报上，在国民党的机关报上，在种种集会的时候。”

（二）加强党的工会工作和自身组织宣传工作

1. 会议强调了团结和训练工农群众的阶级精神和阶级意识，使之在共产党的领导下参加国民革命，才能“防止资产阶级的妥协，民族解放才能彻底”

会议通过了《工会运动问题议决案》，指出党领导下工会运动的重要性：“中国无产阶级至今还是全国人民中很少的成份。可是中国最近二十年来的工业化的速度，在欧洲大战时以及大战后头几年里很有些增进的现象——因此在几个大都市里及几种职业里产业的工人增多起来。虽然地方辽阔，交通不便，力量不能集中，而在数量上，单是纺织业，矿工，路工，航路上的工人，至少有六十万。这些工人都是我们党的基础。只有联结这些工人，我们的党才能发达而成一政治上的势力。产业无产阶级的经济上政治上的力量，必定要和他的组织力同时生长，因此党的最重要的职任，便是继续不断在产业的工人里有规划地创设工会的组织。因此最主要的工作，便是应当注意铁路工人、矿工及海员。造船业、铁路、河海运输及矿业里，外国资本的势力最大。组织这些工人，是反抗外国资本势力、反抗帝国主义最真切有力的方法。将来反抗帝国主义斗争里，铁路，河海运输及煤业工人势力，必定有极重大的甚至于有决定胜负的意义。组织这些工人便是保证将来的胜利。这些政治上的原因之外，产业无产阶级，聚集在大生产里有近代的高等技术，有共同的利益，同样受大资本家，尤其是极大的外国资本家的压迫——各方面看来都是工会运动最好的材料——我们必需努力去在他们之间工作；这种工作，是我们党的事业。”

关于工会组织的形式，议决案指出：“只要有可能，到处都应当努力去组织大工会，这种大工会的基本组织就是工会小组，这种小组应按照每个工厂内的各部分去组织（人数无定，如过多不便开会时，小组得分组十人团，但不能误认十人团为基本组织）。全厂各小组代表大会（按每十人举一代表，每小组不足十人时也得举一代表），便是高一级机关。各厂委员会由各该厂小组代表大会选举组织之，至于每一企业的最高机关，应当是代表全体之大会所选出之总会。我们的党应当特别注意下级的小组，这些小组的性质，足以决定全工会的战斗力。只要有可能，到处都应当吸引这一企业（工场，或铁路的制造厂）里尚未加入组织的工人，来出席这种小组的大会，——这是宣传工会组织的最好的方法。就是军警压迫很重的地方，也必须教导工人去召集多数人的大会，就算集会几分钟，也是好的，只要趁工厂或官府方面还没有觉察，或者还没有来得及干涉镇压的时候，就散会。为召集这种集会起见，应利用种种很明显的压迫事实——譬如工人被殴打，被无理的待遇，以及无理的开除——不管他是不是已经加入组织的工人，——都可以做这种集会的理由，在这种集会上，小组的干事会，应当预先预备议决案，这种议决案，在几分钟便可以说明，假使议决案能在大会通过，那就可以做更广泛的工会宣传和鼓动。这种工会小组，渐渐建筑基础，留意群众的心理，不要大冒险——使已有的成迹［绩］完全抛弃，应当让步的时候，亦可以让步，然时时刻刻不断的利用种种小机会向前进行——如此，小组便能渐渐扩大，为着本工厂一切工人的屈辱而发起反抗，他的影响便不限于小组内的工人，而且普遍深入工厂。不能组织工会的地方，应当先组织互助会俱乐部，合作社，普通教育学校或技术教育学校等。这种种机关里，必须先有了可能，才可以开始组织工会小组。工会小组的第一次胜利，在每一企业（矿坑，工场，铁路制造厂，轮船）里，拥护本企业工人的利益，而能得第一次的成功——那就必定有开展组织的可能，使大多数工人加入工会运动。”

就如何处理国民党工会的问题，议决案指出：“国民党也和其余的政党一样，都是要想取得政权的——必定想影响北部及中部的铁路工人及矿工的工会运动，国民党这种工作的成败，要看我们党的行为怎样，凡在可能的范围内我们不必帮助国民党组织上的渗入产业无产阶级，不然，就是一个很大的错误。这不但是使先进的无产阶级内心掺入混乱的种子，——产业的无产阶级，是我们党的基础，——而且使无产阶级自己的阶级斗争要发生很大的困难，各国的先例很多，不仅止此，在中国的情状看来，更使工人阶级在国民革命运动里的力量减杀。我们的党，对于国民党的最好的帮助，在工会运动方面并不是帮助他设立国民党的铁路工会及矿工工会，或者使已成的工会全体加入国民党，这可以使工会沉溺在国民党里而失去阶级的性质；我们对于国民党的最好的帮助，却是先组织纯粹阶级的斗争的工会，于每次用得着的时候，指挥这些工会赞助国民党所指导的国民革命运动。此外，国民党还有许多手工厂的无产阶级，手工业者及工商业的职员，可以做很广泛的行动的基础。我们党的能力现在很有限，很不容易在这几种民众里有很大的工作；而且这许多民众里，大致都适宜于用国民党的宣传。一方面不妨碍阶级斗争，一方面帮助国民党组织店员及手工业工会，对于巩固及扩大国民革命运动很有意义。”①

2. 此次会议的精神是强调保持国共合作中共产党的独立性，强调共产党自身的组织的发展

会议通过了《党内组织及宣传教育问题议决案》，首先明确了加强党自身组织建设的必要性：我们的党，在国民革命运动里的总职任及对于幼稚的产业无产阶级之训练和集合其群众的职任，要求数量上及质量上有相当的组织，——此次扩大执行委员会认为必须使我们的党及其各个机关能有更明显的组织形式，在宣传和鼓动方面是如此，在党务组织方面亦是如此。我们在资产阶级性的民族主义和民主主义的政党里工作，而这一政党的性质——根本上便有组织形式上的浮动性，对于我们自己的党也就有大影响，——因此我们自己的党更要有非常之明显的组织形式。

其次，阐明了中国共产党在工人，尤其是产业工人中发展自身组织的紧迫性。指出，产业的无产阶级，尤其是北部及中部之铁路矿山，大工厂的工人群众，已经开始表示阶级的觉悟，——我们的党在这些工人里便有扩大自己的基础〈之〉前提。因为帝国主义的压迫，所以中国人民普通都在发展民族的感情，然工人更有自己的阶级意识，不必一定要先经过民族

① 《工会运动问题议决案》，中央档案馆编：《中共中央文件选集》第 1 册，中共中央党校出版社 1989 年版，第 234—238 页。

民主的政党之政治训练，然后才可以加入无产阶级的政党。在半殖民地的〈民〉族独立及民权运动的斗争里，工人阶级虽然可以得着初步的权利，而不能得着阶级的解放。即以民族解放论，工人阶级参加斗争防止资产阶级的妥协性，民族解放才能彻底。因此民主主义的政党内，阶级利益的调和不但不能增加民族解放运动的力量，而且足以使之减少。中国产业无产阶级，他们的阶级意识愈发达，则参加民族解放运动必愈扩大。民族解放运动中渗入此阶级的性质，这个运动才能格外深入，才能增加他的革命性质。我们的职任，便在于训练产业无产阶级群众的阶级精神及阶级意识，同时这就是帮助民族解放运动的最好的方法。假使上面的原则，我们的党不能充分了解，那就会失去我们党的基础，而且对于民族解放运动的前途亦没有正确的观察。因为在大产业的工人里扩大我们的党，是现时的根本职任之一。必须使我们的党，不但是工人的阶级斗争的指导者，而且是工人最初觉悟时取得自己的政治训练的惟一组织。此次扩大中央委员会对于我们的党及无产阶级的观点是如此，认为以前我们虽然没有阻滞工人进党，却没有十分努力去吸收工人。因为我们的党过分严守，闭关主义，便使许多工人同志留在 S.Y. 之中——其实照他们的年龄，已经不能在 S.Y. 了。为着使工人容易进党起见，所以照章只规定三个月的候补制度努力去征求铁路矿山工厂里的工人。应当立刻从 S.Y. 之中把二十八岁以上的工人收入我们的党。

议决案还就如何改善和加强党的组织和宣传工作提出了三条办法：第一，地方委员会由三人组织之：委员长兼宣传部，秘书兼组织部，组织部之下另有“统计分配”及“交通”的职务——“交通”的职务便是发送秘密宣传品，组织群众大会及示威运动等。第三人管理工农部（如遇有特别情形，各委员之兼职得互换之）。地方委员会对于在当地国民党中工作的同志负指导的责任——凡在国民党工作之同志都应由地委指派。为增进某一部的工作成效起见，地方委员会得组织各种委员会。中央及区亦应分设宣传组织工农等部分担责任。第二，小组的工作除教育党员征求新党员外，还应当常常在工人群众里做宣传的工作。必须按照章程，凡有可能时从地域的组织进于产业的组织，学校及工商企业都在内。中央的各部之中应当特别注意宣传部和工农部。为运动起见中央的各部得从任何机关里征调最有力的同志。中央宣传部应当在党报上加重党内教育的工作，并且指导马克思主义研究会——这种研究会不要纯粹由智识阶级分子组织。中央工农部应当添一两个工人办事，进行工会的宣传并指导各地方实行组织工会小组（基本队）——在上海以及其他城市无产阶级之中，尤其是在我们还没有工作之处。第三，党内教育的问题非常重要，而且要急于设立党校养成指导人才。再则政治宣传亦急于有全国的进行规画。所以中央必须特别设一个编辑委员会（主持中央一切机关报的编辑委员会），以七人组织之其中四人必需在中央所在地。中央机关报的编辑委员会只对中央全体大会报告，遇有必要时，更可以向全国大会报告，中央机关报编辑委员会同时指导各地参与国民党报纸的同志。中央机关报编辑委员会应当是真正工作的集合体，指导并训练政治及策略问题的全党思想。①

（三）加强和改善青年团工作

会议就青年团工作及其与党的关系作出专门决议——《S.Y. 工作与 C.P. 关系议决案》，指出青年团工作的最大缺点就是与党的工作未能分开，而造成党团工作不分的原因有三个方面：一是同志们忽视了青年运动本身在社会改造上有重大的意义。二是在第三次党之大会以前未规定候补党员制度，各地方委员会对于倾向本党或办事有能力而意志尚未坚定者，虽年长亦只令加入 S.Y.，以为候补察看地步，遂使 S.Y. 组织不明显，实在是党的错误。此种错误并及全国地方，在安源及长沙尤为显著。三是党中工作繁多而同志不敷分配，并且因上述第二原因有些地方只有 S.Y. 组织而无 C.P. 组织，S.Y. 之中又有许多成年团员，遂不得不令 S.Y. 担任党的工作。其结果，一方面因为工作相同，使 S.Y. 日渐党化，于党的工作统一及直接指导上发生障碍，政治运动方面与工会运动方面都是如此（譬如安源路矿工人俱乐部的组织）；一方面因为 S.Y. 容纳多数成年分子，缺乏青年情绪，

① 《党内组织及宣传教育问题议决案》，中央档案馆编：《中共中央文件选集》第 1 册，中共中央党校出版社 1989 年版，第 243—246 页。

不能代表青年本身利益，因此与青年群众隔离。

为此，议决案提出了八条补救措施：一、S.Y. 各地方应速吸收二十岁以内的青年，下届全国大会应修定年龄，至多不得过二十五岁。二、已过S.Y. 法定年龄的团员，应由C.P. 地方执行委员会会同S.Y. 地方执行委员会组织审查委员会，审查此项团员，于三个月内尽量加入C.P. 退出S.Y.。三、C.P. 同志在S.Y. 担任职务者，须经C.P. 之认可，其既经担任S.Y. 之工作，非特别需要时，经C.P. 中央或地方委员会之指派，不得兼任C.P. 工作。四、S.Y. 应专任以青年为本位的青年运动，例如在工人中做青年工人教育宣传娱乐体育及其他关于青年工人本身利益之运动，而不担任组织工会及其他工人运动（在青年工人之中应注意去宣传阶级组织，已经有工会的地方可在工会中组织青年部，S.Y. 并且应当为青年工人组织体育会及娱乐部等）。在农民中做青年农民教育娱乐等运动，而不担任组织农会及其他农民运动（因为工人农民的运动是C.P. 的工作，不是S.Y. 的工作）。学生多在青年时代，学生运动可由S.Y. 专任之（至于一时的政治示威宣传，乃属一般的市民运动，各地方S.Y. 应在C.P. 指导之下参加之）。五、在目前最短之过渡期间，如有特殊情由于事实上必需S.Y. 兼任工会农会及其他工人农民运动者，此项工作必须受C.P. 之直接指导。六、S.Y. 应以青年本身运动为中心工作，参加政治运动次之，参加国民党组织工作更次之。七、S.Y. 现在工作大部分是学生运动，此后S.Y. 必需渐次动员全体团员，做普通的平民教育运动，尤其注意乡村，以图扩大S.Y. 与群众接触及宣传之机会，此项运动为S.Y. 目前重要工作之一。八、S.Y. 因客观情形，既为共产主义的团体，不能集引学生及手工业的青年群众（他们因为自己的社会地位及心理不能集中到S.Y. 旗帜之下），所以应以S.Y. 为中心，就各地方情势，组织各种公开的普通青年团体，以便扩大青年运动，以便S.Y. 得与各地的青年群众接触合作。至相当时期，更宜联合各地方各种青年团体，成一个全国的统一组织。①

① 《S.Y. 工作与C.P. 关系议决案》，中央档案馆编：《中共中央文件选集》第1册，中共中央党校出版社1989年版，第240—242页。

1924年5月，中共中央扩大执行委员会会议初步纠正了党内右倾错误，强调了党自身工作，特别是在产业工人中进行工会工作的重要性，以及加强和改善组织和宣传工作的重要性，并制定了相应的方针政策以及方法措施。但是，由于扩大会议在理论上的欠缺，其决议在此后至中共四大召开前，并未在实践中得到很好的贯彻执行。

第二部分

历史丰碑
——中共四大的筹备与召开

第一章 会议筹备

按照中共中央有关规定，党的全国代表大会每年召开一次。党正式成立后，前三次大会分别于 1921 年、1922 年、1923 年召开。第四次全国代表大会本应在 1924 年举行，可在这一年中共中央事务非常繁忙——与国民党建立革命统一战线、帮助国民党建立发展组织、参与筹建革命武装以及应对北京政变后的时局动荡——再加上党的经费不足，如期召开大会确有诸多困难，不得不一再推迟。1924 年底，共产国际代表维经斯基来华，大会筹备工作取得实质性进展——会议经费、文件起草和开会场地等问题迎刃而解。最终，中共四大在 1925 年 1 月 11 日在上海淞沪铁路旁的一幢石库门建筑里顺利开幕，会期 12 天，1 月 22 日闭幕。

一、中共中央发出两份会议通知

1924 年 8 月 31 日，为准备召开第四次全国代表大会，中共中央专门致函各地党组织，征求各地意见。这份通知，由当时在中共中央分管组织工作的毛泽东亲笔签署。

各区各地方委员会各独立组长：

第四次全国大会开会为期不远，各地同志对于本党一年来各种政策，工农，青年，国民党各种实际运动及党内教育上组织上各事必有许多意见，望各区各地方委员会各独立组长发表其所见，并于每个小组会议时将上述各点提出讨论，以其结果报告中央局；同志个人有特别意见者可特别指令他写成意见书由委员会或组长汇寄中央局。中央接到此项报告及意见书，即于最近期（第五六期）党报上发表以为第四次大会各项讨论决议之材料。此次报告及意见书寄来以速为好。望回信。

莫斯科

钟英

八月三十一日[①]

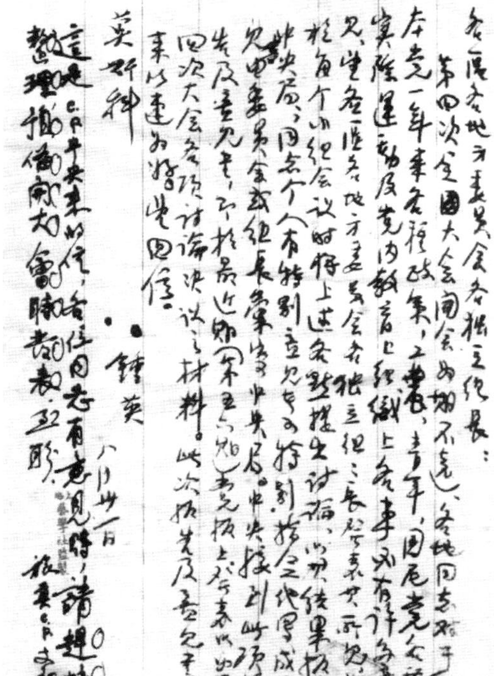

1924 年 8 月 31 日中共中央发出的关于召开中共四大的第一份通知

这份署名“钟英”的通知是毛泽东的笔迹，“钟英”二字也是毛泽东亲笔签署。“钟英”，是当时中共中央的代名。在这份通知的左侧，还另有两行

① 中共中央党史研究室编：《光辉历程——从一大到十五大》，中共党史出版社 1998 年版，第 75—76 页。

字的说明，内容为："这是C.P.中央来的信，各位同志有意见时，请赶快整理，预备开大会时发表为盼。旅莫C.P.支部"。从旅莫支部的落款可知，这份开会通知是远在异国他乡莫斯科的旅莫中共支部收到并保存下来的。当时没有复印机，每一份通知都是用毛笔抄写而成。而写给旅莫中共支部的这份通知也是只此一份，因为上面专门写有"莫斯科"字样。中共旅莫支部收到通知后，又转发给支部各同志，并特意在通知上加写了一句话，说明是党中央发来的信，请各位党员赶快整理有关意见，认真准备好后提交大会。

1924年9月7日，陈独秀给此时已经回到莫斯科的共产国际代表维经斯基写信，说到党的全国代表大会将提前举行。信中写道："既然我们的同志对我们党中央执行委员会扩大全会的决议都很了解；而在实践中没有很好贯彻执行，所以我们党的全国代表大会将提前举行。我们期望经过不长时间能从您那里得到一千多元钱来支付会议开支。"①

陈独秀信中所透露的信息，并不足以说明中共四大原定的召开时间，只是说要提前举行。要是按照1923年6月中共三大通过的《中国共产党第一次修正章程》规定"全国代表大会，每年由中央执行委员会定期召集一次"，并结合党的一大、二大、三大召开的日期，中共四大应该于1924年六七月份举行。但到了9月陈独秀还说是提前举行，想必此前已经有过更晚时间召开中共四大的计划或议论。

1924年9月15日，中共中央再次发出召集党的第四次全国代表大会的通知，还是由毛泽东亲笔签署。

这份通知文字简洁，篇幅不长，内容不少，涉及通知下发范围、大会开会时间、代表人数及其分配以及大会议案，等等。关于通知下发的范围，明确规定发至"S.Y.中局、各区各地方委员会各独立组组长"。

各区各地方委员会各独立组组长：

第四次全国大会现定于十一月开会，地点时间人数议案另表开列（其

① 中共中央党史研究室第一研究部译：《共产国际、联共（布）与中国革命档案资料丛书》第1卷，北京图书馆出版社1997年版，第529页。

中人数因经费及方便之故定为每地方一人）。各地同志对于此次提议各案及前次扩大委员会所议决关于国民党、劳动运动及S.Y.问题各议案评加讨论，尽量发表意见，在十一月一号以前汇交中局在党报上发表。应出代表之各地方及俄法两特别组应召集同志大会（不能开大会处召集组长会议），推选代表于十一月十四日以前到沪是为至要，路费续寄。

钟英

九月十五日

从档案保存的通知原件看，这“S.Y.”“中局”是后来加的，而“各区各地方委员会各独立组组长”是原来拟好的。这份署名“钟英”的通知后，是一行醒目的文字：“请将一年来成立中局及各区各地方情形作一报告于十一月十五日以前交来为荷。”从字体来看，这一行字和“S.Y.中局”一样，是后来加的。正好写在通知正文和所附的明细类材料之间的空白处。

在这一行文字后面，是一份题为“第四次全国大会”的材料，它和通知印在同一页纸上。上面清楚地列出了开会的地点、时间、人数、议案共四个方面的内容。

地点：上海

时间：十一月十五日起

人数：广州一　上海一　南京一　济南一　北京一　唐山一　天津一　武汉一　长沙一　安源一　俄组一　法组一　少年一　特请一

议案：

（1）世界政治经济报告（2）中国政治经济报告（3）中局报告（4）中局报告之讨论（5）共产党与民族运动（6）中国劳动运动与民族运动（7）党之发展计划（8）章程修改案（9）党的组织及教育（10）选举[①]

① 中共四大史料编纂委员会编：《中国共产党第四次全国代表大会》，中共党史出版社2004年版，第132—133页。

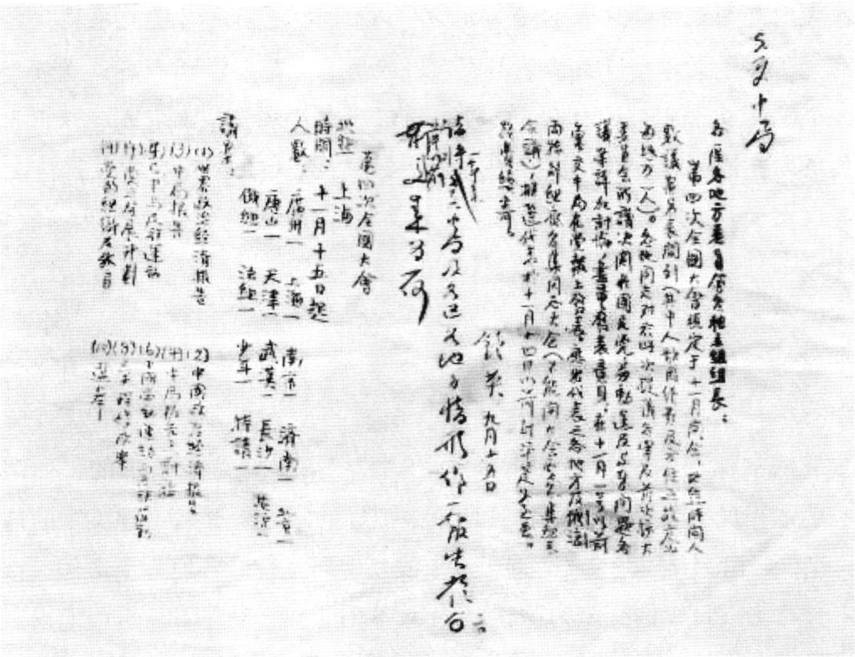

1924 年 9 月 15 日中共中央发出的关于召开中共四大的第二份通知

二、大会一再延期

根据毛泽东 9 月 15 日亲笔签署的会议通知来看，中共四大本应于 1924 年 11 月 15 日召开，然而大会最终却推迟到了 1925 年 1 月 11 日才正式召开，与原定日期相差将近两个月。

在 1924 年筹备召开中共四大时，担任党的最高领导人的陈独秀不能不为召开会议所需的费用而焦虑发愁。当时，虽然共产国际每个月都会为中国共产党提供一定的经费，但经常是捉襟见肘，极不宽裕；且经费常常不能及时到位。陈独秀必须不时地同共产国际有关方面交涉此事。这对陈独秀来说也是一件极为痛苦的事情。1924 年 9 月 7 日，陈独秀在上海给共产国际驻上海中共中央代表维经斯基写信。信中说，“我们党的经济状况很严重。由于经费不足许多方面工作处于荒废状态。我们希望您立即从共产国际和红色工会国际给我们寄 7、8、9、10 月份的钱来……我们党的全国代表大会将提前举行。我们期望经过不长时间能从您那里得到一千多元钱来支付会议开支。”① 陈独秀写这封信时，已经是 9 月份了，但原定提供的 7 月、8 月两个月的经费还未拿到。召开一次全国性的代表大会，各地代表来回的路费，租用会场的费用，代表们在上海食宿，等等，都需要经费保障。在这个意义上，中共方面是“等米下锅”。因此只有共产国际维经斯基为中共带来迫切需要的经费，中共四大才可能顺利召开。

除了经费问题，陈独秀还希望得到共产国际的指导和帮助。他在给维经斯基的信中提出，“我们迫切需要共产国际给代表大会发来电报。最好，您能再来一次”。② 由于各种因素的影响，中共四大会期计划推迟到 1924 年 12 月 20 日召开。

但后来又有一次推迟，即从 1924 年 12 月推到 1925 年 1 月。我们可以在 1924 年 12 月 24 日林育南、恽代英签署的青年团中央局的一份通告中找到答案，主要的原因是时局变化。通告指出：“因时局变化，党的大会延期，青年团三大亦随之延期。”这从一个侧面也说明了中共四大再一次延期的原因。

三、维经斯基来华与大会文件起草

（一）共产国际代表维经斯基的意见

1924 年 11 月，共产国际代表维经斯基来到上海，参与了大会的筹备工作，同时带来了开会必要的经费。随着维经斯基的来华，中共四大的有关决议起草工作也作为大会的重要准备而着手进行。基本的程序是指定专人组成文件起草委员会，讨论和起草大会的各项草案。中共四大一共通过了 11 个议决案，两份宣言和一个党的修正章程，共计 14 个文件。而

① 中共四大史料编纂委员会编：《中国共产党第四次全国代表大会》，中共党史出版社 2004 年版，第 124 页。

② 中共中央党史研究室第一研究部译：《共产国际、联共（布）与中国革命档案资料丛书》第 1 卷，北京图书馆出版社 1997 年版，第 529 页。

前几次党的代表大会文件多为10个左右。所以，中共四大比较突出的一点是准备的大会文件较多，可以说是党成立以来形成文件较多的一次党代会。

共产国际代表维经斯基1924年12月19日从上海写信给莫斯科，信中提到“因为召开党代会的时间临近，我们已审定了一多半基本材料、提纲等”。[①] 这里所说的党代会，可以肯定的是指中共四大。他在信中还谈到中共四大的中心议题和基本问题：“代表大会的中心议题是党渗透到城市工人群众中去的问题，也就是从在小组中做宣传工作过渡到在工厂中做鼓动工作的问题，向工人们说明现在中国政治斗争的基本因素。”如果用更通俗的话来说，大会的中心议题就是讨论和解决党如何深入开展城市工人运动的问题。

维经斯基还提到：“代表大会应该找到把群众集中和组织起来的各种方式。近两三个月的经验表明，我们从组织街道小手工业者行会同外国人作斗争开始，现在转到成立召开国民会议的促进委员会，这个经验在代表大会上应给予注意并加深理解。”成立召开国民会议的促进委员会，或者是说促进国民会议的召开，是当时共产国际提出的集中和组织群众的重要方式。“虽然国共两党关系不能说尽如人意，但我们在会上还是不全面提出这个问题。我认为，我们还应该帮助国民党，以便尽可能广泛地掀起反帝运动浪潮。这场运动同时也是反对督军制度和反对国家实行封建政治管理方式的运动。不过我们应该在彻底打败直隶军事集团之后，改变我们在民族解放运动中的作用。这首先应该表现为，更多地深入工农群众，更彻底地揭露国民党人同军阀的妥协趋向和更公开地反对国民党右派，因为近来右派代表人物觉得有取得国家职位的可能性，公开站到帝国主义者一边，损害中国人民的利益。”维经斯基强调：“这就是代表大会将研究的基本问题。”[②] 实

① 中共中央党史研究室第一研究部译：《共产国际、联共（布）与中国革命档案资料丛书》第1卷，北京图书馆出版社1997年版，第561页。

② 中共中央党史研究室第一研究部译：《共产国际、联共（布）与中国革命档案资料丛书》第1卷，北京图书馆出版社1997年版，第563页。

际上，基本的问题是如何“改变我们在民族解放运动中的作用”问题。一方面，中国共产党要帮助国民党，尽可能广泛地掀起反帝浪潮；一方面还要同国民党的妥协作斗争，反对国民党右派。关键的问题还在于如何发挥中国共产党的作用。

除此之外，中共四大还将讨论青年和妇女问题。因为维经斯基在会前所写的这封信提到：“我们将在会上提出青年问题和妇女问题。”① 可以说，维经斯基在信中提到的上述问题，某种意义上给中共四大定了基调，对中共四大产生了重要影响。

（二）彭述之对起草大会文件过程的回忆

从莫斯科回国作为旅莫支部代表的彭述之，参加了中共四大文件的起草，以后又担任了中共四大的秘书长。据彭述之回忆，中共四大文件的起草委员会，在三个问题上有过讨论和争论。这就是：（1）关于革命性质；（2）无产阶级领导权；（3）青年运动。通过讨论和争论，最后基本上达成了共识，或是一方放弃了自己的观点，或是两方互相让步。

在起草中共四大的决议草案时，对中国民族革命的性质是有不同意见的。彭述之在给中共旅莫支部全体同志的信中提到：在中共四大的文件起草委员会上，对于各种草案都经过一番讨论，“其中尤以民族革命运动的草案讨论得更为详细，争点亦较多。其中尤以关于民族革命的性质问题，各委员的见解颇不能一致。”② 彭述之的观点和陈独秀的意见比较一致，认为中国革命的性质是资产阶级革命性质。但吴廷康即维经斯基开始却不赞成，他认为中国民族革命运动的性质不能确定，要看将来的成功如何。所以，彭述之在信中写道：“仲甫与我略同，吴廷康则持异议。他以为民族革命运动的性质不能确定，须看将来的成功如何；不过后来到审查草案委员会的

① 中共中央党史研究室第一研究部译：《共产国际、联共（布）与中国革命档案资料丛书》第1卷，北京图书馆出版社1997年版，第563页。

② 中共四大史料编纂委员会编：《中国共产党第四次全国代表大会》，中共党史出版社2004年版，第155页。

时候，他亦承认我们的观点了。”[①]

而无产阶级的领导权问题，在中共四大决议草案的讨论中，也是最受关注的问题之一。彭述之总结中共三大及其以后的教训，认为之所以出现错误，就在于忽略了无产阶级在国民革命中的领导地位问题。换言之，就是我们同志把无产阶级在国民革命中的力量看得太低，把资产阶级的力量看得太高。这是一个根本的错误。

中共四大文件起草过程中还有一次争议是关于青年运动问题。彭述之认为：“关于青年运动，在起草委员会亦有一次争论，不过到后来两方互相让步，同时由客观事实证明，在莫斯科的许多争点已不成问题了。”[②]

项英是中共四大职工运动议案的起草人，但代表们对这个草案提出了许多意见。最后，还是项英自己承认议案的不足，收回另外起草。李逸回忆说，“项英承认自己是工人出身，文化水平低，以致起草的议案有许多缺陷。当场将原案收回，另行起草。”[③]

根据中共中央的意图，共产国际的指导，经过起草委员会成员们的紧张工作，为大会准备的重要提案共有七个：（一）关于民族革命运动之提案；（二）关于职工运动之提案；（三）关于农民运动之提案；（四）关于青年运动之提案；（五）关于妇女运动之提案；（六）关于组织问题之提案；（七）关于宣传工作之提案。这些提案起草以后，准备在大会召开时再组织各种审查草案委员会加以审查，最后再由大会通过。

此外，提交中共四大的文件还有六个，即出席共产国际第五次大会代表的报告，共产国际执行委员会代表关于国际共产主义运动之报告，中央执行委员会之报告，列宁主义与托洛茨基主义之报告，以及大会对于列宁去世一周年纪念宣言和对于中国劳动群众宣言。

① 中共四大史料编纂委员会编：《中国共产党第四次全国代表大会》，中共党史出版社 2004 年版，第 155 页。

② 中共四大史料编纂委员会编：《中国共产党第四次全国代表大会》，中共党史出版社 2004 年版，第 156 页。

③ 中共四大史料编纂委员会编：《中国共产党第四次全国代表大会》，中共党史出版社 2004 年版，第 308 页。

四、安排开会场所

中共四大的开会地点是负责会场租赁、会场布置和文书、保卫等工作的张伯简找来的，找房子地点的要求，不能在租界里，又不能离开租界太远，以便一旦发现问题，就可立即撤退疏散，往租界跑，所以才找到铁路边的这所房子，当时租下来时，房子是空着的。这是一座三层楼的石库门——上海旧式市房，具体地点位于上海去吴淞的铁路旁边，召开大会的区域属于历史上的越界筑路区，东临北四川路，西临淞沪铁路，周边交通便捷且靠近租界，一有情况便于及时疏散，客观上为大会的召开提供了相对安全的社会政治环境。但遗憾的是，中共四大的原址已经在20世纪30年代的淞沪抗战中毁于日军炮火。

（一）与会者关于中共四大会址的回忆

中共四大会议记录员郑超麟回忆："会址是新租来的一幢三层楼石库门房子，地点在上海去吴淞的铁路旁边，当时是'中国地界'，但距越界筑路的北四川路不远，通过川公路可以到北四川路。房子是背靠铁路，面向北四川路的。会场设在二楼，布置成学校课堂的样子，有黑板，有讲台，有课桌课椅，而且每人有英文课本，准备有人闯进来问时，就说这里是英文补习班课堂。三楼是一部分代表住宿的地方。"① 中共四大"结束后，这所房子还保留着，未退掉，是作为中央工农部工作人员的宿舍，张国焘是工农部主任，所以他常来这里。当时住在这所房子里的有个女同志，叫陈碧兰，住了相当长的一段时间，后来陈碧兰与彭述之结婚，婚后陈碧兰就搬走，住到安慎坊去了"②。

中共四大上海代表庄文恭回忆："记得'四大'是在一所里弄房子里开

① 中共中央党史研究室、中央档案馆编：《中国共产党第四次全国代表大会档案文献选编》，中共党史出版社2014年版，第97页。

② 中共一大纪念馆、上海革命历史博物馆筹备处编：《上海革命史资料与研究》第4辑，上海古籍出版社2004年版，第34页。

的，好像是在川公路附近，因为川公路上里弄房子占多数。”庄文恭认为会议地点是靠近闸北附近的中国地界，当时横浜桥筑路成为租界，而会议不会在租界里开的。他记得“开会的弄堂并不很长，是在最后的一栋房子里，天井很长，有厢房，是二上二下的房子。”①

中共四大天津代表李逸回忆：“那地址大致与‘会址的确认’一文所得结论符合。当日我们由宝山路北行，不久进入右首一条横巷，在一座弄堂顶端走进一座三层楼石库门的后门，直上三楼。那空荡荡的房间就是我们的宿舍。我们从来由前门进出，根本不知是何巷几号。只记得从前面玻窗望出去是一座空场，空场彼端是北四川路路面一排商店的后墙，隐隐可以看到若干市招。记得有一天，不知是会前或会后，其中一座商店突然失火，隔邻一家动员员工使用一些盆桶盛满了水，向毗连失火处的屋墙浇下，火势不久被救熄，那邻家也毫无损失。南面不远有一条较宽的横街，路北一座唱粤剧的剧院，殆即虬江路和‘广舞台’。由于我常从三楼前面玻窗外望，可以断定那确是一座三层楼房，不是假三层。”②

（二）中共四大会址具体位置和里弄名的考证

1982 年，《解放军画报》刊登了四大会址的照片和说明，照片的主体是横浜桥北岸的数间民房，文字说明为：“图为‘四大’会址——上海闸北横浜桥 6 号（四川北路横浜桥边的一座居民住房）”。担任中共四大会议记录员的郑超麟对于这个说法予以了否认，说“党的‘四大’开会的地方，肯定是在河的南岸，不在河的北岸。”郑超麟在给夏顺奎的信中指出，《解放军画报》社那个地址的来源是徐梅坤的回忆。“徐梅坤未曾参加‘四大’，但他参加了全体党员大会，回忆时就把‘横浜桥 6 号’当作‘四大’会址了。”至此，“横浜桥 6 号”是中共四大会址的说法被否认。

---

① 中共中央党史研究室、中央档案馆编：《中国共产党第四次全国代表大会档案文献选编》，中共党史出版社 2014 年版，第 102 页。

② 中共四大史料编纂委员会编：《中国共产党第四次全国代表大会》，中共党史出版社 2004 年版，第 306 页。

1984 年 5 月，夏顺奎和郑超麟来到虹口区进行实地辨认。郑超麟来到川公路和东宝兴路之间的铁路旁正在建造新工房的工地附近，认定中共四大的会址位于上海虹口区东宝兴路 254 弄 28 支弄 8 号处。

为了确认郑超麟认定的中共四大会址位置，虹口区党史办公室找到了庄文恭的谈话记录，他曾对记者说："记得'四大'是在一所里弄房子里开的，好像是在川公路附近，因为川公路上里弄房子占多数。"庄文恭认为会议地点是靠近闸北附近的中国地界，当时横浜桥筑路成为租界，而会议不会在租界里开的。他记得"开会的弄堂并不很长，是在最后的一栋房子里，天井很长，有厢房，是二上二下的房子。"①

1987 年 4 月 25 日确认今上海市虹口区东宝兴路 254 弄 28 支弄 8 号处（原来这里是一幢三层楼里弄房子）为四大会址。

1987 年 11 月 17 日，上海市人民政府公布中共四大遗址为上海市革命纪念地。1995 年上海市文管委在遗址处勒石纪念。

2021 年经过长时间的考证研究，最终确定中共四大会址里弄名为——"广吉里"。

（三）代表的集中及住宿

最早从外地赶往上海的中共四大代表，是远在莫斯科的张太雷、彭述之等人。东方大学的张伯简在参加大会前，也已经回国约半年时间。据彭述之所言，他是 1924 年 7 月受旅莫中共"支部大会之命回国赴 C.C.P. 第四次大会"② 的。而张太雷则是陈独秀点名要求回国的。7 月 13 日，陈独秀在给维经斯基的信中指出："鉴于急需给北京、哈尔滨、天津和汉口派遣工作人员，所以我们同意召回的同志务必尽快返回中国，特别是张太雷"。③ 当

① 中共中央党史研究室、中央档案馆编：《中国共产党第四次全国代表大会档案文献选编》，中共党史出版社 2014 年版，第 102 页。

② 中共四大史料编纂委员会编：《中国共产党第四次全国代表大会》，中共党史出版社 2004 年版，第 155 页。

③ 中共中央党史研究室第一研究部译：《共产国际、联共（布）与中国革命档案资料丛书》第 1 卷，北京图书馆出版社 1997 年版，第 506—507 页。

时张太雷正在率领中国社会主义青年团参加当年7月15日至25日在莫斯科举行的青年共产国际第四次代表大会。于是，张太雷在大会结束后风尘仆仆，于8月赶回国内。当时从莫斯科到上海没有开通飞机航班，乘轮船也不方便。因此，张太雷和彭述之应该是坐了十多天的火车回国的。9月7日，陈独秀致函维经斯基说，张太雷、彭述之等人“早就到了上海”。①

李逸撰写的《中共“四大”会议琐忆》一文，对当年被推选为中共四大代表的情况、从天津赴上海开会的情况等，作了比较详细的回忆。②大概在1925年新年刚过不久，李逸经中共天津地方委员会推举，作为天津代表赴沪出席中共四大。李逸和唐山地方代表阮济（即阮章）结伴，搭乘一艘太古公司客轮，经海路由天津前往上海。因为当时中原地区军阀混战，津浦铁路不通，他们只好搭乘客轮，航程要四天三夜。为了节省旅馆费，李逸到达上海后，径直赴全国学生联合总会投宿。全国学生联合总会会址，设在当时上海法租界斜桥大吉路永吉里，后门在法界，前门外面即为华界。到全国学生联合总会投宿后，李逸与党中央取得联络，随后便由一位同志带领，迁往闸北那座预订的开会处所。

李逸回忆，中共四大期间，给代表们做饭的是一位江北女工。她所烧每餐饭菜都是塔棵菜加几片五花肉片。这样既简单且没有变化的食谱，给李逸留下的印象是比较深刻的。因为当年的会议经费十分紧张，会议伙食也只能这样简单了。③各地代表中，住在会场者有四人，即李维汉、尹宽、阮章和李逸。因为没有床，大家都席地而睡。李维汉、尹宽两人个子较高大，所备棉被长度不够，他们便和衣而睡，用毛围巾将被头下端扎起。只有这样，才能在寒夜中保持足部的温暖。④

---

① 中共中央党史研究室第一研究部译：《共产国际、联共（布）与中国革命档案资料丛书》第1卷，北京图书馆出版社1997年版，第528页。

② 这篇回忆录最早刊登于上海市虹口区政协编印的《文史》1990年第5期。

③ 中共四大史料编纂委员会编：《中国共产党第四次全国代表大会》，中共党史出版社2004年版，第305页。

④ 中共四大史料编纂委员会编：《中国共产党第四次全国代表大会》，中共党史出版社2004年版，第312页。

第二章　会议代表

目前能够见到的有关中共四大代表的历史文献主要有两份，一是 1924 年 9 月 15 日中共中央发出的会议通知。这个通知规定了出席代表的地区和人数，其中指出：因经费和方便原因，出席代表定为“每地方一人”。因此，广州、上海、南京、济南、北京、唐山、天津、武汉、长沙、安源各地区各一人，旅俄组、旅法组、青年团各一人，特别邀请一人，共 14 人。二是 1928 年在莫斯科召开中共六大时，根据代表们的记忆编制的《中共历次大会代表党员数量增加及其成分比例表》。在这份表格中，“第四次大会”，“党员数目及成分”一栏的内容为“计 980 名，工人占 35%，农民占 11%，知识分子及其他占 54%”。在“大会代表人数及成分”一栏，填写的内容是：“到 20 人，工人占 20%，知识分子占 80%”。[①]

通常所说的中共四大有表决权的 14 人，代表 20 人，实际上是将中共中央 9 月通知中关于代表的产生和六大代表回忆的内容“合而为一”了。仅仅根据这两份材料，要确定中共四大的代表到底是哪些人，还是相当困难。因为，9 月通知发出后，次年的 1 月才召开大会，时间已经过去了四个月。到开会时，人员发生变化是很正常的事情。而根据 1928 年参加中共六大的代表回忆绘制而成的统计表，已经离大会三年多时间，所以不能保证回忆时会有误差。

综合以往的资料，学界一般认为中共四大正式代表为陈独秀、蔡和森、瞿秋白、林育南、周恩来、陈潭秋、朱锦棠、彭述之、李立三、李启汉、

① 中共中央党史研究室、中央档案馆编：《中国共产党第六次全国代表大会档案文献选编》上卷，中共党史出版社 2015 年版，第 190 页。

李维汉、王荷波、项英、尹宽、谭平山、汪寿华、庄文恭、李逸、阮章、范鸿劼，计 20 人，共产国际代表：维经斯基。尚未完全确定代表资格：邓培、邓中夏、高君宇、黄平、刘清扬、罗章龙、沈定一、施复亮、王华芬、王一知、向警予、杨殷、杨之华、俞秀松、恽代英、张申府、张太雷、赵济，计 18 人。工作人员：任弼时、袁传鉴、张伯简、张秋人、郑超麟，计 5 人[①]。

一、20 位正式代表

（一）陈独秀

陈独秀

1924 年 9 月 7 日，陈独秀在上海给维经斯基写信。信中说，"在远东的工作中，中国的工作是最重要的。像我们这样年轻的党，很难把工作做好。我们始终需要共产国际的好的建议和指示。"当时陈独秀对被孙中山聘为国民党组织教练员的苏联顾问鲍罗廷有意见。因此，陈独秀在给维经斯基信中"请建议共产国际提醒鲍罗廷同志，同孙中山打交道必须十分谨慎，否则他还会上圈套，还要提醒他始终要同我们党进行协商"。[②]11 月底，维经斯基来华，召开陈独秀等人举行了为期一周的中央全会，调处了以陈独秀为首的中共中央与鲍罗廷之间的矛盾。

1925 年 1 月，陈独秀以第三届中央执行委员会委员长的身份出席中共四大，并在大会上代表第三届中央执行委员会作工作报告。大会最后一天，陈独秀拟定了一份第四届中央执行委员的名单交由大会表决。会上，"山东

① 中共中央党史研究室第一研究部编著：《中国共产党第一至第六次全国代表大会代表名录（增订本）》，中共党史出版社 2014 年版，第 13—14 页。

② 中共四大史料编纂委员会编：《中国共产党第四次全国代表大会》，中共党史出版社 2004 年版，第 123—124 页。

代表尹宽提出异议，说他在动身之前，山东同志有一项意见，表示反对张国焘任四届中委。”陈独秀当即解释说：“党中央人才有限，用人只能取其能力和贡献，难以顾虑他的缺点，如过分苛求，会丧失一些有用人才。”尹宽听后，“也未坚持”。① 最终大会一致同意上届中央执行委员会所拟定的新执行委员会委员名单。1月24日大会闭幕后在《中国共产党第四届中央委员会通告第一号》中陈独秀被选为中共中央总书记、中央执行委员、中央局委员、中共中央组织部主任。②

中共四大闭幕后，1925年5月30日五卅惨案爆发，陈独秀与蔡和森、刘少奇、李立三、恽代英、王一飞、罗觉、张国焘等人召开紧急会议，并决定组织全上海民众罢工、罢市、罢课，抗议帝国主义屠杀中国人民。据张国焘回忆，这次会议上，中央领导进行了分工。“由陈独秀先生居中指挥”。③

1927年4月至5月，陈独秀参加中国共产党第五次全国代表大会。1927年5月在中共五届一中全会上，陈独秀当选为中共中央政治局委员（任期至1927年8月）、中共中央政治局常务委员会委员（任职至1927年7月）、第五届中共中央总书记（1927年7月停职）。

（二）蔡和森

中共四大召开前，蔡和森主要担任中共第三届中央执行委员、中央局委员。1924年3月至5月任中共北京区执行委员会委员兼秘书。同年11月至1925年1月任中共中央政治局成员。同时担任中共中央机关报《向导》周报主编，发表大量文章，宣传马克思主义，总结中国革命的实践经验。

---

① 中共四大史料编纂委员会编：《中国共产党第四次全国代表大会》，中共党史出版社2004年版，第310页。

② 中共四大史料编纂委员会编：《中国共产党第四次全国代表大会》，中共党史出版社2004年版，第152页。

③ 张静如：《中国共产党全国代表大会史丛书——从一大到十七大》（第二册），万卷出版公司2012年版，第21—23页。

1925年1月蔡和森以第三届中央执行委员的身份出席中共四大，当时的天津代表李逸"印象最深的几位"代表中就有"意志坚强的革命家蔡和森"①。同时列席参加大会的张申府后来回忆道："会议争论最激烈的议题是统一战线，主要的建议是改变共产党的无产阶级革命路线，以和国民党结盟。我发言反对这个建议。""但蔡和森说我幼稚可笑。我今天仍然记得他的说话。我当时怒不可遏，走出会场。"②1月24日大会闭幕后在《中国共产党第四届中央委员会通告第一号》中蔡和森被选为中央执行委员、中央局委员、中共中央宣传部委员。③

蔡和森

1925年5月蔡和森参与组织和领导了五卅运动。1925年5月至10月任中共中央出版部主任。同年10月受中共中央委托率团赴苏联莫斯科。

1926年2月至3月作为中国共产党代表出席共产国际第五届执行委员会第六次扩大会议。会后留在苏联，任中共驻共产国际代表。1927年初回国，4月至5月出席中国共产党第五次全国代表大会，任大会秘书长、政治委员会成员、农民土地问题委员会成员，并当选为第五届中央委员会委员、政治局委员、政治局常务委员会委员。会后参与领导党的宣传工作。6月任中共中央秘书长。

（三）瞿秋白

1923年7月瞿秋白同邓中夏一起筹办上海大学，担任教务长兼社会学系主任。1923年9月至1924年1月任中共上海地方执行委员会兼上海区执行委员会候补委员，并代理劳动运动委员两个月。1924年1月当选为国

① 中共四大史料编纂委员会编：《中国共产党第四次全国代表大会》，中共党史出版社2004年版，第305页。

② ［美］舒衡哲：《张申府访谈录》，北京图书馆出版社2001年版，第133—134页。

③ 中共四大史料编纂委员会编：《中国共产党第四次全国代表大会》，中共党史出版社2004年版，第152页。

民党中央候补执行委员，不久又任国民党中央政治委员会委员。1924 年 12 月至 1925 年 1 月任中共中央北方局成员。中共四大召开前，参与大会文件的起草工作，主要负责将维经斯基起草的文件翻译成中文。①

瞿秋白

瞿秋白于 1925 年 1 月 15 日由北京抵达上海，以特约代表或列席代表身份参加在上海召开的中共四大。此时代表大会已开幕，瞿秋白参与讨论了中共四大重要的议决案草案《对于民族革命运动之议决案》，并担任该审查小组组长②；1 月 24 日大会闭幕后在《中国共产党第四届中央委员会通告第一号》中瞿秋白被选为中央执行委员、中央局委员、中共中央宣传部委员。③1925 年 1 月 26 日瞿秋白在上海写给共产国际代表鲍罗廷的信中提到："我于 1 月 15 日到上海，代表大会已开幕。但是，为等我和谭平山到会，把国民革命问题的讨论推迟到了 16 日……我已被选进中央委员会，根据中央委员会的决议，我应常驻在上海，进行工作。"④

中共四大闭幕后，1925 年 5 月 30 日，五卅惨案爆发，瞿秋白同陈独秀、蔡和森、李立三、恽代英、刘少奇等领导了爱国反帝运动。6 月 4 日，主编出版了共产党第一份日报《热血日报》，报道上海和全国人民反帝斗争的消息。

1927 年 4 月初，中共中央委员会、湖北区委、共产国际代表联席会议决定成立常务委员会，和谭平山、张国焘被选为常务委员。1927 年 4 月

---

① 中共四大史料编纂委员会编：《中国共产党第四次全国代表大会》，中共党史出版社 2004 年版，第 302 页。

② 中共四大史料编纂委员会编：《中国共产党第四次全国代表大会》，中共党史出版社 2004 年版，第 303 页。

③ 中共四大史料编纂委员会编：《中国共产党第四次全国代表大会》，中共党史出版社 2004 年版，第 152 页。

④ 《瞿秋白文集 · 政治理论编》（第 8 卷），人民出版社 2013 年版，第 697 页。

至5月参加中国共产党第五次全国代表大会，任大会政治委员会成员、农民土地问题委员会成员，当选为中共第五届中央委员、中央政治局委员、中央政治局常委。1927年5月至7月任中共中央宣传部部长、中共中央农民运动委员会委员、中共中央党校委员会书记、中共中央党报委员会书记。

（四）林育南

林育南

1923年9月至1924年4月林育南任中国社会主义青年团第二届中央执行委员会中央局委员、中央执行委员会秘书。1924年4月至1925年1月任中国社会主义青年团中央驻鄂特派员，并任国民党汉口执行部青年部干事。1924年7月至9月任中国社会主义青年团中央执行委员会宣传部主任、中央执行委员会代理秘书。1924年9月至1925年1月任中国社会主义青年团中央执行委员会编辑部总编辑。在团中央宣传部之下，组建编辑部，负责编辑《中国青年》和供给《团刊》《平民之友》稿件。

1925年1月，林育南以社会主义青年团代表的身份出席中共四大，并在大会上作青年运动报告。当时担任大会向导和书记的郑超麟回忆说："林育南报告青年运动时，有人横加指责，表示对S.Y.工作不满。张太雷坐在我身旁，私下对我表示，为林育南抱不平。"①

1月26日，林育南代表湖北团组织出席社会主义青年团三大，并被选为团中央候补委员。大会闭幕后，林育南主要担任中共中央职工运动委员会委员，在上海从事工人运动，任上海总工会文牍股负责人。

1925年1月代表湖北团组织出席中国社会主义青年团第三次全国代表

① 中共四大史料编纂委员会编：《中国共产党第四次全国代表大会》，中共党史出版社2004年版，第309页。

大会，被选为团中央候补委员。3月至7月任中国共产主义青年团武昌地方执行委员会书记兼任会计兼计练。1925年4月起任湖北全省工团联合会总务主任委员。同月任中共第五期旅莫地方执行委员会委员，5月任候补委员。5月至10月任中共第六期旅莫地方执行委员会候补委员。1925年5月被任命为中国共产主义青年团中央执行委员会总书记（未到职）。1925年7月起任中华全国总工会上海办事处秘书长。7月至9月任中国共产主义青年团中央执行委员会学生部主任兼妇女部主任，1925年9月至1926年8月任中国共产主义青年团中央执行委员会组织部主任。1926年9月至10月任中共湖北区委委员，9月起任宣传部主任、共青团负责人。9月至11月任中国共产主义青年团湖北区执行委员会书记。1926年10月至1927年6月任湖北全省总工会宣传部主任。1927年起任全国总工会执委、宣传部部长。1927年4月至5月出席中国共产党第五次全国代表大会。当选为中央委员会候补委员。5月至7月任中共中央职工运动委员会委员，同时任中共中央工人部秘书。1927年6月当选为中华全国总工会第三届执行委员会委员、宣传部部长，中华全国总工会党团干事会委员，后调任全总秘书长。

（五）周恩来

1924年7月周恩来受旅欧党团组织委派回国汇报工作。同年10月任中共广东区委委员、宣传部部长、黄埔军校政治部主任。陈延年曾于1925年1月5日的信中写到周恩来代表“留法组”参加中共四大。他写道：“第四次全国大会，粤区由谭平山及命葵二人代表出席。恩来亦去代表留法组。”信中还透露了中共四大召开前夕，周恩来工作十分繁忙。陈延年当时在中共广东区委担任三项职务，“因此一天跑到晚，食宿无定所”。但是周恩来“更忙”，因为“他除党的工作（宣传部）外，

周恩来

又在国民党黄埔军官学校做政治部主任”。[①]

1925 年 1 月，周恩来以留法组代表的身份参加中共四大，这是他第一次参加党的全国代表大会。有多位当时参加中共四大的党员都留下了周恩来参会的回忆。当时的天津代表李逸“印象最深的几位”代表中就有“明敏干练的周恩来”，并回忆周恩来是各地代表中的旅法支部代表。[②] 此外，李维汉也回忆周恩来参加了四大。[③] 郑超麟写道，周恩来作为法国代表参加大会。[④] 李逸还写道，四大并不像五大后有主席团，开幕和闭幕大会由陈独秀主持，历次会议则由周恩来担任主席，有几次为李维汉。“周恩来主持会议，有条不紊，口齿便捷，应付裕如，充分表现出是一位出色的行政人才。”[⑤]

中共四大闭幕后，1925 年 2 月，周恩来以黄埔军校政治部主任身份参加讨伐军阀陈炯明的第一次东征，获得了胜利。5 月任代表中共中央指导广东地区工作的临时委员会委员。6、7 月，对国民革命军作了多次讲演，加强对军队的政治教育。12 月赴上海，任中共中央组织部秘书、军事委员会委员。

1927 年 2 月任中共上海区委军事委员会书记。3 月参加领导上海工人第三次武装起义，任起义总指挥。4 月任中共中央局和中共上海区委的领导人共同组成的特务委员会成员，研究和制定蒋介石发动四一二反革命政变后上海党的工作的策略方针。5 月任中共中央政治局委员、中共中央军事（军人）部部长，列席中共中央政治局常委会、代理常务委员。

---

① 陈延年:《陈延年致乔年、若飞、一飞、罗觉同志信》，中共广东省委组织部等编:《中共广东省组织史资料》第一辑，1986 年印行，第 9—10 页。

② 中共四大史料编纂委员会编:《中国共产党第四次全国代表大会》，中共党史出版社 2004 年版，第 305、307 页。

③ 中共四大史料编纂委员会编:《中国共产党第四次全国代表大会》，中共党史出版社 2004 年版，第 302 页。

④ 中共四大史料编纂委员会编:《中国共产党第四次全国代表大会》，中共党史出版社 2004 年版，第 312 页。

⑤ 中共四大史料编纂委员会编:《中国共产党第四次全国代表大会》，中共党史出版社 2004 年版，第 308 页。

7月任中共中央政治局临时常委会委员。

（六）陈潭秋

陈潭秋

1923年12月后陈潭秋担任中国社会主义青年团安源地方执行委员会书记。1924年六七月回到武汉，任中共武昌地方执行委员会委员长。同年秋至1925年秋任中共武汉地方执行委员会委员兼组织部部长。①

1925年1月陈潭秋以武汉地方代表的身份出席中共四大。在陈潭秋所写的自传中他提到自己参加了党的一大、四大和五大②。钱希钧也回忆说："陈潭秋同志是我们党的创始人之一，是我们党一、三、四、五次代表大会的代表。"③郑超麟在后来回忆中将陈潭秋列为湖北代表。④大会天津代表李逸也在《中共"四大"会议琐忆》中，将陈潭秋列为武汉地方代表。⑤长沙代表李维汉在《回忆与研究》中也提到陈潭秋参加了大会。⑥

1925年10月至1926年5月陈潭秋任中共武汉地方执行委员会书记。第一次国共合作时期，和董必武等在湖北认真贯彻党的统一战线政策，参加并领导国民党湖北省党部的筹建工作，后任国民党湖北省执行委员会组织部

---

① 中共中央党史研究室第一研究部编著：《中国共产党第一至第六次全国代表大会代表名录（增订本）》，中共党史出版社2014年版，第43页。

② 2013年9月25日，在中共一大纪念馆内召开的"纪念陈潭秋牺牲70周年学术座谈会"上，在陈潭秋的大儿子陈鹄捐献的材料中有《陈潭秋自传》，其中，陈潭秋谈到自己参加了中共一大、四大和五大。参见李惠芬：《陈潭秋与中共四大》，未刊稿。

③ 钱希钧：《中央苏区第一任粮食部长陈潭秋》，《革命史资料》第6辑，上海人民出版社1987年版。

④ 中共四大史料编纂委员会编：《中国共产党第四次全国代表大会》，中共党史出版社2004年版，第312页。

⑤ 中共四大史料编纂委员会编：《中国共产党第四次全国代表大会》，中共党史出版社2004年版，第306页。

⑥ 中共四大史料编纂委员会编：《中国共产党第四次全国代表大会》，中共党史出版社2004年版，第302页。

部长。1926年5月至8月任中共湖北地方执行委员会书记，9月起任中共湖北区执行委员会委员兼任组织部主任（自1927年2月起），1926年12月兼宣传部主任。1927年1月调任中共江西省委书记。不久又返回湖北工作。①4月在武汉出席中国共产党第五次全国代表大会，并当选为中央候补委员。

（七）朱锦棠

1923年5月朱锦棠被推选为安源路矿工人俱乐部“裁判委员会”委员长。1924年6月被推选为安源路矿工人俱乐部“出产整理委员会”委员长，负责“整理萍（乡）（煤）矿出产，提倡工人自治。”②

朱锦棠

1925年1月朱锦棠以安源地方代表的身份出席中共四大。担任大会向导和书记的郑超麟记得，朱锦棠为安源代表。③大会天津代表李逸也回忆朱锦棠为安源地方代表④。在大会上朱锦棠被选为中央候补执行委员并作为中央代表被派往安源。⑤

大会闭幕后，1925年9月，因反动派武装查封安源路矿工人俱乐部，秘密转移到长沙，向中共湘区区委汇报情况。随后被派往中共河南省委，任豫北巡视员兼焦作地委书记。发动组织焦作煤矿工人举行罢工并取得胜利。1926年3月被中共北方区委书记李大钊派往北京明星印刷局任经理，

① 中共中央党史研究室第一研究部编著：《中国共产党第一至第六次全国代表大会代表名录（增订本）》，中共党史出版社2014年版，第43页。

② 长沙市革命纪念地办公室、安源路矿工人运动纪念馆编：《安源路矿工人运动史料》，湖南人民出版社1980年版，第390页。

③ 中共四大史料编纂委员会编：《中国共产党第四次全国代表大会》，中共党史出版社2004年版，第318页。

④ 中共四大史料编纂委员会编：《中国共产党第四次全国代表大会》，中共党史出版社2004年版，第306—307页。

⑤ 中共四大史料编纂委员会编：《中国共产党第四次全国代表大会》，中共党史出版社2004年版，第152页。

负责印刷《向导》《中国青年》等刊物。[①]

1927年4月后北方局遭到严重破坏，转入地下斗争。同年4月到武汉参加中国共产党第五次全国代表大会。

（八）彭述之

彭述之

1924年6月彭述之出席共产国际第五次代表大会，7月受旅莫支部之命回国参加中共四大[②]，8月回到上海，主编中共中央机关报《向导》周报和党的理论杂志《新青年》，同时任上海大学社会科学系教授。1924年11月，彭述之与陈独秀以及共产国际代表维经斯基共同参与大会议案的起草，并召开了为期一周的中央全会，确定了四大的中心议题。

1925年1月彭述之以旅莫支部代表的身份出席中共四大，并担任大会秘书长。[③]彭述之在1925年2月2日写给旅莫支部的信中也指出："述之于一九二四年七月受旅莫 C.C.P. 支部大会之命回国赴 C.C.P. 第四次大会。""为起草委员之一"。"我除参加 C.P. 大会之外，并由 C.P. 大会举我作 C.P. 大会代表参加 C.Y. 大会。"[④]大会闭幕后，陈独秀向全党发出中共中央第一号通告《四次大会选出的中央执委、候补执委及分工》，通告中显示彭述之被选为中

① 中共中央党史研究室第一研究部编著：《中国共产党第一至第六次全国代表大会代表名录（增订本）》，中共党史出版社2014年版，第269页。

② 中共四大史料编纂委员会编：《中国共产党第四次全国代表大会》，中共党史出版社2004年版，第155页。

③ 中共四大史料编纂委员会编：《中国共产党第四次全国代表大会》，中共党史出版社2004年版，第318页。

④ 《关于党的第四次全国代表大会》，中共中央文献研究室编：《中共党史资料》1982年第3辑。

央执行委员、中央局委员、中央宣传部主任。①

1925年1月26日彭述之作为中共中央代表参加在上海召开的社会主义青年团三大。②1926年5月至10月任中共中央广东临时委员会成员。11月以前任中共中央农民运动委员会负责人。1927年2月任中共中央、中央军委和上海区执委的领导人组织的、处理上海工人第二次武装起义的善后工作和准备组织第三次武装起义的特别委员会成员。③

1927年4月至5月出席中国共产党第五次全国代表大会，为大会政治委员会成员。1927年5月至1928年4月为中共第五届中央委员。1927年5月被任命为中共顺直省委书记，6月起任中共顺直省委员会常务委员（未到职）。8月任中共顺直省委书记兼宣传部部长。8月起任中共中央北方局委员。后被解除领导职务。1928年4月中共中央政治局通过决议，将其开除出中央委员会。

（九）李立三

1922年3月李立三担任安源路矿工人俱乐部筹备委员会主任，4月任主任。9月同刘少奇、蒋先云等一起领导安源路矿工人大罢工并取得胜利，被选为俱乐部总主任。1924年1月李立三作为湖北省代表出席中国国民党第一次全国代表大会。3月调任中共上海区委职工运动委员会主任，兼中央职工运动委员会主任。④

李立三

1925年1月以上海代表的身份出席中共四

① 中共四大史料编纂委员会编：《中国共产党第四次全国代表大会》，中共党史出版社2004年版，第152页。

② 中共四大史料编纂委员会编：《中国共产党第四次全国代表大会》，中共党史出版社2004年版，第158页。

③ 中共中央党史研究室第一研究部编著：《中国共产党第一至第六次全国代表大会代表名录（增订本）》，中共党史出版社2014年版，第156页。

④ 李蓉：《关于出席中共四大代表的再探究》，《力量之源——纪念中共四大90周年学术研讨会论文集》，上海人民出版社2015年版，第134页。

大，但是由于公务繁忙只参加了一次会。从 1924 年 12 月起，李立三等开始酝酿沪西小沙渡的日本纱厂工人罢工。因为李立三担任罢工委员会总指挥，亲临第一线指挥罢工，自然不能脱开身。1930 年李立三在自述中也提到这一情况——“我是上海地区代表，但因忙于领导罢工，会议只参加了一次。”①

大会闭幕后，1925 年 5 月，被推选为上海总工会执行委员会委员长，参加领导五卅运动。1925 年 7 月至 8 月任中华全国总工会上海办事处组织部部长。10 月赴莫斯科，出席共产国际第六次执委扩大会议和红色职工国际会议。②

1926 年 4 月回国到广州，在 5 月召开的第三次全国劳动大会上当选为全国总工会执行委员，并任组织部部长。9 月调任全国总工会汉口办事处主任，代表全国总工会领导武汉政府时期的工人运动。10 月至 12 月任中共湖北区执行委员会书记，1926 年 12 月至 1927 年 4 月任中共湖北区委职工运动委员会书记。1927 年 1 月领导汉口人民群众收回英租界。2 月任全国总工会代理委员长。4 月中旬被派往上海，组成特别委员会，贯彻落实中央有关上海工作的决议。根据蒋介石发动四一二反革命政变后的形势，和周恩来、赵世炎、陈延年、罗亦农等署名写给中共中央的意见书，要求迅速出师讨伐蒋介石。4 月下旬回到武汉出席中国共产党第五次全国代表大会，被选为大会政治委员会成员和职工运动委员会主持人，并当选为中央委员、中央政治局委员，担任中央工人部部长、中央职工运动委员会书记，兼任全国总工会党团干事会书记。6 月出席第四次全国劳动大会，继续当选为全国总工会执行委员、全国总工会组织部部长。7 月中共中央改组，任中央政治局临时常务委员会委员。

---

① 中共中央党史研究室、中央档案馆编：《中国共产党第四次全国代表大会档案文献选编》，中共党史出版社 2014 年版，第 95 页。

② 中共中央党史研究室第一研究部编著：《中国共产党第一至第六次全国代表大会代表名录（增订本）》，中共党史出版社 2014 年版，第 100 页。

（十）李启汉

李启汉

1921年8月，中国劳动组合书记部成立，李启汉任干事兼《劳动周刊》编辑。1922年5月出席在广州召开的第一次全国劳动大会，提出《八小时工作制》和《罢工援助案》，均为大会通过。6月被租界巡捕房以“宣传过激主义”、“扰乱秩序”等罪名逮捕，并被引渡到上海护军使署，关进龙华监狱，受尽折磨。1924年10月出狱。被誉为“我党坐狱最早最苦的同志”。获释后，被派到湖南锡矿山、水口山等地继续从事工人运动。①

1925年1月李启汉出席中共四大，据庄文恭后来回忆，李启汉是以上海代表的身份出席大会的。②大会的向导和书记员郑超麟对李启汉参加大会的细节有一段生动的回忆：陈独秀在大会上发言，将李汉俊错说成了李启汉，“于是李启汉从自己的座位上站起来说：你把李汉俊说成李启汉了。”陈独秀当即认错。③同时中共四大代表李维汉也在回忆中提到李启汉出席了大会。④

中共四大闭幕后，同年5月李启汉赴广州参与第二次全国劳动大会，为大会主席团成员，当选为中华全国总工会执行委员兼组织部部长。后又任中共广东区委工人运动委员会委员。五卅惨案发生后，负责主持和领导广州6月2日反帝示威大游行。7月省港罢工委员会成立，任财政委员会

① 中共中央党史研究室第一研究部编著：《中国共产党第一至第六次全国代表大会代表名录（增订本）》，中共党史出版社2014年版，第105页。

② 中共四大史料编纂委员会编：《中国共产党第四次全国代表大会》，中共党史出版社2004年版，第323页。

③ 中共四大史料编纂委员会编：《中国共产党第四次全国代表大会》，中共党史出版社2004年版，第318页。

④ 中共四大史料编纂委员会编：《中国共产党第四次全国代表大会》，中共党史出版社2004年版，第302页。

委员、干事局局长。[①]

1926年4月香港总工会成立，任党团书记。5月在第三次全国劳动大会上，再次当选为中华全国总工会执行委员兼组织部部长，继续领导省港大罢工斗争。继邓中夏后担任省港罢工党团书记，在中共广东区委领导下开展工作。1927年2月接任全国总工会广州办事处主任、中共省港罢工委员会党团书记。国民党反动派在上海发动四一二反革命政变后，广州形势更加险恶，仍不顾个人安危四处奔走，参加会议，研究制定对策，力求挽救革命危机。4月15日在广州发生的反革命事变中被国民党反动派逮捕，4月17日英勇就义。[②]

（十一）李维汉

李维汉

1922年6月李维汉同周恩来、赵世炎等发起组织成立旅欧中国少年共产党（1923年2月改名为中国社会主义青年团旅欧支部），负责组织工作。11月受旅欧中国少年共产党的委托，回国申请旅欧中国少年共产党加入中国社会主义青年团。1923年1月转为中国共产党党员。1923年2月到湖南，以湖南自修大学补习学校教务主任及湖南第一师范学校教员为公开职业。同年4月至1925年11月任中共湘区执行委员会书记兼宣传委员。[③]

1925年1月李维汉以长沙代表身份出席中共四大，并参与了《对于民族革命运动之议决案》草案的审查小组。李逸在回忆中写道，“大会并不像

① 中共中央党史研究室第一研究部编著:《中国共产党第一至第六次全国代表大会代表名录（增订本）》，中共党史出版社2014年版，第105页。

② 中共中央党史研究室第一研究部编著:《中国共产党第一至第六次全国代表大会代表名录（增订本）》，中共党史出版社2014年版，第105页。

③ 中共中央党史研究室第一研究部编著:《中国共产党第一至第六次全国代表大会代表名录（增订本）》，中共党史出版社2014年版，第108页。

五大后有主席团，开幕和闭幕大会由陈独秀主持，历次会议则由周恩来担任主席，有几次为李维汉。”① 担任大会向导和书记的郑超麟在后来回忆了一些李维汉参加大会的细节：“讨论问题时，李维汉发言很有重量，往往能起决定作用。张太雷便给李维汉起了个绰号，叫做‘实力派’。”“会后，在三楼宿舍闲谈的时候，我听李维汉说：‘我们天天喊无产阶级化，像瞿秋白这样的人怎么能够无产阶级化呢？’”② 在出席大会的代表中，李维汉也是四名住在会场的代表之一。③ 四大闭幕后，陈独秀向全党发出中共中央第一号通告《四次大会选出的中央执委、候补执委及分工》，李维汉被选为中央执行委员，并作为中央代表被派往长沙。④

1925 年 11 月至 1927 年 5 月李维汉任中共湖南区执行委员会书记。1926 年春至秋兼任中共湖南区执行委员会妇女运动委员会主任。⑤1986 年出版自己的回忆录《回忆与研究》，是研究中共四大的重要史料。

1927 年 4 月出席中国共产党第五次全国代表大会，当选为中央委员、中央政治局委员。7 月中共中央改组成立中央政治局临时常务委员会，是五名委员之一。

（十二）王荷波

1923 年 7 月至 1924 年 1 月王荷波任中共上海地方执行委员会兼上海区执行委员会劳动运动委员会主任、委员长（1923 年 9 月起）。1924 年 1 月参加国民党上海执行部工作。5 月和李大钊等赴莫斯科出席共产国际第五次代表大会。1924 年 5 月当选为全国总工会执委会委员，任中共中央工

① 中共四大史料编纂委员会编：《中国共产党第四次全国代表大会》，中共党史出版社 2004 年版，第 308 页。

② 中共四大史料编纂委员会编：《中国共产党第四次全国代表大会》，中共党史出版社 2004 年版，第 318 页。

③ 中共四大史料编纂委员会编：《中国共产党第四次全国代表大会》，中共党史出版社 2004 年版，第 302 页。

④ 中共中央党史研究室第一研究部编著：《中国共产党第一至第六次全国代表大会代表名录（增订本）》，中共党史出版社 2014 年版，第 105 页。

⑤ 中共中央党史研究室第一研究部编著：《中国共产党第一至第六次全国代表大会代表名录（增订本）》，中共党史出版社 2014 年版，第 105 页。

王荷波

农部主任。1924 年 12 月至 1925 年 1 月任中共中央北方局成员。

1925 年 1 月，王荷波到上海出席中国共产党第四次全国代表大会，并传达共产国际第五次代表大会决议。1 月 24 日大会闭幕后，陈独秀向全党发出中共中央第一号通告《四次大会选出的中央执委、候补执委及分工》，通告中显示王荷波被选为中央候补执行委员，和罗章龙负责铁路总工会工作。①

1925 年 2 月至 1926 年 2 月任中华全国铁路总工会第二届执行委员会委员长。先后在南京、上海、河南等地领导工人运动，并调任中共豫陕区委委员。1926 年 5 月出席第三次全国劳动大会，当选为全国总工会执委会委员。1927 年 2 月全国铁路工人第四次代表大会在武汉召开。虽没有到会，但被选为中华全国铁路总工会第四届执行委员会书记。1927 年春参与领导上海工人第二、第三次武装起义。②

1927 年 4 月在武汉出席中国共产党第五次全国代表大会，当选为中共中央监察委员会委员。5 月至 7 月任中共中央职工运动委员会委员。1927 年 6 月在第四次全国劳动大会上当选为全国总工会执委会委员。7 月至 10 月任中华全国铁路总工会党团书记。大革命失败后，继续坚持革命斗争。

1927 年 8 月至 10 月任中共临时政治局委员、中共中央北方局委员、北方局组织部部长。1927 年 10 月因叛徒出卖在北京被捕。1927 年 11 月 11 日牺牲。③

① 中共四大史料编纂委员会编:《中国共产党第四次全国代表大会》，中共党史出版社 2004 年版，第 152 页。

② 中共中央党史研究室第一研究部编著:《中国共产党第一至第六次全国代表大会代表名录（增订本）》，中共党史出版社 2014 年版，第 186 页。

③ 中共中央党史研究室第一研究部编著:《中国共产党第一至第六次全国代表大会代表名录（增订本）》，中共党史出版社 2014 年版，第 186 页。

（十三）项英

项英

1923 年 6 月至 1927 年 5 月受中共中央委派为驻湖北区中央委员，指导湖北区党的工作。

1923 年 11 月在中共三届一中全会上，作二七大罢工后湖北工作情况报告。1922 年 8 月起任京汉铁路总工会筹备委员会总干事、总工会总干事。1924 年 2 月至 5 月任中共汉口地方执行委员会委员。5 月因党组织被破坏，脱险后离开汉口到上海。1924 年 8 月至 1925 年 1 月任中共中央工会运动委员会负责人之一，领导工人运动。

1925 年 1 月出席中国共产党第四次全国代表大会，根据大会天津代表李逸的回忆，项英是以职工运动负责人的身份出席大会的。[①] 在会议召开期间，项英起草的职工运动草案，在大会中引起诸多指摘，项英当场收回原案，另行起草。[②] 四大闭幕后，陈独秀向全党发出中共中央第一号通告《四次大会选出的中央执委、候补执委及分工》，通告中显示项英被选为中央执行委员，并作为中央代表被派往汉口。[③]

1925 年 10 月至 1927 年 5 月，项英任中共中央职工运动委员会负责人。1926 年 5 月至 1927 年 6 月任全国总工会第二届执委会副委员长。1926 年 6 月至 12 月任上海总工会执行委员会常务委员会委员、兼任上海总工会组织部主任（至 1926 年 9 月）。1926 年 10 月北伐军攻占武汉后，任中华全国总工会汉口办事处宣传部主任、湖北省总工会组织部主任。1926 年 12 月至

① 中共四大史料编纂委员会编：《中国共产党第四次全国代表大会》，中共党史出版社 2004 年版，第 307 页。

② 中共四大史料编纂委员会编：《中国共产党第四次全国代表大会》，中共党史出版社 2004 年版，第 309 页。

③ 中共四大史料编纂委员会编：《中国共产党第四次全国代表大会》，中共党史出版社 2004 年版，第 152 页。

1927年5月任中共湖北区执行委员会委员兼组织部主任（至1927年2月）。[①]

1927年4月出席中国共产党第五次全国代表大会，为大会职工运动委员会成员，当选为第五届中央委员会委员。中共五大后担任湖北全省总工会纠察总队队长。5月至7月任中共中央职工运动委员会委员。1927年6月当选为中华全国总工会执行委员会委员。

（十四）尹宽

尹宽

1923年11月尹宽赴苏联莫斯科东方劳动大学学习。同月至1924年10月任中国社会主义青年团旅莫地方执行委员会候补委员。1924年7月结业回国到上海，任中共中央局秘书，协助陈独秀处理党中央日常事务。

1925年1月尹宽以济南代表的身份出席中共四大。有关中共山东地方组织创建历史的书籍记载：1925年1月，尹宽作为山东代表出席中共四大。尹宽以山东代表的身份出席中共四大时，还没有在山东的工作任职。但他已经到了山东，并在离开济南到上海参加中共四大前，多次召集各基层支部会议，并向青岛、博山的邓恩铭、王润章等负责干部征询意见，起草了山东党组织提交大会的政治决议提案。[②] 当时在山东工作的刘子久回忆说，尹宽是1924年冬来济南的，他中间又去上海一趟，是去参加党的四大还是第四次执委会，记不大清了。[③] 因为1924年冬及以后中共中央都没有召开过"第四次执委会"，所以应该是中共四大。郑超麟也曾回忆说："到上海后，张伯简告诉我尹宽奉派去山东做省委书记了。三个多月以后，一九二五年一月中旬，中国共产党第四次

① 中共中央党史研究室第一研究部编著：《中国共产党第一至第六次全国代表大会代表名录（增订本）》，中共党史出版社2014年版，第210页。

② 余世诚、刘明义：《中共山东地方组织创建史》，石油大学出版社1996年版，第198页。安庆市陈独秀学术研究会黄河的一篇研讨会论文未刊稿。

③ 刘子久：《我对济南早期工人运动情况的回忆》，《工运史研究资料》1981年第3期。

大会，尹宽代表山东的党组织来上海出席，我担任大会记录，我们又见了面。”[①] 李逸在《中共“四大”会议琐忆》中将尹宽列为山东代表[②]，据李逸回忆：大会召开期间，尹宽是四名住在会场的代表之一。[③] 大会最后一天，陈独秀拟定了一份第四届中央执行委员的名单交由大会表决。会上，“山东代表尹宽提出异议，说他在动身之前，山东同志有一项意见，表示反对张国焘任四届中委。”陈独秀当即解释说：“党中央人才有限，用人只能取其能力和贡献，难以顾虑他的缺点，如过分苛求，会丧失一些有用人才。”尹宽听后，“也未坚持”。[④]

大会闭幕后，1925 年 2 月至 8 月尹宽任中共山东地方执行委员会书记，不久兼任中国共产主义青年团山东地方执行委员会书记，领导建立发展山东党、团组织，开展响应上海五卅运动的爱国群众斗争。[⑤]

1925 年 8 月调上海工作。同月至 1927 年 4 月任中共上海区执行委员会委员、书记（至 1925 年 9 月）。1925 年 8 月至 9 月、1926 年 2 月至 1927 年 4 月任中共上海区执行委员会宣传部主任。1926 年 2 月至 1927 年 2 月任中共上海区执行委员会主席团成员。1927 年 2 月中共中央与中共上海区委联合组成的特别委员会和宣传委员会成立，任特委委员，宣委负责人。参与上海工人三次武装起义的组织领导，负责宣传鼓动，创办并主编《平民日报》。蒋介石在上海发动四一二反革命政变后，与周恩来、罗亦农、赵世炎、李立三、陈延年等人致电中共中央，建议武汉迅速出兵讨伐蒋介石。1927 年 4 月下旬至 5 月上旬出席中国共产党第五次全国代表大会。会后被留武汉，任中共中央宣传部宣传科科长，编辑《向导》周刊。6 月调任中共中央党校筹备处副教

① 《郑超麟回忆录》上册，东方出版社 2004 年版，第 408 页。

② 中共四大史料编纂委员会编：《中国共产党第四次全国代表大会》，中共党史出版社 2004 年版，第 307 页。

③ 中共四大史料编纂委员会编：《中国共产党第四次全国代表大会》，中共党史出版社 2004 年版，第 307 页。

④ 中共四大史料编纂委员会编：《中国共产党第四次全国代表大会》，中共党史出版社 2004 年版，第 310 页。

⑤ 中共中央党史研究室第一研究部编著：《中国共产党第一至第六次全国代表大会代表名录（增订本）》，中共党史出版社 2014 年版，第 236 页。

务主任。大革命失败后，随中共中央机关迁回上海。1927 年 11 月至 1928 年 6 月任中共中央组织局宣传科负责人、中共中央党报委员会委员。1927 年 11 月初任中共中央巡视员到安徽检查工作，实际主持安徽党的工作。在此期间继续执行当时中央"左"倾盲动错误路线，夸大芜湖地区的革命力量，命令万春可、白沙年等地党组织举行暴动，使革命力量遭受不应有的损失。

（十五）谭平山

谭平山

1924 年 1 月谭平山出席国民党第一次全国代表大会，当选为国民党中央常委、组织部部长。5 月任国民党农民运动委员会委员。9 月任第二届广州农民运动讲习所教授。1924 年 12 月至 1925 年 1 月任中共中央北方局副书记。①

1925 年 1 月，谭平山以广东代表的身份出席中共四大，陈延年在 1925 年 1 月 5 日致陈乔年、王一飞、罗亦农的信中记述：党的"第四次全国大会，粤区由谭平山及命葵二人代表出席"②。但是谭平山并未准时出席大会。大会闭幕后的 1 月 26 日，瞿秋白在给鲍罗廷的信中提到："我于 1 月 15 日到上海，代表大会已开幕。但是，为等我和谭平山到会，把国民革命问题的讨论推迟到了 16 日。"③ 在这次大会上，谭平山被选为中央执行委员，并作为中央代表被派往广东。④

1925 年 5 月任中国国民党中央委员会党团书记。同月至 1926 年 10 月任中共中央广东临时委员会成员。声援和支持省港大罢工。1926 年 1 月

① 中共中央党史研究室第一研究部编著：《中国共产党第一至第六次全国代表大会代表名录（增订本）》，中共党史出版社 2014 年版，第 175 页。

② 陈以沛等编：《黄埔军校史料（续篇）（1924—1927）》，广东人民出版社 1994 年版，第 255—256 页。中共广东省委党史研究室编：《中国共产党广东地方史》（第一卷），广东人民出版社 1999 年版，第 92 页。

③ 《瞿秋白文集 · 政治理论编》（第 8 卷），人民出版社 2013 年版，第 697 页。

④ 中共四大史料编纂委员会编：《中国共产党第四次全国代表大会》，中共党史出版社 2004 年版，第 152 页。

出席国民党第二次全国代表大会，被选为大会主席团主席之一。[①]

1926 年 8 月受中共中央委派赴莫斯科会同蔡和森，作为中国共产党的代表，出席共产国际执行委员会第七次扩大全会，并向共产国际执行委员会主席团和农民国际报告中国革命运动的实际情况等问题。11 月至 12 月参加共产国际执委会第七次扩大全会并在会上作报告。1927 年 2 月回国。3 月被武汉国民政府选为中央常务委员、政治委员会委员、国民政府农政部部长。4 月任全国农民协会临时执行委员会委员。同月作为正式代表出席中国共产党第五次全国代表大会，是大会政治委员会成员、农民土地问题委员会成员，当选为第五届中央委员会委员、中央政治局委员。5 月至 7 月任中共中央农民部部长、中共中央农民运动委员会书记。6 月至 7 月任中共中央政治局常务委员会委员、中共驻国民党中央党部党团干事会书记。

（十六）汪寿华

汪寿华

1923 年汪寿华被推选为赤塔远东职工会中国工人部主任。同年加入中国共产党。1924 年被推选为海参崴职工苏维埃委员，建立“五一俱乐部”，对中国工人进行宣传教育。作为远东职工代表，赴莫斯科出席国际反帝同盟会议。[②]

1925 年初汪寿华从苏联回国，1 月 11 日，汪寿华到上海出席中共四大，并在大会上作关于职工运动的报告。[③] 大会天津代表李逸回忆汪寿华是代表旅海参崴支部参加大会的。[④] 担任

① 中共中央党史研究室第一研究部编著:《中国共产党第一至第六次全国代表大会代表名录（增订本）》，中共党史出版社 2014 年版，第 175 页。

② 中共中央党史研究室第一研究部编著:《中国共产党第一至第六次全国代表大会代表名录（增订本）》，中共党史出版社 2014 年版，第 182 页。

③ 中共中央党史研究室第一研究部编著:《中国共产党第一至第六次全国代表大会代表名录（增订本）》，中共党史出版社 2014 年版，第 182 页。

④ 中共四大史料编纂委员会编:《中国共产党第四次全国代表大会》，中共党史出版社 2004 年版，第 307 页。

大会向导和书记的郑超麟也在回忆中说："汪寿华'其貌不扬'，张太雷常常戏弄他，使他难堪。大会后，何今亮回去海参崴，以整个支部名义写信给中央，控诉张太雷。"①

大会闭幕后，汪寿华留上海担任中共江浙（上海）区委委员、农工部委员。1925 年 5 月起任上海总工会执行委员会宣传科（部）主任、上海总工会代理委员长。五卅运动爆发后，参与领导上海工人和全市人民反帝革命斗争。②

1925 年 8 月至 1927 年 4 月任中共上海区执行委员会委员、主席团成员，职工运动委员会书记（至 1926 年 6 月）、工农部主任（至 1926 年 2 月）、职工部主任（至 1927 年 4 月）。1925 年 8 月起任上海总工会党团书记、上海总工会执行委员会秘书处主任（至 1926 年 5 月）。深入各工厂发展工会组织，开展工人运动。1925 年 9 月上海总工会被军阀查封，中共上海区委决定改组上海总工会党团，是四名负责人之一，担负起上海工人运动的主要领导责任。1926 年 5 月参与领导五卅周年纪念活动，举行 6 万余人集会游行。1926 年 6 月至 12 月、1927 年 3 月至 4 月任上海总工会执行委员会常务委员会主席，1926 年 12 月至 1927 年 3 月任上海总工会执行委员会主席团主任。1926 年 6 月至 1927 年 4 月任中共上海区执行委员会职工运动委员会主任。1926 年 10 月至 1927 年 3 月参与发动领导上海工人三次武装起义，积极组织工人武装纠察队，进行联络协调。1927 年 2 月上海工人第三次起义时，任特别委员会委员。领导上海总工会并负责联络上海国民党及各方人士，共同反对北洋军阀统治，筹建上海民众政权，任上海市民代表会议常务委员。3 月 22 日参与领导上海 80 万工人经过激烈奋战占领上海。当天在市民代表会议上，当选为上海特别市临时市政府委员。3 月 27 日在全市工人代表大会上正式被推选为上海总工会执行委员会主席团委员长。领导全市工人阶级巩固发展革命胜利成果，打击反动势力。

① 中共四大史料编纂委员会编：《中国共产党第四次全国代表大会》，中共党史出版社 2004 年版，第 319 页。

② 中共中央党史研究室第一研究部编著：《中国共产党第一至第六次全国代表大会代表名录（增订本）》，中共党史出版社 2014 年版，第 182 页。

4月初针对国民党反动派的阴谋破坏，领导总工会进行坚决斗争。蒋介石在发动四一二反革命政变前夕，指使青帮头目杜月笙出面邀请汪寿华"赴宴"。4月11日晚进入杜家即遭绑架。1927年4月12日被秘密杀害。[①]

（十七）庄文恭

庄文恭

1925年1月庄文恭以上海代表身份出席中共四大。庄文恭在回忆中共四大时提到"上海的代表是李启汉和庄文恭。"[②]李逸也在《中共"四大"会议琐忆》中提到上海代表为庄文恭。[③]中共四大闭幕后，庄文恭仍担任中共上海地方委员会委员长兼宣传部主任、组织部主任，领导上海、浙江、江苏等党组织认真贯彻落实中共四大各项决议。2月，派李立三、邓中夏等领导发动了上海沪西日商内外棉厂罢工。5月，参与领导五卅运动。[④]

1926年6月任中国国民党江苏省党部党团书记。1927年1月至6月任中共杭州地方执行委员会书记。4月出席中国共产党第五次全国代表大会，当选为中共第五届中央委员会候补委员。6月至9月任中共浙江省委书记。1928年5月因病辞去候补中央委员，同党组织失去联系。

（十八）李逸

1924年2月初，共产党员在天津筹建中国国民党直隶省党部和天津市党

① 中共中央党史研究室第一研究部编著：《中国共产党第一至第六次全国代表大会代表名录（增订本）》，中共党史出版社2014年版，第182页。

② 中共四大史料编纂委员会编：《中国共产党第四次全国代表大会》，中共党史出版社2004年版，第323页。

③ 中共四大史料编纂委员会编：《中国共产党第四次全国代表大会》，中共党史出版社2004年版，第307页。

④ 中共中央党史研究室第一研究部编著：《中国共产党第一至第六次全国代表大会代表名录（增订本）》，中共党史出版社2014年版，第274页。

李逸

部，天津的共产党员和社会主义青年团员全部以个人身份加入国民党，李逸担任国民党直隶省临时党部青年部部长。1924 年 3 月至 8 月任中国社会主义青年团天津地方执行委员会委员、秘书、学生部主任。1924 年 7 月任中共天津地方执行委员会领导成员。1925 年新年过后与唐山地方代表阮章一同乘船前往上海参加中共四大。①

1925 年 1 月李逸以天津代表的身份出席中共四大。他是四名在会议期间住在会场的代表之一。②

1 月 26 日，李逸出席青年团三大，并被选为团中央执行委员会候补委员。1925 年 8 月因参与组织印刷、海员、码头和纺织工人联合大罢工遭到军阀镇压被捕入狱，同年底国民军进驻天津时获释出狱。1990 年写下《中共“四大”会议琐忆》，是研究中共四大的重要史料。③

1927 年 5 月在武汉召开的国民党中央第二届常委第十次扩大会议上，被指定为国民党中央政治委员会北京分会委员。同月任中共顺直省委员会委员。1927 年底前曾任中共天津市委书记。1928 年 2 月代理中共北京市委书记。1929 年在中共顺直省委负责宣传工作。1931 年 1 月参加罗章龙的“非常委员会”，是其下属组织“北方非常委员会”骨干。2 月其组织受破坏，被国民党逮捕。

（十九）阮章

1922 年 5 月至 1923 年 8 月阮章任中国社会主义青年团唐山小组干事会负责人。1922 年 8 月任中共唐山地方执行委员会组织委员。1922 年 9 月

---

① 中共四大史料编纂委员会编：《中国共产党第四次全国代表大会》，中共党史出版社 2004 年版，第 305 页。

② 中共四大史料编纂委员会编：《中国共产党第四次全国代表大会》，中共党史出版社 2004 年版，第 307 页。

③ 中共中央党史研究室第一研究部编著：《中国共产党第一至第六次全国代表大会代表名录（增订本）》，中共党史出版社 2014 年版，第 111 页。

阮章

初同邓培一起在唐山工人中组成“唐山劳动立法大同盟”，开展劳动立法运动。10月至11月间任京奉路唐山制造厂、开滦五矿总同盟等罢工运动的领导成员之一。在京奉铁路唐山制造厂工人罢工中，团结工人群众，积极斗争，用中、英两种文字起草罢工宣言，使英国人厂长感到震惊，为罢工取得胜利创造条件。[①]1923年6月至1925年6月间先后5次担任中共唐山地委代理委员长（书记）。1925年新年过后与天津地方代表李逸一同乘船前往上海参加中共四大。[②]

1925年1月阮章以唐山地方代表的身份出席大会。据《邓培传》（中国文史出版社出版）作者王士立最新考证：中共第三届中央执行委员会候补委员、全国铁路总工会执行委员会委员长、中共唐山地委委员长邓培，因正在领导全国铁路总工会参加全国兴起的“国民会议促成运动”而不能脱身，不能作为中共四大代表出席会议，故向中共北京区委推荐中共唐山地委委员、组织委员阮章作为唐山地方代表出席中共四大。来自天津的中共四大代表李逸回忆说，他自己经天津地委推举，代表天津党组织出席四大。“大概在1925年新年刚过不久，即和唐山党代表阮济（唐山京奉铁路厂工人，广东人）结伴搭乘一艘太古公司客轮，由天津前赴上海”，并和阮章等四人“住在会所”。[③]曾任中国社会主义青年团唐山地委书记的梁鹏云1962年留下了一份口述资料，其中提到：“1925年党在上海召开了第四次党代表大会，阮章代表唐山党组织出席了大会”[④]。

① 中共中央党史研究室第一研究部编著：《中国共产党第一至第六次全国代表大会代表名录（增订本）》，中共党史出版社2014年版，第168页。

② 中共四大史料编纂委员会编：《中国共产党第四次全国代表大会》，中共党史出版社2004年版，第305页。

③ 中共四大史料编纂委员会编：《中国共产党第四次全国代表大会》，中共党史出版社2004年版，第305页。

④ 中共四大史料编纂委员会编：《中国共产党第四次全国代表大会》，中共党史出版社2004年版，第333页。

而梁鹏云自己则代表唐山青年团组织，参加了于1925年1月26日在上海召开的中国社会主义青年团第三次代表大会。梁鹏云和阮章曾在一起工作过。1924年4月13日，阮章和梁鹏云曾联名致信邓中夏转团中央[①]。当时，他们分别担任青年团唐山地委的秘书和会计。到1925年1月时，两人的职务都有所变化：梁鹏云担任社会主义青年团唐山地委书记，而阮章则担任中共唐山地委代理书记。梁鹏云关于阮章的回忆，为确定其中共四大代表身份起了“过硬的证据”[②]。

大会闭幕后，阮章协助邓培积极贯彻中共四大决议，把职工运动和民族革命运动、政治斗争和经济斗争结合起来，依靠广大工人群众，在工人斗争、恢复工会、发起党团组织以及推进国民会议运动方面都取得了成就。1925年8月阮章被调往东北锦州机务段任副稽查（即副段长），以此身份作掩护，进行革命工作。曾带领铁路工人斗倒欺压工人的恶霸，在直奉战争中向驻军郭松龄部提出保护铁路工人利益的三项要求得以实现。由于在革命斗争中历尽艰辛，终致积劳成疾，于1926年3月16日因病逝世。[③]

（二十）范鸿劼

范鸿劼

1923年10月至1924年3月任中共北京区执行委员会兼中共北京地方执行委员会委员长。积极协助李大钊领导北方地区各地党组织建立和发展，深入开展工人运动。1924年3月至5月任中共北京区执行委员会兼中共北京地方执行委员会会计。同年6月至1925年10月任中共北京区执行委员会兼中共北京地方执行委员会委员、组织部主任（至1925年1月）、组织

① 中共唐山市委党史研究室编：《唐山革命史资料汇编》第7辑，1991年印行，第31—32页。

② 《上海革命史资料与研究》第4辑，上海古籍出版社2004年版，第39页。

③ 中共中央党史研究室第一研究部编著：《中国共产党第一至第六次全国代表大会代表名录（增订本）》，中共党史出版社2014年版，第168页。

部部长（1925 年 1 月起）。①

1925 年 1 月范鸿劼以北京地方代表的身份出席中共四大。根据大会天津代表李逸回忆的代表名单，范鸿劼被列为北京代表。②

中共四大闭幕后，范鸿劼参与组织领导北京响应上海五卅运动的三次大规模群众反帝爱国斗争。曾在中共北京区委机关刊物《政治生活》上撰写发表了大量文章，号召深入开展反帝反封建斗争，推进国民会议运动，指导各地党的工作。③

曾在中共北京区委机关刊物《政治生活》上撰写发表了大量文章，号召深入开展反帝反封建斗争，推进国民会议运动，指导各地党的工作。1926 年 1 月作为国民党北京特别市党部推选的代表，赴广州出席国民党第二次全国代表大会，在大会上发言反对少数右派的提案。会后回北京，适值三一八惨案发生，与李大钊等受到北洋军阀政府的通缉，被迫转入地下。1926 年 5 月至 1927 年 4 月任中共北方区执行委员会宣传部部长，曾兼任《政治生活》（刊）主编。协助李大钊领导平、津、冀、鲁、豫、晋、内蒙古、陕北及东三省广大北方地区党的组织建设和革命斗争。1927 年初被党中央调到武汉工作。由于北方形势险恶、斗争艰巨，经再三要求，党中央同意其回北京工作。4 月 6 日同李大钊等一起被反动奉系军阀逮捕。1927 年 4 月 28 日与李大钊等英勇就义。④

二、共产国际代表

维经斯基

出席中国共产党第四、第五次全国代表大会。1893 年 4 月生。俄国维

---

① 中共中央党史研究室第一研究部编著：《中国共产党第一至第六次全国代表大会代表名录（增订本）》，中共党史出版社 2014 年版，第 62 页。

② 中共四大史料编纂委员会编：《中国共产党第四次全国代表大会》，中共党史出版社 2004 年版，第 307 页。

③ 中共中央党史研究室第一研究部编著：《中国共产党第一至第六次全国代表大会代表名录（增订本）》，中共党史出版社 2014 年版，第 62 页。

④ 中共中央党史研究室第一研究部编著：《中国共产党第一至第六次全国代表大会代表名录（增订本）》，中共党史出版社 2014 年版，第 62 页。

维经斯基

切布斯克州涅韦尔市人。出生于小职员家庭。全名格里戈里·纳乌莫维奇·维经斯基。在中国工作时曾用名吴廷康、伍廷康，发表文章时则用笔名魏琴、卫金。1920年春经共产国际批准，由俄共（布）远东局派遣来华，先后在北京、上海与李大钊、陈独秀等人会晤，帮助创立中国共产党早期组织和出版共产党刊物。1921年1月回国。1922年至1926年任共产国际执行委员会东方部远东处处长，1923年任东方部远东局局长。1923年11月再次来华任共产国际驻上海中共中央代表。1924年至1927年几次担任共产国际执行委员会议中国代表。

1924年11月，维经斯基从苏联来到上海，参与中共四大的准备工作。根据共产国际指示精神，维经斯基为中共四大起草了《关于民族革命运动之议决案》，同时还指导了其他决议草案的起草工作。1924年12月19日，维经斯基从上海发给莫斯科的信中提到："因为召开党代会的时间临近，我们已审定了一多半基本材料、提纲等。"①

1925年1月，维经斯基以共产国际代表的身份出席中共四大。会议期间，维经斯基作为共产国际代表为大会致贺词，作了关于世界共产主义运动状况的报告，并向大会提交了一份关于列宁主义与托洛茨基主义之报告。维经斯基临时提议，要以大会的名义通过议决案，谴责托洛茨基在联共（布）党内的分裂活动。②大会闭幕后，1926年至1927年维经斯基任共产国际执委会远东局代表。

1926年至1927年任共产国际执委会远东局代表。1927年4月至5月出席了中国共产党第五次全国代表大会。亲历了当年中国发生的一些重要历史事件，如镇压广东商团叛乱、孙中山北上、五卅运动、北伐战争、上

① 中共四大史料编纂委员会编：《中国共产党第四次全国代表大会》，中共党史出版社2004年版，第148页。

② 张静如：《中国共产党全国代表大会史丛书——从一大到十七大》（第二册），万卷出版公司2007年版，第22页。

海工人起义，等等。中国大革命后期，对蒋介石的反共行为采取了右倾退让的政策。中国大革命失败后奉召回国，1927 年至 1929 年从事经济工作。1927 年至 1929 年间曾任全俄农业合作社中央园艺部副主席。1932 年至 1934 年任红色工会国际太平洋书记处书记。1934 年以后，先后在苏联科学院和莫斯科东方学院从事科研和教学工作。1935 年获得经济学博士学位和教授职称。1953 年在莫斯科因病逝世。主要著作有:《中国的民族革命运动和共产党的策略》《关于中国共产党在 1925—1927 年革命中的错误问题》《为国家的独立和民主化而奋斗的中国共产党》等。[①]

三、尚未完全确定代表资格人员

（一）邓培

邓培

中共四大召开前，邓培主要担任中共第三届中央执行委员会候补委员、中共唐山地方执行委员会委员长。有学者认为，1925 年 1 月邓培出席中共四大，但是代表身份尚未确认。据《邓培传》作者王士立最新考证，邓培因正在领导全国铁路总工会参加全国兴起的“国民会议促成运动”而向中共北京区委推荐中共唐山地委委员组织委员阮章作为唐山地方代表出席中共四大。中共四大闭幕后，陈独秀向全党发出中共中央第一号通告《四次大会选出的中央执委、候补执委及分工》，通告中显示邓培被选为中央执行委员会候补委员，并作为中央代表被派往唐山。[②] 中共四大闭幕后，邓培仍担任中华全国铁路总工会第三届执行委员会委员长。

① 中共中央党史研究室第一研究部编著:《中国共产党第一至第六次全国代表大会代表名录（增订本）》，中共党史出版社 2014 年版，第 339 页。

② 中共四大史料编纂委员会编:《中国共产党第四次全国代表大会》，中共党史出版社 2004 年版，第 152 页。

（二）邓中夏

邓中夏

1923年二七惨案后，在中共中央的指示下，邓中夏从北京前往上海工作。在上海期间邓中夏主要担任中共中央执行委员会候补委员、中共中央工会运动委员会书记、中共上海地方兼区执行委员会委员长、社会主义青年团中央常务委员会委员兼组织部主任、国民党上海执行部调查干事、上海大学总务长。1925年1月邓中夏出席中共四大，但是代表身份尚未确认。中共四大湖南代表李维汉回忆邓中夏参加了大会。① 天津代表李逸将邓中夏列为青年团代表。②1925年1月5日，中国社会主义青年团中央局召开会议。会议决定：青年团中央局委员轮流出席中国共产党第四次全国代表大会。1月26日，邓中夏出席了社会主义青年团三大。大会闭幕后，邓中夏主要担任中华全国总工会党团书记。参加领导省港大罢工。

（三）高君宇

高君宇

1924年1月，高君宇参加国民党一大，会后任国民党北京市党部总务股主任。1924年5月至6月任中国社会主义青年团北京地方执行委员会代理秘书。6月任中共北京区执行委员会兼北京地方执行委员会委员兼宣传部主任。1924年夏受李大钊委托，回山西建立共产党组织，策划在山西推行国共合作。在山西省立

---

① 中共四大史料编纂委员会编：《中国共产党第四次全国代表大会》，中共党史出版社2004年版，第302页。

② 中共四大史料编纂委员会编：《中国共产党第四次全国代表大会》，中共党史出版社2004年版，第307页。

第一中学领导成立了中共太原支部。同年7月南下广州参加党领导的沙面罢工，参与组建广州工人武装——工团军。10月参加平息广州商团叛乱。1924年底帮助孙中山起草北上宣言，协助进行国民会议促成会的筹备工作。1924年12月任中共中央北方局成员。1925年1月兼任中共北京区执行委员会兼北京地方执行委员会宣传部部长，并任《政治生活》主编。

1925年1月高君宇出席在上海召开的中共四大，但是代表身份尚未确认。邓颖超回忆说：周恩来在会议期间，同高君宇相识，“欢谈甚深”，并互通了恋爱情况，委托高君宇会后在返北京途经天津时带信给邓颖超。[①]1925年3月1日，高君宇抱病参加国民会议促成会全国代表会议，被选为代表和大会主席团成员。会议期间患急病，1925年3月6日在北京逝世。

（四）黄平

黄平

1924年5月黄平加入中国共产党，1924年11月回国后，担任中共香港特别支部书记兼任国民党中央工人部驻港特派员。1925年1月参加中国共产党第四次全国代表大会，但代表身份尚未确认，据黄平本人回忆他曾旁听中共四大[②]。1925年春后至1926年担任广东区委职工运动委员会书记。1925年6月后担任省港罢工委员会顾问。1926年1月至1927年7月任中华海员工业联合会执行委员会顾问。1926年5月至1927年6月任中华全国总工会第二届执行委员会委员。1927年4月初在汉口出席中共中央委员会、湖北区委和共产国际代表联席会议。1927年4月至5月出席中国共产党第五次全国代表大会，是大会秘书处成员，当选为中央委员会候补委员。

---

① 中共中央党史研究室、中央档案馆编：《中国共产党第四次全国代表大会档案文献选编》，中共党史出版社2014年版，第135页。

② 黄平：《往事回忆》，人民出版社1981年版，第17页。

（五）刘清扬

1924 年 1 月 1 日，刘清扬与邓颖超等创办《妇女日报》，该报是全国第一份主要由妇女主办的报纸。1924 年春，她被派往广州，参加廖仲恺夫人何香凝领导的国民党中央妇女部工作。1924 年 6 月，出席在莫斯科召开的共产国际第五次代表大会。同年冬，刘清扬被中共中央调至上海，参与筹备上海女界国民会议促成会。后当选为全国国民会议促成会常务委员、国民党北京特别市党部执行委员会委员、妇女部长。

刘清扬

1925 年 1 月，刘清扬出席中共四大，但是代表资格尚未确定。在李逸所写的《中共“四大”会议琐忆》中提到了刘清扬作为其他代表参加了大会。郑超麟也记得特邀列席一次会议的有张申府、刘清扬夫妇。①

1925 年 11 月，刘清扬在北京任中共北方区委员会妇女运动委员会负责人。同时担任国民党市党部妇女部长，被选为国民会议促成会常务理事。参与领导开展北京地区响应上海五卅运动的大规模群众运动。

（六）罗章龙

中共四大召开前，罗章龙主要担任中央执行委员、中央局委员、中央执行委员会会计、秘书，与委员长陈独秀、秘书毛泽东负责中共中央日常工作。1924 年 5 月任中共中央宣传报刊部主任。于同年 6 月至 7 月参加在莫斯科召开的共产国际第五次代表大会。接着又出席在德国汉堡召开的第四次国际运输工人代表大会，

罗章龙

① 中共四大史料编纂委员会编：《中国共产党第四次全国代表大会》，中共党史出版社 2004 年版，第 318 页。

当选为该会中国书记。回国后负责编辑《中国工人》。1925年1月罗章龙出席中共四大，但代表身份尚未确认。据他本人回忆，1924年10月在欧洲出席国际运输工人代表大会后回上海参加了四大。会上罗章龙被选为中央候补委员，是铁路总工会负责人。[①] 大会闭幕后，陈独秀向全党发出中共中央第一号通告《四次大会选出的中央执委、候补执委及分工》，通告中显示罗章龙被选为中央执行委员会候补委员，并负责铁路总工会。

（七）沈定一

1924年1月，沈定一由孙中山直接指定为国民党一大代表，被选为国民党候补中央委员。会后被国民党中央组织部和上海执行部指派为筹备员，参与在杭州成立的国民党浙江临时省党部筹备处。3月被选为国民党浙江临时省党部临时执行委员。

沈定一

1925年1月，沈定一参加中共四大，但是代表身份尚未确认。郑超麟后来回忆，特邀列席一次会议的有沈定一、王华芬夫妇。[②] 中共四大后，1925年6月沈定一因参加反对和破坏国共合作活动，反对革命，被开除中共党籍。

（八）施复亮

1923年8月，施复亮在中国社会主义青年团第二次全国代表大会上当选为中央执行委员会委员。1923年9月起担任中共上海地执委兼区执委第一组（上海大学）组长、中国社会主义青年团上海地方执行委员会委员

---

① 中共中央党史研究室、中央档案馆编:《中国共产党第四次全国代表大会档案文献选编》，中共党史出版社2014年版，第134页。

② 中共四大史料编纂委员会编:《中国共产党第四次全国代表大会》，中共党史出版社2004年版，第318页。

（至 1924 年 1 月）。同年任上海大学教授。1924 年 1 月至 3 月任青年团上海地委国民党委员会负责人。后任上海国民运动委员会委员，兼任《民国日报》编辑。1924 年至 1926 年在上海大学任社会学系主任，编写《社会运动史》《社会思想史》《社会问题》等讲义。1925 年 1 月参加中国共产党第四次全国代表大会，但尚未确定代表资格。同月至 8 月任中共上海大学支部负责人。11 月著文抨击西山会议派，遭反动军阀通缉。回到金华家乡养病。1926 年 9 月到广东中山大学任教，同年在黄埔军校、农民运动讲习所讲课。

施复亮

（九）王华芬

1924 年 5 月，王华芬加入中国国民党。8 月同沈定一在广州结婚。不久回到上海，担任上海平民夜校教务主任。同时在上海大学社会系听课，并参加上海工人运动。1924 年底兴起的国民会议促成运动中，经组织指派为浙江宣传员，到杭州开展国民会议宣传活动。1925 年 1 月，沈定一出席中共四大，但代表身份尚未确认。郑超麟后来回忆，特邀列席一次会议的有沈定一、王华芬夫妇。[①] 中共四大后回到衙前参加国民党萧山党部工作，同年 7 月随沈定一参加国民党右派的西山会议派。

王华芬

① 中共四大史料编纂委员会编：《中国共产党第四次全国代表大会》，中共党史出版社 2004 年版，第 318 页。

（十）王一知

王一知

1923年下半年，王一知进入中共领导下的上海大学，一边读书一边在向警予领导的妇女协会工作。1925年春，受陈独秀派遣从事工人运动，在五卅运动中参加过抗议日本资本家枪杀顾正红的抬尸游行。1925年底，受党组织派遣从上海到广州，在邓颖超领导的广州妇女协会任宣传部主任，主编《光明》周刊，并协助广州国民政府苏联顾问鲍罗廷的助手张太雷开展工作，不久与张太雷结为夫妻。

（十一）向警予

向警予

1924年1月向警予担任中共上海地方执行委员会兼上海区执行委员会候补委员。1924年4月兼任国民党上海执行部妇女部负责人。6月领导14家上海纱厂女工举行罢工。9月又领导南洋烟厂支部负责人。[①]1925年1月向警予出席中共四大，但代表身份尚未确认，据大会天津代表李逸的回忆，向警予是以妇女运动负责人的身份出席大会的。[②]大会闭幕后，1925年5月，向警予被增选为中共第四届中央执行委员、中共中央局委员、中共中央妇女部主任，组织领导上海各界女工参加五卅反帝运动。[③]

① 中共中央党史研究室第一研究部编著：《中国共产党第一至第六次全国代表大会代表名录（增订本）》，中共党史出版社2014年版，第208页。

② 中共四大史料编纂委员会编：《中国共产党第四次全国代表大会》，中共党史出版社2004年版，第305页。

③ 中共中央党史研究室第一研究部编著：《中国共产党第一至第六次全国代表大会代表名录（增订本）》，中共党史出版社2014年版，第208页。

（十二）杨殷

杨殷

1924 年 10 月杨殷参与平定广东商团叛乱，同年担任中共广东区委监委委员、区委委员。1925 年 1 月 5 日陈延年在致陈乔年、王一飞、罗亦农的信中记述：党的“第四次全国大会，粤区由谭平山及命葵[①] 二人代表出席。”1925 年 1 月杨殷出席中共四大，但代表身份尚未确认。郑超麟回忆说：“杨殷在上海被广东同乡殴打成伤，大概是为了广州两派工会冲突问题。最后一日，他才包了头来参加大会。”[②] 大会闭幕后，1925 年 3 月杨殷任全国铁路总工会广州办事处顾问。1925 年领导铁路工人参与平定刘、杨叛乱。其后赴港参加领导省港大罢工，主要负责联络和保卫工作，被党中央称为“是中国历史上最有名的广东省港大罢工领导者”[③]。

（十三）杨之华

杨之华

1924 年，杨之华由瞿秋白、向警予介绍加入中国共产党。11 月和瞿秋白结婚。同年起任沪西纱厂工人夜校教员、上海各界妇女联合会主任、国民党上海执行部工人运动委员会委员。1925 年 1 月参加中国共产党第四次全国代表大会，但尚未完全确定代表资格。1925 年 10 月至 1926 年 10 月任中共中央妇女部主任。1926 年 2 月起任中共上海区执行委员会妇女部主任。

---

① 即杨殷。

② 中共中央党史研究室、中央档案馆编：《中国共产党第四次全国代表大会档案文献选编》，中共党史出版社 2014 年版，第 135 页。

③ 王佩军、刘世炎、谢长贵：《关于杨殷中共四大代表身份的考证》，《上海党史与党建》2019 年第 7 期。

1926年10月至1927年5月任中国共产主义青年团第三届中央执行委员会妇女运动委员会书记。1927年4月至5月出席中国共产党第五次全国代表大会，当选为中央委员。

（十四）俞秀松

俞秀松

1924年5月至6月，俞秀松任中国社会主义青年团杭州地方执行委员会候补执行委员。同年10月至1925年2月任中国社会主义青年团江浙皖区执行委员会兼上海地方执行委员会候补委员。1924年10月担任上海国民会议促成会筹备主任，参与起草指导全国开展国民会议运动的纲领性文件。上海国民会议促成会正式成立后，主持该会的日常工作。1925年1月参加中国共产党第四次全国代表大会。10月赴苏联莫斯科中山大学学习并担任留学生队领队。

（十五）恽代英

恽代英

1923年9月至1925年1月，恽代英当选为青年团第二届中央执行委员会委员，中央局代理委员、青年团中央执行委员会编辑（至1924年4月）。负责宣传工作。1923年10月至1924年9月任青年团中央机关刊物《中国青年》主编。1924年4月至1925年1月任中国社会主义青年团第二届中央执行委员会中央局委员、宣传部主任（至1924年7月）、宣传部代理主任（1924年9月起）。1924年7月至1925年1月任中国社会主义青年团中央执行委员会学生部主任。1925年1月参加中国共产党第四次全国代表大会，但尚未完全确认代表资格。同月至1927年5

月任中国共产主义青年团第三届中央执委会委员、中央局委员，学生部主任（至 1925 年 7 月）、宣传部主任（至 1926 年 1 月）、《中国青年》周刊主编（至 1926 年 7 月）。

（十六）张申府

张申府

1924 年 2 月，张申府经李大钊、陈独秀介绍到广东参与黄埔军校筹建工作，任蒋介石的英、德文翻译。同时任广州大学（中山大学前身）图书馆馆长。到黄埔军校后参加首批学员招考工作。5 月中旬被任命为黄埔军校政治部副主任。后因不满校长蒋介石为人跋扈，于 6 月底辞职离校。不久又受国民党右派、广州大学校长邹鲁排挤，遂从广州到上海。1925 年 1 月张申府出席中共四大，但是代表身份尚未确认。张申府后来回忆说：列席四大时，自己表示退党，“后来我到北京，大钊、世炎等劝我不要脱党。”[①] 彭述之说：“申甫非代表，以发言资格参加讨论。”郑超麟说：“张松年以旁听人资格，曾起立发言，其中有几句涉及加入国民党问题。”[②] 大会闭幕后，张申府在上海主要从事翻译和著述工作。

（十七）张太雷

1924 年 8 月，张太雷从莫斯科回国，以青年共产国际执委会委员的身份参加团中央局工作，编辑《向导》，并在上海大学教授英文。同年 12 月中旬，协助维经斯基筹备中共四大。1925 年 1 月，张太雷出席中共四大，

---

① 中共中央党史研究室、中央档案馆编：《中国共产党第四次全国代表大会档案文献选编》，中共党史出版社 2014 年版，第 107 页。

② 中共中央党史研究室、中央档案馆编：《中国共产党第四次全国代表大会档案文献选编》，中共党史出版社 2014 年版，第 130 页。

当时担任大会向导及记录员的郑超麟在后来回忆中说："张太雷是漂亮人物，各地来的代表则未免有些土气。他常拿他们当作开玩笑的对象，替他们取绰号。"[①]19—21 日，张太雷参与讨论各议案，大会天津代表李逸回忆："林育南报告青年运动时，有人横加指责，表示对 S.Y. 工作不满。张太雷坐在我身旁，私下对我表示，为林育南抱不平。"[②]中共四大闭幕后，陈独秀向全党发出中共中央第一号通告《四次大会选出的中央执委、候补执委及分工》，通告中显示张太雷被分配为负责青年团中央工作。1 月 26 日，张太雷参加青年团三大，并在大会最后一天被选为第三届团中央执委会委员。[③]

张太雷

（十八）赵济

1923 年，赵济转学入上海大学。1924 年加入中国共产党。1925 年 1 月参加中国共产党第四次全国代表大会，但代表资格尚未完全确认。据赵济本人回忆："在大革命期间，我前后见过陈独秀三次：第一次是在 1925 年 1 月第四次党代表大会，我列席会议，我见过他，也就在这次我认识党内不少的人。"[④]1925 年被派赴广州在国民革命军第三军作政治工作。曾任广东

赵济

① 中共四大史料编纂委员会编：《中国共产党第四次全国代表大会》，中共党史出版社 2004 年版，第 312 页。

② 中共四大史料编纂委员会编：《中国共产党第四次全国代表大会》，中共党史出版社 2004 年版，第 305 页。

③ 中共常州市委党史工作委员会、瞿秋白张太雷恽代英研究会主编：《张太雷年谱新编》，上海辞书出版社 2011 年版，第 155—164 页。

④ 赵济：《三十年代的托派组织在上海的活动》，上海《党史资料丛刊》1981 年第 2 辑。

省委与党中央联络员。北伐时任国民革命军第十九团党代表，攻入南昌后任第九师政治部主任。

四、会议工作人员

（一）任弼时

1924年7月，任弼时和陈延年、郑超麟一起从莫斯科回国。回国后，他立即参加了中国社会主义青年团中央局的会议，报告参加青年共产国际第四次代表大会关于中国青年统一组织的问题。同时，被任命为团江浙皖区委委员、中央宣传委员会编辑部编辑员，负责编辑《中国青年》和供给《团刊》和《平民之友》稿件，并在上海大学任教。1925年1月，任弼时以工作人员的身份参加中共四大。他和郑超麟一起参加中共四大会务工作。1月26日，任弼时出席社会主义青年团三大，并被选为共青团中央执行委员、共青团中央组织部主任。5月代理团中央总书记，7月任总书记，领导青年参加五卅运动。1927年4月下旬至5月上旬在武汉出席中国共产党第五次全国代表大会，并在会上当选为中央委员。5月主持召开共青团四大，被推为主席团成员，当选为共青团中央总书记。

（二）袁传鉴

1924年，袁传鉴加入中国共产党。1924年从上海女子大学毕业。1925年1月在上海列席参加中国共产党第四次全国代表大会。同年底回家乡永隆河从事革命活动，着手组建彭家台党支部。

（三）张伯简

1924年，张伯简从苏联回国担任上海大学政治经济学教授，曾翻译编纂《社会进化简史》等理论著作。1924年10月任中国社会主义青年团江浙皖区执行委员会兼上海地方执行委员会候补委员。11月任中共中央出版部书记。1925年1月，身为大学教授和中央出版部书记的张伯简以工作人员身份参加了中共四大，负责租赁、布置会场和文书、保卫等工作。据郑超麟回忆："大会记录本来指定二人，都是在宣传部工作的，一个是张伯简，一个是我。张伯简不知为什么事情没有来记录……"[①]会后，他写了一封记载中共四大情况的信寄往莫斯科东方大学。这是一封具有重要参考价值的信，对研究中共四大很有帮助。

中共四大后，张伯简参加了青年团三大，并在大会上当选为共青团第三届中央执行委员会候补委员，兼任团中央工农部代理主任。同时还担任中共上海公共支部负责人，兼任中共最早的通讯机构——国民通讯社领导人，《平民之友》代理编辑。同年秋，张伯简被调往广州工作。他参与领导了广东地区如火如荼的革命斗争，特别是震惊中外的省港大罢工的组织发动工作。1926 年曾任中共广东区执行委员会军委（军事部）成员、书记（又称部长），中共省港大罢工委员会党团书记。毛泽东主持的第六届广东农民运动讲习所成立时，被聘为教员，所编纂的《社会进化简史》被列为农讲所学生的课外读物。长期带病坚守岗位，由于日夜操劳，肺病突然恶化，1926 年 8 月在广州逝世。

（四）张秋人

1923 年 8 月，在中国社会主义青年团第二次全国代表大会中，张秋人当选为团中央候补委员。其参加上海区国民运动委员会，帮助国民党改组、协助王荷波领导工人运动。1924 年 1 月，担任中共上海地方兼区执行委员会候补委员。1924 年 6 月，担任团江浙皖区兼上海地方执委会秘书（书记）。1924 年 9 月，补选为团中央委员，1924 年并为上海、杭州的党、团发展做了大量工作。期间，曾两次到绍兴指导发展青年团工作。同时，还担任上海非基督教大同盟领导成员，在上海《民国日报》与《中国青年》等报刊上发表大量声讨帝国主义侵略罪行的文章。1925 年 1 月参加中国共产党第四次全国代表大会。同月在中国社会主义青年团第三次全国代表大

① 中共四大史料编纂委员会编：《中国共产党第四次全国代表大会》，中共党史出版社 2004 年版，第 318 页。

会上，当选为团中央委员、中央局委员，兼非基督教运动（刊）编辑。

（五）郑超麟

1919 年，赴法勤工俭学，1924 年 9 月下旬，郑超麟从苏联莫斯科东方大学回国，并在中共中央宣传部任秘书，编辑中共中央机关刊物《向导》《热血时报》。他草拟了不少共产党内部教育与党外宣传的文件，还翻译布哈林著的《共产主义 ABC》等，同时担任上海大学的教员。1925 年 1 月郑超麟作为工作人员参加中共四大，他担任会议的记录和向导，负责把代表们带到会场。1925 年 5 月，郑超麟参加反帝爱国的五卅运动。1925 年 8 月任中共上海区执行委员会委员。20 世纪 40 年代和 80 年代的两份回忆《郑超麟回忆录》和《怀旧集》成为我们如今研究中共党史和中共四大的重要史料。1984 年郑超麟在研究人员的陪同下实地考察考证了中共四大会址的位置。

第三章　会 议 议 程

1925 年 1 月 11 日至 22 日，中国共产党第四次全国代表大会在上海召开，大会的主要任务是总结国共合作一年来的经验，加强对日益高涨的革命运动的领导，以迎接大革命高潮的到来，回答党所面临的许多新问题。根据参加大会的蔡和森、瞿秋白、李维汉、李立三、彭述之、李逸、张伯简及郑超麟等人留下的资料和回忆，以及中共四大通过的 14 份文件，我们可以大致了解会议的主要议程。

一、选举大会主席团，开幕

中共四大的中心议题是如何加强对日益高涨的革命运动的领导，以及在组织工作和群众工作方面如何进行准备。开会前，大会推举陈独秀、蔡和森、彭述之、瞿秋白、周恩来五人组成大会主席团。彭述之任大会秘书长，郑超麟和张伯简为大会记录员。陈独秀主持大会，宣布开会后，维经斯基代表共产国际致贺词。

二、共产国际代表维经斯基作关于世界共产主义运动状况的报告

中共四大的另一项重要议程是听取共产国际代表维经斯基作关于世界共产主义运动状况的报告。随后，中共四大专门通过了《对于共产国际执行委员会代表报告世界共产主义运动状况之议决案》。《议决案》指出："欧洲之所谓民主主义和平主义的时期"，"最近英美政府的更造，法意反动潮流的增高"，"英国保守党上台"之后的对外政策等等，认为"欧美反动潮

流增高，各国资本都对工人进攻”。面对这样的局势，“世界无产阶级对抗这种反动潮流，应当有世界的职工运动的统一。共产国际，各国共产党及赤色职工国际，现时的职任，就是要统一世界的职工运动，以保护工人阶级的利益而反抗资本的进攻。”《议决案》还认为，“要实行这一重大的职任，必须先有共产党内对于这一问题的统一意见，普通而论，共产党内亦是要有统一的意志。只有在共产党指导之下，亲密结合地进行职工运动，无产阶级的前锋才能坚持自己的地位，以求反守为攻，而且使无产阶级群众脱离卖阶级的工贼和职工官僚的恶影响。”① 这些内容，应该说是对共产国际代表关于世界共产主义运动报告的概括性反映。

三、听取出席共产国际第五次大会代表的报告

出席共产国际五大的中共代表王荷波向大会作了关于共产国际五大的情况和决议精神的报告。大会听取报告后，专门通过《对于出席共产国际第五次大会代表报告之议决案》，表明了对共产国际五大的拥护和赞成。

《议决案》指出，大会听了出席共产国际第五次大会代表的报告之后，“完全同意于共产国际第五次大会对于各种政策的决定”，特别是第五次大会对于“联合战线”及“工农政府”的解释尤为详尽。中共四大认为，共产国际五大的决定，“一方面可以防止以后各国共产党右派对于这两种重要的策略之机会主义的曲解，他方面亦可纠正那种主张不与黄色工会的群众发生关系的左稚病，如此才能确实领导各国共产党”争取大多数工人群众，使之“集合到共产主义旗帜之下来，以联合防御现时世界资本主义最后的猛攻并进而推倒之”②。

共产国际五大关于“联合战线”及“工农政府”的解释，给中国共产党出席大会的代表留下了很深的印象。这也是符合中国革命需要的东西。

① 中共中央文献研究室、中央档案馆编：《建党以来重要文献选编（1921—1949）》第 2 册，中央文献出版社 2011 年版，第 209—210 页。

② 中共中央文献研究室、中央档案馆编：《建党以来重要文献选编（1921—1949）》第 2 册，中央文献出版社 2011 年版，第 208 页。

从中国革命面临的任务和敌人来看，中国无产阶级及其政党都必须遵照“联合战线”的思想，建立统一战线，联合更多的革命力量。建立工农政府，既是十月革命胜利的成果，也是中国革命者希望能够学习的经验。同时，“大会对于国际妇女会议的决定亦完全同意”。表示“本党以后应注意妇女运动并在本党各级委员会下设立妇女部，以专责成”①。据中央组织部、中央档案馆等单位编纂并正式出版的中国共产党组织史资料，中共中央妇女部这一机构的设立，正是中共四大召开后的1925年。各级党委下设立妇女部，也是在中共四大以后。此前，1922年中共二大通过了中国妇女运动史上第一个以政党名义作出的关于妇女问题的决议——《关于妇女运动的决议》，反映了中共对妇女运动的高度重视，但设立相应的组织机构专司其职，则是在中共四大后。而从中共四大的文件看，共产国际对于妇女运动的强调，也是有利的国际条件。

四、陈独秀代表上届中央执行委员会作工作报告，与会代表讨论报告

陈独秀代表上届中央执行委员会作工作报告。代表们认真讨论了陈独秀的工作报告。因为受各方面条件的限制，中国共产党早期的文件保存极不完整。迄今为止，陈独秀在中共四大的报告，也就是代表第三届中央执行委员会向大会所作的工作报告，尚未见到报告原文。中共四大通过的《对于中央执行委员会报告之议决案》保存了下来，其中反映和记载了报告的一些内容。这对缺失的文件多少有些反映。

首先，中央执行委员会的报告分析了中国的政局。正如《议决案》指出：“第四次大会对于中央执行委员会对于中国政局的分析完全同意”。紧接着的一段话用冒号相连接：“我们现在是处于国内军阀政治崩溃速力加增之时期，处于旧统治军阀倒台、新统治军阀尚未能巩固自己的势力之时期。”②

① 中共中央文献研究室、中央档案馆编：《建党以来重要文献选编（1921—1949）》第2册，中央文献出版社2011年版，第208页。

② 中共中央文献研究室、中央档案馆编：《建党以来重要文献选编（1921—1949）》第2册，中央文献出版社2011年版，第212页。

接下来的叙述更为具体："前次战争刚刚结束，虽然直系军阀自上至下地瓦解了，而胜利的反直系军阀非但没有一派军阀能代直系而统治中国，并且他们中间的冲突形势又日露险恶了！第二次战争又有立即爆发之可能。"对于直奉战争的结果，《议决案》认为："前次战争的结果造成了日本帝国主义在中国的优势，给英美帝国主义在华的势力以极大的打击，因此使日英美帝国主义间在远东的冲突又形加紧，近日英美日的备战所以日益积极。这种英美日间的冲突加紧，更使他们有利用中国军阀战争以膨胀他们各自在华的势力之趋势，于是更促进现在对抗的军阀之间的战争。"

关于中国民众运动发展的趋势，《议决案》的描述和展望一气呵成，也应该是大会报告中提出的观点："在这种国内军阀势力摇动之中及帝国主义国家在华的剧烈冲突之时，中国被压迫民众的运动得着更大的发展机会。国民会议的运动已如潮涌而普遍全国，中国民众已表示有要求执政及中国独立的觉悟，这种民众运动将成为将来更广大的国民运动之开始。"

关于军阀政治的崩溃，《议决案》认为："现时在中国军阀政治崩溃的过程中，这种民众运动怎样才能使军阀不再巩固他的势力延长他的崩溃过程，怎样才能防止国际帝国主义的反动政策之实施于中国，这完全靠领导被压迫人民的本党及国民党左派，有真确的政策在民众中所做之广大的宣传与组织的工作之努力而定。"

按照大会报告的精神，《议决案》指出："我们知道中国现时国民运动得到一个时期发展的机会"，而"工人运动是中国国民运动中的基本"，本党在注意职工运动时也应注重政治活动，因为"这两种活动""是互相影响而促进工人阶级的组织与发展的"。

对于共产党在国民党及国民运动中的表现，《议决案》表示了大体满意的态度。"大会对于中央执行委员会领导本党在国民党及国民运动中的活动，使本党日渐与实际政治生活接近而有可以领导中国国民运动之趋势，大致认为满意。虽然中央执行委员会没有能防止在某一时期中在国民党中活动的本党党员发生机会主义的倾向，但是在扩大执行委员会时立即纠正同志这种错误，并且自后逐渐使本党对于国民运动而特别是对于国民党的政策，纳于正轨。”从《议决案》中也可以看出，中央的报告对过去一年多的工作有过反思和检讨，承认在组织上犯有错误。文件指出：“过去的中央执行委员会在组织上有多少错误，如技术上组织的欠缺及执行扩大执行委员会决议的迟延”。所以，“第四次大会应嘱新的中央执行委员会注意组织的指导，并且要求各区、各地方委员会对此点亦应特别遵守。”

同时，“大会并望新中央执行委员会应与共产国际发生更密切的关系，使中国共产党能得到世界革命的总指挥之理论上、政策上的更多的指导”①。这也应该是大会报告中反映的重要观点之一，传递出上届中央委员会对下届中央委员会工作的提醒和期望。

出席中共四大的李维汉、郑超麟在回忆中，都提到陈独秀宣布开会并代表中央委员会作工作报告。和郑超麟同时担任大会记录员的张伯简，在写给莫斯科东方大学同学的信中还提到：他在共青团三大的报告，“是根据仲甫同志在大会所作的政治报告”②。从此可见，陈独秀代表中央委员会在中共四大上所作的政治报告十分重要，也受到高度重视，被作为青年团工作报告的基本根据。瞿秋白也在给鲍罗廷的信中说：“在讨论国民革命问题时，几乎毫无争议地通过了陈独秀同志的提纲”③。

五、各地代表分别报告本地区情况

由于大会原始文件的缺失，各地代表在中共四大上作的地区报告已无法找到。但我们依然可以从 1924 年 5 月中共中央扩大执行委员会会议上各地代表上交的报告中来研究中共四大前部分地区党组织工作开展状况。

从五份地方报告可以看出，国共合作后，由于中国共产党的工作都集中到国民党中去了，因此各地方党组织工作的开展情况不是很理想。汉口

① 中共中央文献研究室、中央档案馆编：《建党以来重要文献选编（1921—1949）》第 2 册，中央文献出版社 2011 年版，第 212—214 页。

② 《关于党的第四次全国代表大会和团的第三次全国代表大会》，《中共党史资料》1982 年第 3 辑。

③ 中共中央党史研究室第一研究部译：《共产国际、联共（布）与中国革命档案资料丛书》第 1 卷，北京图书馆出版社 1997 年版，第 573 页。

地方报告中提到："近因民党工作开始，并较以前事务更繁，又因地委负责各同志，均有通缉，对于公开活动上，很感困难。"同时上海的报告中也提到："最近以前有党员五十六人，但现在确数只有四十七人，一方面新党员的增加率却也非常迟缓。"而湘区报告中则直接将这半年党的工作概括为"许多固有事业失败了"①。

而到了1924年9月7日陈独秀给维经斯基的信中再一次提到："既然我们的同志对我们党中央执行委员会扩大全会的决议都很了解；而在实践中没有很好贯彻执行，所以我们党的全国代表大会将提前举行。"②可见从5月的扩大会议到中共四大召开前，各地方党组织的工作并没有明显改善，因此在此时召开中共四大显得更为紧要。

六、组织审查草案委员会，通过11份议决案

在大会筹备期间，由起草委员会起草的七个提案，在大会时都组织了相应的审查草案委员会。为了保证审查工作顺利进行，参加审查草案委员会的人员，可以兼任多个委员会的工作。如彭述之就参加了除农民草案审查委员会外的六个提案审查委员会。李维汉在《回忆与研究》中提到：自己参加的中共四大《民族革命运动议决案》草案审查小组，组长是瞿秋白。③

大会召开时，组织各种审查草案委员会，在审查草案委员会里，除民族革命运动委员会和职工运动委员会较有争论外，其余委员会都很少讨论。首先，关于民族革命运动问题的争论有二：一是有些人以为民族革命的成功即直接是无产阶级革命的成功。坚持此说的张申府重提反对加入国民党的问题。瞿秋白、蔡和森等对张申府的发言提出了批评。因为这个问题早在两年前基本解决了，所以未引起大家的注意。二是民族革命的性质问题。

① 中共中央文献研究室、中央档案馆编：《建党以来重要文献选编（1921—1949）》第2册，中央文献出版社2011年版，第35—54页。

② 中共中央党史研究室第一研究部译：《共产国际、联共（布）与中国革命档案资料丛书》第1卷，北京图书馆出版社1997年版，第529页。

③ 中共四大史料编纂委员会编：《中国共产党第四次全国代表大会》，中共党史出版社2004年版，第303页。

其次，关于职工运动的争点就是产业工人是否须加入国民党？有些人以为产业工人不可使之加入国民党。事实上，无产阶级要想真正领导国民革命运动，产业工人加入国民党是必要的。再次，关于青年运动。青年团中央出席代表主张在目前应组织全国的民族革命的青年组织，但此种意见未被采纳。“大会只承认目前应切实做各种民族的青年运动，如果发展到相当时期，认为必要时则可组织非政党性的全国组织。”①

李维汉参加了《民族革命运动议决案》草案的审查小组，组长是瞿秋白。据李维汉回忆，原稿上提出中国民族革命运动是无产阶级世界革命的一部分和争取非资本主义前途问题。由于考虑到国共合作关系，议决案上没有明确写上争取非资本主义前途的字句，但以肯定的语句指出，中国民族民主革命运动“是十月革命后，广大的世界革命之一部分”，“民族革命胜利后，能否接着就是无产阶级的革命，是否必须经过资产阶级民主制度”，决定于“无产阶级在民族革命中自己阶级的革命准备至何种程度及那时的社会的客观条件”，而“那时的世界政治状况也有很大的影响”。李维汉认为，在当时的条件下，“‘四大’对中国民主革命前途的这个分析是很可贵的”②。

大会讨论议案时，由于政治上理论上接受了共产国际的训令，几乎没有出现太多的争论，便顺利通过。大会还推举彭述之作为中共四大代表参加即将召开的社会主义青年团第三次全国代表大会。

大会围绕党的中心工作，通过了《对于出席共产国际第五次大会代表报告之议决案》《对于共产国际执行委员会代表报告世界共产主义运动状况之议决案》《对于同志托洛茨基态度之议决案》《对于中央执行委员会报告之议决案》《对于民族革命运动之议决案》《对于职工运动之议决案》《对于农民运动之议决案》《对于青年运动之议决案》《对于妇女运动之议决案》

---

① 中共四大史料编纂委员会编：《中国共产党第四次全国代表大会》，中共党史出版社 2004 年版，第 155 页。

② 中共四大史料编纂委员会编：《中国共产党第四次全国代表大会》，中共党史出版社 2004 年版，第 303 页。

《对于宣传工作之议决案》《对于组织问题之议决案》，共 11 个议决案[①]。

七、发表《中国共产党第四次大会对于列宁逝世一周年纪念宣言》

大会闭幕前一天即 1 月 21 日，正值列宁逝世一周年纪念日。有当事人回忆中共四大是这一天开幕的，为的是纪念列宁。而实际上是大会为此专门发表了《对于列宁逝世一周年纪念宣言》，而不是选择这一天为大会开幕日。这个《纪念宣言》表达了对列宁的无限敬意。

“自马克思以后，全世界没有一个人比我们的首领列宁还更伟大”。“他手创了一个领导俄罗斯工农阶级能够取得最后胜利的政党——俄国共产党”，“并且替全世界的工农阶级创设了一个共产国际，把全世界工农阶级的先进分子都联合在这一个国际之下，进行指导解放全世界工农阶级和一切被压迫民族的工作”。

《纪念宣言》指出，列宁主义是中国民众的武器，必须努力了解和实行。“中国的工农群众和一切被压迫民众所受国际帝国主义和其工具军阀之剥削与压迫，比任何地方更要厉害”。中国的工人们、农人们和一切被压迫民众，“要想脱离你们的重重压迫与奴隶地位，只有起来努力了解列宁主义，实行列宁主义，因为只有列宁主义才是我们自己解放自己的唯一武器”[②]。

八、通过《中国共产党第四次全国大会宣言》

在中共四大闭幕当天，大会通过了《中国共产党第四次全国大会宣言》。《宣言》揭露了直系与反直系军阀混战的本质。指出无论直系或反直系军阀的背后，都站立着列强的阴谋，他们为着要干涉中国内政，不断地援助军阀战争以与中国人民为敌，其目的都是要加紧中国的内乱，都是要

① 张静如：《中国共产党全国代表大会史丛书——从一大到十七大》（第二册），万卷出版出版公司 2007 年版，第 22—23 页。

② 中共四大史料编纂委员会编：《中国共产党第四次全国代表大会》，中共党史出版社 2004 年版，第 28 页。

利用军阀以达到他们帝国主义的侵略政策。《宣言》号召全国工农劳动群众起来对抗帝国主义，支持国民会议，反对段祺瑞的善后会议。

九、修改党章，通过《中国共产党第二次修正章程》

中共四大党章是对中共二大通过的《中国共产党章程》的第二次修改。它保持了中共三大通过的《中国共产党第一次修正章程》的内容和结构，分为党员、组织、会议、纪律、经费及附则 6 章 31 条。

这个党章对党员、组织、会议、纪律、经费等问题，都作了相应调整和明确规定，使党的章程更趋完善。中共四大还要求中央编译委员会集中力量办好《向导》《新青年》《中国工人》《党报》（秘密党刊），以加强对全党的马克思列宁主义和政策策略的宣传教育。中共四大还决定在全国范围内加强党的建设，使党的建设开始进入一个新阶段。

四大党章同三大党章相比，并未做大的改动，有改动的只是部分条款，如第一次规定党的基层单位为支部；党的中央执行委员会委员长改称总书记，各级执行委员会委员长改称书记等，但在党的建设史上仍然产生了深刻而积极的作用。

（一）将党的基层单位由小组改为支部

中共四大党章规定：党的基本组织“是以产业和机关为单位的支部组织，至于在小手工业者和商工业的办事人中，不能以机关为单位组织支部时，则可以地域为标准”。这样，党支部的组织就更为灵活。只要有三名党员，就可以以地域为标准组织支部。同时，关于三名党员即可组织支部的规定，有利于吸收工人、贫农和一般革命分子入党，尽快扩大党的组织，所以一直沿用至今，形成了中国共产党以支部为标志的基层战斗堡垒。

为了扩大和巩固党的基层组织，中共四大党章决定将原“章程上‘有五人以上可组织一小组’，应改为‘有三人以上即可组织支部’”。四大党章明确规定：“各农村各工厂各铁路各矿山各兵营各学校等机关及其附近，凡有党员三人以上均得成立一支部，每支部公推书记一人或推三人组织干事会，隶属地方执行委员会，不满三人之处，设一通信员，属于附近之地方或直接属于中央。支部人数过多时，得斟酌情形分为若干小组，每组设组长一人，由支部干事会指定之。如各支部所在地尚无地方执行委员会时，则由区执行委员会直辖之，未有区执行委员会之处，则由中央直辖之”。[①]

中共四大党章要求，支部的工作不能仅限于教育党员，吸收党员，还应在非党的群众中进行宣传，“帮助他们组织俱乐部、劳动学校、互助会”。[②]目的是加强党的组织建设，扩大与巩固党的组织，以适应革命事业的不断发展，反映了全党对于自身建设和党章的高度重视。

（二）调整了发展党员的部分程序

中共四大党章改动了三大党章规定党员入党要“经小组会议之通过，地方委员会之审查，区委员会之批准，始得为本党候补党员”，改为“经支部会议之通过，地方委员会之审查批准，始得为本党候补党员。”[③]也就是说，入党的第一关不是小组而是支部通过；地方委员会审查批准，不再需要区委批准。除了这两点区别，还改变以往有些地方吸收党员“经过十人团”或“经过社会主义青年团”等与党的组织原则相违背的做法，使“有阶级觉悟的分子……直接加入本党”。[④]

（三）调整了候补党员的权利

中共四大党章第二条将原来规定候补党员只参加小组会，改为“参加支部会议（遇必要时，得由地方执行委员会决定其参加地方大会，但无表决权）只有发言权无表决权，但其义务与正式党员同”。[⑤]

（四）实行党的领导制度的新规定

即“中央执行委员会须互推总书记一人总理全国党务，各级执行委员会及干事会均须互推书记一人总理各级党务，其余委员协同总书记或各级书记

①②③④⑤ 中共四大史料编纂委员会编：《中国共产党第四次全国代表大会》，中共党史出版社2004年版，第78—80页。

分掌党务”。国共合作的统一战线建立后，工农运动逐步高涨，党员人数迅速增长，但党的干部人才缺乏而且思想幼稚。当时不少负有领导责任的同志对于组织问题多有忽视。特别是在中国共产党还处在幼年时期，时刻都有被敌人打垮、消灭的危险。针对这些情况，中共四大对党的领导制度极为重视。

（五）关于党的组织制度的微调

中共三大党章规定“有十人以上”可以成立地方执行委员会。四大党章修改为“有三个支部以上”才可成立。组织问题是中国共产党生存和发展的一个重要问题，如不迅速加强党的组织建设、制度建设，“则吾党决不能前进”。因此，四大党章对党的组织制度的充实和完善，丰富了党章及自身纪律建设的内容，促进了党组织的发展和巩固，提高了党的战斗力。

（六）对党的地方组织的发展和设计

在发展党组织的重点地区方面，中共四大指出，发展党的组织的重点地区除上海和广东外，应特别注意湖南、湖北、唐山、天津、山东……在还没有党组织的其他工业区及大都市，如东三省、河南、重庆、九江、芜湖、福州等，均应开始建立党的组织。

随着党的队伍的扩大，关于地方组织的分工问题也提上了日程。中共四大将 1924 年 5 月中共中央扩大执行委员会会议关于地方委员会组织的规定修改为：地方委员会由三人组织（并推举候补委员二人）：书记兼宣传部，另二人分别担任组织部和工农部；在组织部下设“统计分配”和“交通”干事，交通的任务是发送秘密宣传品、组织群众大会及示威运动等；如有特别情形，各委员之职务可以互换；为增进各部的工作成效，“地方委员会得组织各种委员会”。针对中央对地方组织指导不力的缺点，中共四大指示“新的中央须特别注意设立一有力的中央组织部，实际上真能指导地方之党的组织”。①

① 中共四大史料编纂委员会编：《中国共产党第四次全国代表大会》，中共党史出版社 2004 年版，第 77 页。

（七）对领导人的称谓发生了变化

为了加强和健全党的领导机关，四大党章决定从中央至地方将“委员长”的职务改为“总书记”、“书记”。这是中国共产党历史上第一次把党的最高领导人称为总书记，并实行总书记制。此前通常采取的“委员长”称谓，到此为止。正如有学者所说：这也是今天中国共产党实行的党的总书记称谓和领导制度的历史源头[①]。

十、选举新一届中央执行委员会，闭幕

大会最后一项议题是选举新的中央执行委员会。第四届中央执行委员，不是由各代表投票或选举，而是由陈独秀提出事先拟议的一份名单交大会表决。会上，“山东代表尹宽提出异议，说他在动身之前，山东同志有一项意见，表示反对张国焘任四届中委。”陈独秀当即解释说：“党中央人才有限，用人只能取其能力和贡献，难以顾虑他的缺点，如过分苛求，会丧失一些有用人才。”尹宽听后，“也未坚持”。此次大会，张国焘“未能出席，但有一信写给大会，申述他的一些意见，只记得其中一项是要求中央加强出版工作，把一些重要理论书和有关苏联的著作译成中文出版，以期提高国内党员水平并加强宣传作用”。有人认为张国焘的这封信，“无异于一种竞选中委的伎俩，结果如愿以偿。”[②]

大会一致同意上届中央执行委员会所拟定的新执行委员会名单，选出新的中央执行委员会，陈独秀、李大钊、蔡和森、张国焘、项英、瞿秋白、彭述之、谭平山、李维汉九人为中央执行委员，邓培、王荷波、罗章龙、张太雷、朱锦棠五人为候补中央委员。

大会闭幕式仍由陈独秀主持。在随后举行的中央执行委员会第一次会议上，陈独秀当选为中央总书记兼中央组织部主任，彭述之任中央宣传部

---

① 李蓉、叶成林：《中共四大轶事》，人民出版社 2015 年版，第 157—160 页。

② 中共四大史料编纂委员会编：《中国共产党第四次全国代表大会》，中共党史出版社 2004 年版，第 305 页。

主任，张国焘任中央工农部主任，蔡和森、瞿秋白任中央宣传部委员，以上五人组成中央局。

大会闭幕后，1925 年 1 月 25 日，中共中央向全党发出了《通告第一号》。通告中首次向全党介绍了新一届中央执行委员及候补委员名单，以及新一届中央局名单和具体分工情况。

第四章　重要议决案

一、《对于民族革命运动之议决案》

《对于民族革命运动之议决案》是中共四大最重要的议决案之一，由维经斯基和陈独秀共同起草。《议决案》分析了中国民族革命与世界革命的关系以及中国各阶级在民族运动中的趋向问题，明确提出无产阶级在民族革命运动中的领导权问题。指出："中国的民族革命运动，必须最革命的无产阶级有力的参加，并且取得领导的地位，才能够得到胜利。"指出无产阶级参加民族运动，"是为了推翻全世界资本帝国主义之压迫，推翻外国的资本主义，同时也反对本国的资本主义，并且要由民族革命引导到无产阶级的世界革命"。"无产阶级的政党应该知道无产阶级参加民族运动，不是附属资产阶级而参加，乃以自己阶级独立的地位与目的而参加，如此无产阶级在参加民族运动中，方不致失其特性——阶级性与世界性。"《议决案》回顾了自党的三大以来国共两党合作关系的历史过程，总结了同国民党建立统一战线一年来的工作经验，肯定了三大关于共产党员加入国民党，以及将国民党扩大到全国范围和劳动群众中之决定的正确，肯定了党在国民党内外所做的大量宣传工作和组织工作。指出，党"在农民、工人中，并且在军事上取得了许多实际工作的机会，能够公开的做反帝国主义运动"。强调整个的工人、农民组织加入革命运动，比工人、农民个人加入国民党的组织尤为重要。今后我们的党员及在我们指导之下无党的产业工人，必须有工作上的需要才加入国民党，同时也检讨了党在执行对于国民党政策中的"左"倾和右倾错误。"左"倾的表现是：反对加入国民党，反对参加国民革命，以为这是和资产阶级妥协。右倾的表现是：以为应集中全力于国民党的工作，不必同时进行中共的工作。做国民运动，不必进行阶级争斗；应当帮助国民党，不必助长“左”右派之分裂。

针对改组后的国民党已经形成左、中、右三派的现状，提出对于国民党的左派应该采取扩大的政策，对于中派应该批评他们动摇性，使其和左派合作，共同革命，对于代表大地主大资产阶级利益的右派，则应坚决反对。为此，告诫全党，在民族革命运动中，应当时刻警戒右倾的危险，但也要提防“左”倾的发生。为了克服统战工作中的错误倾向，大会制定了同国民党合作关系的新政策：

第一，国民党包含社会各阶级的成分，因此要极力反对阶级的妥协；

第二，在宣传上要攻击右派，阻止中派右倾；

第三，在思想上组织上要巩固左派，扩大左派，攻击右派，并在工农群众中宣传阶级争斗的理论；

第四，在国民党内公开扩大中共的宣传工作和组织工作；

第五，要求国民党保护工农利益，要使工农自己有强固的组织；

第六，要使中共指导下的国民党左派从思想上巩固起来。

《议决案》阐明“国民革命论”是中国革命基本问题的中心，并且指明了今后前进的道路，其要点是：

第一，说明无产阶级在民族革命中之目的及特性，由此就可以得到无产阶级政党——共产党在国民革命中之正确的地位。

第二，说明我们在民族运动中之“左”右倾的经验并指明其客观的原因与其纠正的方法。

第三，确定我们对于国民党之态度，即与国民党合作中之具体方案。

《议决案》称赞中国无产阶级的坚定革命性，指出：“最受压迫而最有集合力的无产阶级是最有革命性的阶级。现在中国无产阶级在客观上的力量虽还幼稚，而他们革命的要求及决战的心理，在最近中国民族运动中，已站在最前进的地位。”并且指出：“不但在推翻外国帝国主义的争斗中，须依靠无产阶级及农民等一切劳动群众之努力，即此等争斗得着胜利，亦须无产阶级及农民等一切劳动群众有他们强固的阶级组织及其政党，才能够保障革命的胜利，并抵抗新的反动势力，进行自己阶级的革命。”

《议决案》高度评价农民在中国革命中的地位和作月，指出占全国人口大多数的农民参加农民运动，“是中国革命运动中的重要成分”，“天然是工人阶级之同盟者”。并指出：“若要民族革命运动得到较彻底的胜利，固然需要最革命的无产阶级站在领导地位，同时这领导阶级也要能够抓住被压迫的各社会阶级的力量，向共同的敌人——帝国主义及其工具（国内军阀及地主买办阶级）作战，才免得处在孤立地位，这是一个重要问题。”

二、《对于职工运动之议决案》

《对于职工运动之议决案》分析了中国工人运动的过去状况及现在的趋势，指明今后工人运动的方向。《议决案》对中国工人运动在民族解放运动中的作用给予高度评价，指出中国工人阶级“不仅为本阶级的利益而奋斗，同时还要参加民族革命运动，并且在民族运动中须取得领导地位。但工人阶级要真能达到领导者的地位，督促其他阶级前进，自身就须有强固的组织和独立的工作”；要开展对工人的宣传教育和组织工作；要把工人运动与民族运动结合起来，“不但理论上在于注意自己独立的职工运动，同时参加民族革命以取得领导地位”，指出党对工人运动的工作，应该特别注意以下几点：

第一，要使工人阶级取得民族革命运动的领导地位。

第二，必要时在一定区域内领导大产业工人加入国民党，“使国民党特别的革命化”。

第三，对于那些“已经在国民党名义之下的工人组织，我们也应尽力去从中活动，取得指导权，吸收觉悟分子，组织我们党的支部”。

第四，在工人群众中宣传工人阶级自身的政治上经济上的利益。《议决案》强调：中国工人阶级决不忘记自己的独立工作——职工运动，中国共产党是中国工人阶级唯一的指导者，要使工人阶级取得民族革命的领导地位。

对于职工运动应当特别注意，必使工人阶级有强固之群众的独立的阶级组织，方能在民族运动中成为独立的政治势力，然后民族运动之领导地位，才能有保证。

《议决案》提出了工人运动应当力争工会公开，主张工会统一，善于提出口号，警惕反动派影响等策略。为使党处于工人运动的指导地位，强调必须有强固的组织和独立的工作；必须立即开始切实的党的工作；要开展对工人的宣传教育和组织工作，要把工人运动与民族运动结合起来。对于工人群众的政治宣传教育，应侧重于：解释中国政治状况及时局变化的意义，详细说明国民党及民族革命的意义，国民党右、中、左三派的性质及其对于工人阶级的关系；阐明阶级争斗与民族革命的相互关系及工人运动的阶级性，宣传中国共产党的党纲及策略；解释工人阶级及工人运动的世界性及中国工人阶级与世界社会革命的关系等。

《议决案》指出了工人运动有失去自己的独立性的危险，提出了克服这种危险的措施。特别指出作为工厂最基本组织的工厂小组，为严重压迫之下的一种秘密组织，也就是我们职工运动发展的原动力。但是训练工人的单位，也就是培养工人阶级战斗力量的养成所，此外《议决案》提出四大后工人运动的具体计划，对产业工人运动特别是铁路、矿山、海员、纺织运动，各工业区的工作，大城市手工业工人运动，妇女运动及青年工人，合作社工作等，都提出了明确的要求。为加强对工运工作的指导，会决议定在中央和地方工农部内分别设立职工运动委员会。为加强对工运工作的指导，党的四大决定，在中央和地方工农部下分设“职工运动委员会”，以及向各地“随时特派巡行员，并同时便做职工运动的指导员”。

三、《对于农民运动之议决案》

《对于农民运动之议决案》指出：“农民问题，在无产阶级领导的世界革命，尤其是在东方的民族革命运动中，占一个重要的地位。”“农民问题在中国尤其在民族革命时代的中国，是特别的重要。”高度评价了列宁关于农民同盟军的思想，认为列宁主义的最大功绩之一便是在农民中找到一个无产阶级的同盟。

《议决案》阐明了农民是无产阶级同盟军的原理，指出以农业经济为基础的经济落后的中国，虽经帝国主义的侵略而崩溃，然而约占全国人口百分之八十的农民至今仍是社会的重要成分，“中国共产党与工人阶级要领导中国革命至于成功，必须尽可能地、系统地鼓动并组织各地农民逐渐从事经济的和政治的争斗。没有这种努力，我们希望中国革命成功以及在民族运动中取得领导地位，都是不可能的。”根据共产国际关于“共产党必须致力于建立工农联盟”和农民问题是“中国共产党的整个政策的中心”的指示精神，充分肯定了农民在中国革命中的重要地位，进一步指明：“务必在反帝国主义反军阀的民族革命时代努力获得最大多数农民为工人阶级之革命的同盟。”《议决案》认为，固然我们可在国民党名义之下以农民协会去团结农民，但要使农民认识到，打倒帝国主义和军阀的压迫束缚，成为无产阶级革命和社会主义的前提，农民阶级才能得到真正的解放。《议决案》在批评国民党在农民问题上的错误政策的同时，也检查了中共在农民问题上的错误政策，指出我们须于国民党之外，同时独立地进行本党公开的宣传和支部的工作。要十分重视对农民的宣传工作和组织工作，注意启发农民的阶级觉悟，提出“农民对于国民党怀疑时，我们当向他们解释国民党的派别关系，并举出实例证明何为右派，何为中派，何为左派。我们并须向他们解释共产党的性质、党纲、策略”。

《议决案》搜集了一些很有价值的经验，特别是从广东的农民运动经验中，规定了一些具体的运动方案，主要包括：

提出口号须切合于当时当地农民所可行的需要，“不宜轻率由农会决议减租运动”。

在联合农民各阶级反对大地主争斗中，“特别要保障贫农与雇农的特殊利益”。

“应特别宣传取消普遍的苛税杂捐，加征殷富捐所得税的口号”。

“应使农民向国民党政府要求以官地分给贫农”。此外，还要求农会多做公益的事情，设立夜校、识字班、讲演、新剧、壁报等，以提高乡村文化。

四、《对于青年运动之议决案》

《对于青年运动之议决案》充分肯定“青年运动是共产主义运动中一部分重要工作”。着重阐明了共产党与青年团的正确关系，针对青年团成立以来“呈第二党的形式”的倾向，强调“青年运动必须在共产党指导之下”，“政治上是要绝对的受党指导”，而“在青年工作范围以内是须有自由活动的可能”。指出要加强对青运的宣传与组织工作，加强学生运动，使学生能与工农运动结合起来。

《议决案》强调“怎样能使社会主义青年团青年化，是现在最重要的问题”。指明其解决方法：一要“尽量把超过年龄的团员送入共产党，并且以后不再介绍超过年龄的入团”。二是青年团要“在青年运动中吸收多数的青年的分子加入，在数量上尽量扩大社会主义青年团组织”。

《议决案》认为，青年工人运动、青年农民运动和青年学生运动，是目前青年团的“最重要的青年工作”，并且制订了这三方面的工作计划。强调青年团在青年运动中的指导地位，“使社会主义青年团在将来联合的团体中能获得指导的地位而能指挥中国一般的青年运动。”

五、《对于妇女运动之议决案》

《对于妇女运动之议决案》指出，中国妇女是民族革命运动的重要力量，强调如下原则：“本党妇女运动应以工农妇女为骨干，在妇女运动中切实代表工农妇女的利益，并在宣传上抬高工农妇女的地位，使工农妇女渐渐成为妇女运动中的主要成分。但同时在现在的中国社会状况中，一般的妇女解放运动，仍属本党妇女运动的重要工作。”

为发展妇女运动，要求从下列三方面入手：

第一，各地党部应注意介绍女党员；

第二，各地党部应设立妇女部；

第三，各地党部应特别注意妇女党员关于妇女运动之理论方面的指导和训练。

《议决案》制定妇女运动的原则：

第一，应以工农妇女为骨干，使工农妇女渐渐成为妇女运动的主要成分；

第二，妇女运动与民族运动、劳动运动密切关联；

第三，妇女运动是民族革命运动中的一个要素。提出在女工集中的上海、汉口、天津、山东等地，应特别注意女工运动，办平民女校或组织女工俱乐部，重视妇女运动的宣传工作。

《议决案》还要求各地党组织，应注意吸收女党员，加强对妇女的训练与指导。同时提出妇女运动中最适用的若干口号。为了加强对妇女工作的领导，四大决定在各地党部设立妇女部。规定中央妇女部可在国民党妇女部和无党派的妇女团体中活动。

六、《对于宣传工作之议决案》

《对于宣传工作之议决案》总结了中共三大以后党在民族革命运动中宣传工作的经验教训，肯定了宣传工作所起的作用，指出党的机关报《向导》已经在舆论的指导地位，同时也指出过去党的宣传工作存在的缺陷，认为党的幼稚，主要是教育宣传还未切实，致使党的理论基础常常动摇不定，特别是过分地看重资产阶级的力量，滋长了右倾错误。同时也存在“左”倾观念。具体来说，过去党的宣传工作有以下缺陷：

第一，政治教育极少，甚至有的党员在国民党报刊上发表奇谈怪论；第二，党的宣传和阶级教育未灌入工农群众；第三，在群众中尤其是在知识分子中政治宣传，常常不能深入，很少注意于共产主义理论的宣传和引导。

《议决案》提出党的宣传工作要“重新整顿”，要端正理论方向，要健全革命理论，使党员行动要有新准绳。认为“中央应有——强固的宣传部”指导各地宣传部并与之发生密切而有系统的关系。为了扩大宣传范围，决定在中央宣传部下设立编译委员会。为在党内加强马列主义的理论教育和时事政策教育，要求集中力量办好《向导》《新青年》《中国工人》和《党报》（秘密党刊）等四种刊物，使其成为运用马列主义理论解决中国的实际问题的重要宣传阵地，同时要求各地于可能范围内，设立党校、工人补习学校、马克思列宁主义研究会，以便对党员进行系统的教育。

七、《对于组织问题之议决案》

《对于组织问题之议决案》最重要之点是怎样能扩大共产党，强调：“在现在的时候，组织问题为吾党生存和发展之一最重要的问题。”如不迅速扩大和加强党的组织工作，则吾党决不能前进。四大决定在全国范围内建立和加强党的组织，为扩大党组织的数量，除上海、广东之外，应特别注意在工人集中的湖北、湖南、唐山、天津、山东等地扩大党的组织，吸收更多的工农革命分子入党；在尚未有党组织的东三省、河南、重庆、九江、芜湖、福州等工业区及大城市，均应努力开始党的组织。

《议决案》指出四大通过的《中国共产党第二次修正章程》，作了两条重要的修改：一是将党的基层组织由“组”改为“支部”，并将原规定有五人以上可组织一个小组，改为有三人以上即可组织一个支部。二是改变有些地方吸收党员“经过十人团”或“经过社会主义青年团”等与党的组织原则相违背的做法，把过去先入团而后入党的吸收党员方法，改为有阶级觉悟的分子，直接加入本党。大会规定：党的基本组织“是以产业和机关为单位的支部组织，至于在小手工业者和商工业的办事人中，不能以机关为单位组织支部时，则可以地域为标准。支部的工作，不能仅限于教育党员，吸收党员”，还应在非党的群众中进行宣传，“帮助他们组织俱乐部、劳动学校、互助会等”。四大指示“新的中央须特别注意设立一有力的中央组织部，实际上真能指导地方之党的组织”。这些为之后中共纪律建设奠定了基础。

为了加强和健全党的领导机关，大会决定从中央到地方，将“委员长”的职务改称“总书记”、“书记”。将“有十人以上”可以成立地方执行委员会的规定，修改为“有三个支部以上”才可成立。四大还决定在国民党及其他重要政治团体中组织党团，从中支配该党和该团体的活动。

第三部分

力量之源
——中共四大的影响与意义

第一章　主要成就及局限性

一、第一次明确提出无产阶级领导权问题

中共四大立足风起云涌的革命形势，分析了中国社会各阶级的地位和趋向，明确提出了无产阶级在民主革命中的领导权问题。关于无产阶级领导权问题，四大以前党的历次代表大会从未提出过。中共四大认识到“工人运动是中国国民运动中的基本”，“做国民运动发展的中心”[①]。

中共四大在《对于民族革命运动之议决案》中，把无产阶级的领导权首先放在世界革命的范围内，指出：中国民族革命运动是“十月革命后，广大的世界革命之一部分”，又说明东方的民族革命与西方的无产阶级革命有一个共同的目的，即推翻资本帝国主义。因此，对于这场革命，“无产阶级的政党应该知道无产阶级参加民族运动，不是附属资产阶级而参加，乃以自己阶级独立的地位与目的而参加”。

进而着重分析了中国社会各阶级的现状及其在国民革命运动中的表现，指出由于各阶级的利益不同，他们参加民族革命的目的也各异，指出“越是上层阶级越富于妥协性。最受压迫而最有集合力的无产阶级是最有革命性的阶级”。并且初步将资产阶级区分为买办阶级和新兴工业资产阶级两部分。《议决案》分析了中国社会各阶级在民族革命中的地位和作用，认为大商买办阶级，“完全是帝国主义之工具”。新兴工业资产阶级，“现在还在

① 中央档案馆编:《中共中央文件选集》第1册，中共中央党校出版社1989年版，第269页。

由买办官僚的资产阶级到民族的工业资产阶级之过程中，所以还不能参加民族革命运动”，农民“天然是工人阶级之同盟者”；小商人、手工业主，“如果能在无产阶级指导之下，在民族革命运动中，也有相当的作用”。《议决案》特别论证了无产阶级在民族运动中的地位、目的和作用，指明由于无产阶级参加了民族革命运动，“不但使中国民族革命运动加了新的力量，并且使中国民族革命运动有了新的意义”。根据中国社会各阶级的现状及其在国民革命运动中的表现，以及无产阶级参加民族革命的目的和作用，《议决案》明确提出了无产阶级在民主革命中领导权的问题，指出：“中国的民族革命运动，必须最革命的无产阶级有力的参加，并且取得领导的地位，才能够得到胜利。”

革命领导权事关中国革命的走向，对革命的发展至关重要。中共四大在党的发展历史上首次提出了无产阶级对革命的领导权，具有极为重要的理论和实践意义。首先，中共四大对革命领导权的提出标志着党在革命理论上的突破性进展。党自成立以来，不断在革命实践中积累经验，丰富完善对革命的认识，根据革命形势制定正确的策略。通过中共四大，党认识到，只有在工农大众中实行积极的政策，开展强有力的工作，才能取得领导权。党也因此对革命的性质、力量等一系列问题形成了清晰的认识，初步形成和确立了新民主主义革命的基本思想，为革命高潮的到来奠定思想基础和理论准备；其次，中共四大对革命领导权的提出，促进全党形成了对革命的正确认识。正是因为中共四大对革命领导权问题作出了全面而清晰的阐释，才会使得党在之后持续变化的革命形势中不断形成正确的认识。在此后的革命战争中，中国共产党根据革命形势，不断提升对革命经验的总结和认识。例如毛泽东同志根据革命的变化，总结出党的领导是中国革命的三大法宝之一；掌握统一战线的领导权必须“发展进步势力，争取中间势力，孤立顽固势力”等理论和政策的提出，这些均与中共四大对革命领导权问题的认识不无关联；最后，中共四大对革命领导权的探索为新时期强化党的领导提供更多思路。党的十九大指出：中国特色社会主义最本质的特征是中国共产党领导，中国特色社会主义制度的最大优势是中国共产党领导，党是最高政治领导力量。党的十九届六中全会通过的《决议》也指出，坚持党的领导是一百年来党领导人民进行伟大奋斗，积累的宝贵历史经验，是党和人民共同创造的精神财富，必须倍加珍惜、长期坚持，并在新时代实践中不断丰富和发展。[①] 中共四大对无产阶级革命领导权问题的不懈探索，明确了无产阶级政党在革命中的核心地位，也为新时期强化党总揽全局、协调各方的领导地位确立提供了更多的思路。

二、第一次明确提出工农联盟问题

中共四大强调中国革命需要“工人农民及城市中小资产阶级普遍的参加”，其中农民是“重要成分”，农民“天然是工人阶级之同盟者”，强调了农民在中国民族革命中的重要地位。如何实现无产阶级的领导权，关键在于能否正确对待农民问题，指出：如果不发动农民起来斗争，无产阶级的领导地位和中国革命的成功是不可能取得的。

农民同盟军问题同无产阶级领导权有着十分密切的联系，必须“在反帝国主义反军阀的民族革命时代努力获得最大多数农民为工人阶级之革命的同盟军”。中国共产党固然可以“在国民党名义之下”用农民协会的组织去团结农民，但必须于国民党之外“独立地进行本党公开的宣传和支部的工作”，“并将各地农民运动特派员放在本党地委指导之下”。要联合中农、佃农、贫农、雇农反对大地主，建立和扩大农民自卫军的组织并使之接受我党的政治指导。

无产阶级还要“能够抓住被压迫的各社会阶级的力量，向共同的敌人——帝国主义及其工具（国内军阀及地主买办阶级）作战，才免得处在孤立地位”。“中国共产党与工人阶级要领导中国革命至于成功，必须尽可能地、系统地鼓动并组织各地农民逐渐从事经济的和政治的争斗。没有这种努力，我们希望中国革命成功以及在民族运动中取得领导地位，都是不可能的。”而只有坚决地保护农民利益，才能“获得最大多数农民为工人阶

① 《中共中央关于党的百年奋斗重大成就和历史经验的决议》，人民出版社 2021 年版，第 65 页。

级之革命的同盟”。[①] 由此可见，四大把无产阶级对农民的领导，看作是无产阶级领导权的核心标志，把解决农民问题看作是中国民族革命成败的关键。大会还提出，在“反对国际帝国主义”的同时，既要“反对封建的军阀政治”，又要“反对封建的经济关系”。这表明中国共产党对反封建的内涵这时有了进一步认识，这也是对中国民主革命反帝反封建的基本任务所作的更完整的阐述和规定。四大以前，党对农民问题的重要性已有所认识，把农民看成是国民运动中的“最大的动力”、“伟大的势力”，中国革命要与农民联合，但对农民是无产阶级同盟军则认识不清。四大阐明农民是无产阶级同盟军，把党对农民的领导看作是无产阶级领导权的标志，把解决农民问题看作是中国民族革命成败的关键，在思想上前进了一大步。四大肯定约占全国人口百分之八十的农民在中国民族革命中的重要地位，懂得了农民问题的重要性和进行农民运动的必要性，只有无产阶级领导民族革命取得成功，农民才能得到真正的解放。大会以后，农民运动在广东、河南、湖北、湖南、江西等全国许多省区开展起来，并取得了重要成就。

工农阶级作为中国革命的重要组成部分，其革命意志和力量无可辩驳。中共四大对工农联盟问题进行有益探索，将马克思主义与中国实际相结合。这种探索具有强烈的革命性和指导性，对革命发展具有重要的引导和启发意义。

首先，中共四大对工农联盟问题的探索明确了革命可以依靠的力量。中共四大出台的议决案极大提升了中国共产党对工农联盟问题的认识，深刻表明了中国革命离不开工农阶级的支持，必须坚定依靠工农阶级，充分发动工农运动，中国革命才有成功的希望。这也表明了党在独立自主的前提下，对支持谁，依靠谁的问题作出了明确解答。

其次，中共四大对工农联盟问题的探索推动了工农联盟理论乃至新民主主义革命理论的形成和发展。中共四大召开后，1925 年 4 月，中共中央在给第二次全国劳动大会的信中提出：“在国民运动中，能够加敌人以最后

① 中共四大史料编纂委员会编：《中国共产党第四次全国代表大会》，中共党史出版社 2004 年版，第 59、63 页。

致命的打击者，只有工农联合的力量”①，旗帜鲜明地认为，只有工农联盟的磅礴力量才能够真正给予敌人致命一击。此外，中国共产党人也从不同的视角先后对工农联盟等基本问题进行了不懈的探索。邓中夏先后发表了《劳动运动复兴期中的几个重要问题》《怎样实行工农联合》等文章，明确指出工人和农民的亲密关系，认为工人和农民是天然的同盟者，如果想要在国民革命中取得领导地位，进而使革命最终成功，工人阶级和农民阶级必须结成亲密的同盟关系。毛泽东在深入考察农民运动的基础上，先后发表《中国社会各阶级的分析》以及《湖南农民运动考察报告》等一系列著述，阐述工农联盟问题。党对工农联盟问题的思考极大地推动了工农联盟理论的深化，也间接启发了党对新民主主义革命理论的深入思考。

再次，中共四大对工农联盟问题的探索为新时期相关问题的解决提供更多思考。从中共四大举行距今，这些历史性的文件仍旧散发着真理的光芒。对今天的中国而言，“三农”问题、社会主义新农村建设、城乡一体化、实现中华民族伟大复兴中国梦等突出问题亦极具挑战性。而中共四大出台的一系列议决案，如对农民重要地位和作用的认识，如何发展和领导工人、职工、农民运动，乃至其后逐步形成的工农联盟理论，对今天解决上述问题提供了经验借鉴和深刻启示，具有重要的现实价值。

三、制定党对群众运动领导的方针政策

中共四大明确了加强党对各种群众运动领导的必要性和迫切性，规定了各项方针政策。认识到党对群众运动的领导是实现无产阶级领导权的根基，必须把无产阶级领导权的思想同党对各项具体工作联系起来，因此对工人运动、农民运动、青年运动和妇女运动，都作了认真的总结，规定了今后工作的各项方针和政策。对于工人运动，中共四大相关议决案指出，要努力组织和扩大工会，壮大力量，结合工人运动和民族运动，结合政治、经济斗争。此外，还应主动争取工会的公开和统一，在指导群众的行动时

① 中央档案馆编：《中共中央文件选集》第1册，中共中央党校出版社1989年版，第407页。

必须注意提出的口号是否适合群众力量的组织。[①] 对于农民运动，中共四大相关议决案应明确了以下几点：1. 提出的口号应符合实际；2. 注意联合中农、贫雇农、佃农，特别注意保障贫雇农的特殊利益；3. 特别宣传取消苛税杂捐，加征殷富捐所得税的口号，对于打击大地主，获得小地主有重要作用；4. 使农民向国民政府请求以官地分给贫农。[②] 对于妇女运动，议决案针对不同阶级、派别的妇女运动情况，提出了对应的策略：对于贵族妇女运动，一方面应指正其错误，一方面应予以同情和赞助；对于小资产阶级的妇女运动，应为促醒其觉悟，予以严重而又诚恳的批评；对于小资产阶级，尤其是女学生的妇女运动，更应切实指导这种工作，使之趋于革命化；对于劳动妇女运动，应有系统地、有组织地加入指导。[③] 对于青年运动，议决案指出，青年运动的发展是“发展共产党指导下的共产主义运动”，党应在以后尽力帮助青年团工作，双方须发生亲密的关系。另外，中共四大的相关议决案将青年工作分为了青年工人运动、青年农民运动和学生运动三方面：首先，对于青年工人运动，应在组织相应的机关与青年工人接触以便宣传的同时，在工会内要求青年工人与成年工人具有同等地位以及提出青年工人的特殊利益；对于青年农民运动，要将青年团的学子分散到各地乡村学校当教师，接触青年农民，进行快速而广泛的宣传；[④] 对于学生运动，青年团应根据他们的状况进行宣传，引导他们为自身利益而奋斗。四大认识到，加强党对群众运动的领导是实现无产阶级领导权的根基。为此，把无产阶级领导权的思想同党的各项具体工作联系起来，对于工人运动、农民运动、青年运动和妇女运动，都作了认真的总结，规定了今后工作的方针和政策。

---

① 中共中央党史研究室、中央档案馆编：《中国共产党第四次全国代表大会档案文献选编》，中共党史出版社 2014 年版，第 14 页。

② 中共中央党史研究室、中央档案馆编：《中国共产党第四次全国代表大会档案文献选编》，中共党史出版社 2014 年版，第 20 页。

③ 中共中央党史研究室、中央档案馆编：《中国共产党第四次全国代表大会档案文献选编》，中共党史出版社 2014 年版，第 23 页。

④ 中共中央党史研究室、中央档案馆编：《中国共产党第四次全国代表大会档案文献选编》，中共党史出版社 2014 年版，第 21—22 页。

四、制定党同国民党合作的新政策

中共四大总结了国共合作一年多来统战工作的经验，制定了党同国民党关系的新政策。国民党改组以后发生了很大变化，已明显形成左、中、右三派，而党对这种情况认识不足，在统一战线工作中出现了“左”右倾的错误。

“左”倾的错误，是主张继续做无产阶级的革命运动及无产阶级专政的宣传，反对加入国民党，甚至反对参加国民革命，以为这是和资产阶级妥协。

右倾的错误比“左”倾的错误更危险，而且更普遍：（一）以为既然以国民运动为中心工作，便应集全力于国民党的工作，不必同时进行共产党的工作，这种错误，以实际工作中得力的同志为尤甚；（二）以为既然加入多阶级的国民党做国民运动，便只好采取劳资调协的政策，不便鼓动阶级争斗，怀这种错误观念的，只是少数由国民党加入本党的同志；（三）以为应该帮助整个的国民党，不必助长左右派之分裂。[①]

党对国民党各派进行了深入分析，认为国民党“左派的成分是工人、农民及知识阶级的急进分子；右派的成分是军人、官僚、政客、资本家，他们在广东已和大商买办阶级及地主阶级合作，压迫农民工人，他们不但反对我们及国民党左派，并且反对立在我们和他们中间的国民党中派，公然攻击我们及国民党左派、中派反帝国主义之失策，并附和实行共产之谣传，压迫左派及中派。国民党中派，是些小资产阶级知识阶级中革命分子，他们在数量上虽不甚重要却站在国民党领袖地位，他们总是立在我们和右派之间，操纵取利”[②]。

四大全面总结了国共合作一年来的经验，批评了三大以来党在实际工作中存在的“左”倾和右倾的错误，强调右倾错误是党内当时的主要危险，并

① 中共四大史料编纂委员会编：《中国共产党第四次全国代表大会》，中共党史出版社 2004 年版，第 42 页。

② 中共中央文献研究室、中央档案馆编：《建党以来重要文献选编（1921—1949）》第 2 册，中央文献出版社 2011 年版，第 223 页。

且强调要警惕右倾危险，同时也要提防“左”倾错误发生。四大确定了“扩大和帮助左派，批评和争取中派，坚决反对右派”对国民党的工作方针。

五、加强和改善党的组织工作、宣传工作

（一）组织工作

中共四大认真检查和总结了中共三大后的党的工作特别是党的组织工作，尖锐地指出了存在的问题。

一是中央作出的一些正确的决定“多未实行，在中央然，在地方亦然”。如 1924 年 5 月党的扩大执行委员会会议通过的组织问题议决案在同年 8 月之前多未实行，不仅中央如此，地方也是如此。除开一些客观原因，如经济与人力之缺乏，军阀之压迫，许多负责任的同志被捕等，直接妨碍了扩大执行委员会关于组织问题的议决案之实行，“更要指出别一个原因，就是各级负指导责任的同志们对于该议决案之实行多分忽略，各地方的党员对之未有充分了解”。①

大会强调，现在“组织问题为吾党生存和发展之一个最重要的问题”。必须实行 1924 年 5 月扩大会关于组织问题的决议，否则“党决不能前进，决不能由宣传小团体的工作进到鼓动广大工农阶级和一般革命群众的工作”。特别是，由于革命的发展，要求我党更加密切与劳动群众及革命知识分子的关系，“引导工业无产阶级中的先进分子，革命的小手工业者和知识分子，以至于乡村经济中有政治觉悟的农民参加革命”，实为党在目前最重要的责任。②

二是存在中央对于地方工作指导不力的问题。中共四大通过的《对于组织问题之议决案》对此作了直截了当的批评，充分说明了这一点。“大会指出中央对于指导地方组织之不力，所以特别在组织问题方面，认为新的中央须特别注意设立一有力的中央组织部，实际上真能指导地方之党的组

①② 中共四大史料编纂委员会编：《中国共产党第四次全国代表大会》，中共党史出版社 2004 年版，第 42 页。

织。至于地方执行委员会的组织部，应当使之适合于每一时候的实际要求之原则上面。”

针对这一缺点，大会决定采取相应的组织措施，即将“地方执行委员会的组织”、“修改扩大”为执行委员会，并对地方执行委员会的组成、人员分工、职责、工作方式等作出以下规定：“地方执行委员会由三人组织之：书记兼宣传部，第二人担任组织部，组织（部）之下另有‘统计分配’及‘交通’的职务——‘交通’的职务便是发送秘密宣传品，组织群众大会及示威运动等。第三人担任工农部（如遇有特别情形，各委员之兼职得互换之）。为增进每一部的工作成效起见，地方委员会得组织各种委员会”。

三是工作的效率和缺陷问题。中共四大指出：过去中央委员会和各地方在组织上的主要缺点是：“执行（一九二四年五月）扩大执行委员会决议的迟延”；“党中政治教育做得极少”，某些党员在国民党机关报《新建设》《新民国》《评论之评论》《觉悟》《平民》上，发表“批评本党或更有不满意或误解本党政策”的议论，等等。

针对上述缺点和存在的问题，大会强调：为了更好地履行党的责任，实现党的目标，要“扩大党的数量，实行民主的集权主义，巩固党的纪律”；“党员对外发表之一切政治言论，尤其是在国民党中发表之一切政治言论，完全应受党的各级执行机关之指挥和检查”。四大提出要加强共产党的独立性，要在全国建立和发展党的组织，使之成为群众性政党。认为必须扩大党的队伍，引导无产阶级中的先进分子、革命的手工业者和知识分子，以及有觉悟的农民投身到革命中去，并吸收他们入党。为此，修订了党章，改变了过去吸收党员必须先加入青年团再入党的做法，认为有阶级觉悟的分子应该直接入党。这些要求其实包括组织的发展和纪律的要求，特别是强调了必须遵守党的政治纪律。

（二）宣传工作

中共四大通过了中国共产党历史上第一个宣传工作的议决案，意味着党对宣传工作的重视程度又上了一个新台阶。大会肯定党的宣传工作的成绩，认为“中国近几年的民族革命运动受影响于我们党的宣传工作实巨”。“因为我们党的宣传工作之努力在全民族革命运动中，我们党的机关报《向导》竟得立在舆论的指导地位，我们许多同志亦得立在行动的指导地位”。但同时也承认，“因为党的幼稚，党的教育宣传还未切实，致使党的理论基础常常动摇不定”。①

大会认为，中共三大后，《向导》《新青年》《前锋》以及《党报》中的文章“过于推重了资产阶级的力量忘了自己阶级的宣传，结果遂发生了右的乖离错误”。同时“左”倾的幼稚观念也因右倾的扩大而存在。中间虽经1924年扩大中央会议的纠正，“但实际上在党内在党外毕竟没有做多少宣传与解释的工夫，故一般同志对民族革命策略上的认识常常表现其非左倾即右倾的机会主义的色彩”。这种倾向极需要我们努力予以纠正。②

大会审视过去党的宣传工作，对三个问题提出了批评。一是党内政治教育做得极少。在党报上几乎很难找到教育党员关于党的政策的讨论文字，在小组会中很少有政治报告。二是本党过去在职工运动中常因太偏重机关式的组织工作，竟使党的宣传和阶级教育未得输入工人群众，以致基础不固，完全经不得摧残。三是在群众中的政治宣传，常常不能深入。尤其在智识分子中，党员常以只能得其同情的错误观念，很少注意于共产主义理论的宣传和引导，致使无产阶级的文化在他们中间尚很少发生影响。根据上述缺陷，议决案提出党的宣传工作要“重新整顿”，要端正理论方向，要健全革命理论，使党员行动要有新准绳。认为“中央应有一强固的宣传部”指导各地宣传部并与之发生密切而有系统的关系。③ 为了扩大宣传范围，决定在中央宣传部下设立编译委员会。为在党内加强马列主义的理论教育和时事政策教育，要求集中力量办好《向导》《新青年》《中国工人》和《党报》（秘密党刊）等四种刊物，使其成为运用马列主义理论解决中国

①② 中共四大史料编纂委员会编：《中国共产党第四次全国代表大会》，中共党史出版社2004年版，第71页。

③ 中共四大史料编纂委员会编：《中国共产党第四次全国代表大会》，中共党史出版社2004年版，第73页。

的实际问题的重要宣传阵地，同时要求各地于可能范围内，设立党校、工人补习学校、马克思列宁主义研究会，以便对党员进行系统的教育。

六、中共四大的局限性

1925 年 1 月召开的党的四大，明确提出了无产阶级领导权问题。大会分析了中国资产阶级有一部分是依赖帝国主义、勾结军阀的大买办阶级，他们是中国资产阶级中的反革命派。大会深刻指出，中国的民族革命运动，必须最革命的无产阶级有力参加，并且取得领导的地位，才能得到胜利。但是党的四大还是有历史局限性的，主要不足体现在对如何实现无产阶级领导权没有作出明确的回答。

（一）对如何实现无产阶级领导权认识不足

四大提出了无产阶级“天然领导权”，认为领导权不需要争夺，自然而然就是无产阶级的，这个认识有一定的历史局限性，主要表现为：对于如何争取领导权，缺乏具体明确的方针，只讲对群众运动的领导权，忽视了对政权和武装力量的领导权；对于如何实现无产阶级领导权，特别是如何正确处理同资产阶级争夺领导权过程中遇到的复杂问题，并没有特别明确和具体的回答。

党的四大以后，在党的领导下，工农革命运动通过反复实践和调整有了较大的发展，尤其是五卅运动的开展使党对无产阶级领导权的认识在实践基础上前进了一步，有意识把握运动的领导权，革命运动更加蓬勃开展。在广东，彭湃等共产党人领导下的农民运动蓬勃发展。在上海、北京、天津、汉口、广州、长沙等城市，也先后爆发了群众性的反帝斗争。规模巨大、持续时间较长的省港大罢工，沉重地打击了英帝国主义的气焰，成为当时广东革命根据地的有力支柱。中国历史上空前未有的大革命风暴迅速从上海席卷全国，形成反帝斗争的革命高潮。另一方面，在反帝斗争中，工人阶级表现出领导中国革命的能力，成为五卅反帝运动的领导和中坚，而资产阶级在五卅运动中，由于帝国主义用停电等手段相威胁，表现了政治上的动摇性和妥协性。工人阶级在五卅运动等运动中发挥的革命领导阶级的历史作用，使中国共产党人进一步认识到必须重视无产阶级领导权，且工人阶级有这个领导能力。

（二）对农民问题认识不足

四大虽然对农民问题的重要性已经有所认识，还提出“拒绝交纳陋规及一切不法征收”“反对土豪劣绅”和“反对苛税”[①]等主张，但并没有从理论上明确阐述解决土地问题对发动农民的极端重要性，从而对从减租、反对苛捐杂税到土地革命这一革命发展趋势缺乏预见和认识。这些弱点和不足，是当时历史条件决定的。

党的四大明确提出“工人阶级是革命的领导力量”，并且详细全面论述了无产阶级能够领导革命的原因，指出无产阶级是中国新生产力的代表，这是他们能够领导无产阶级革命的最根本的原因。但是如何认识农民阶级和处理自身与农民阶级的关系还不够明晰。四大后，随着革命运动的发展，这个问题在实践中得到逐步解决。

总之，党的四大召开时，毕竟党成立才短短三年半。任何一个年轻的政党，对一些重大理论问题的认识都不可能一蹴而就。中国共产党对无产阶级领导权问题、对工农联盟问题的认识是一个不断探索和前进的过程，随着中国共产党实践和认识上的不断成熟，我们党对于无产阶级在革命中的领导权问题和工农联盟问题的重要性，逐步有了比较清楚的认识，这就为我们党领导革命，进一步创立新民主主义革命思想奠定了基础。

① 中共中央文献研究室、中央档案馆编：《建党以来重要文献选编（1921—1949）》第2册，中央文献出版社2011年版，第240页。

第二章　促进革命群众运动蓬勃发展

中共四大召开以后，在中国共产党的领导和影响下，全国反帝反封建的工人运动、农民运动、妇女运动和学生运动继续迅猛发展。当时，在北京爆发了首都革命，在上海爆发了五卅运动，广州发动了省港大罢工，湖南、湖北、江西、河南等地兴起了声势浩大的农民运动，甚至在北伐军进军湖北、江西后汉口和九江的外国租借地都在群众运动中被收回，轰轰烈烈的国民革命运动走向了高潮。在革命群众运动不断高涨的大背景下，党领导下的群众团体也获得蓬勃发展，党的阶级基础和群众基础进一步巩固和扩大。

一、工人运动

中共四大分析了中国社会各阶级在民族革命运动中的地位，提出无产阶级领导权问题，强调工农联盟的重要性。中共四大后，根据《对于职工运动之议决案》要求，1925 年 10 月专门成立了中央职工运动委员会，由项英等人负责。党通过在工人群体中发展党员力量，发挥工厂小组与党支部的作用，采用联合战线政策团结广泛的社会力量，推动二七罢工以来沉寂的工人运动从复苏到复兴，掀起了以工人运动为中心的民族革命运动高潮。①

① 中央档案馆编:《中共中央文件选集》第 1 册，中共中央党校出版社 1989 年版，第 346 页。

（一）第二次全国劳动大会的召开

为贯彻落实中共四大对于无产阶级领导权和工农联盟政策，加强党对工人运动的领导，促进工农联合，召开了第二次全国劳动大会。共有281名代表参会，分别代表166个工会、共54万多名会员。大会通过了30多个决议案。在工人运动方面，大会指出工人阶级不能只进行经济斗争，还必须将其发展为政治斗争。《经济斗争的决议案》提出，工人阶级经济斗争的具体目标是：规定最低限度的工资，八小时工作制，反对一切虐待，女工童工生活的改善，实行劳动保护和社会保险，取消包工制。《工人阶级与政治斗争的决议案》指出，"为改良生活，必须不断奋斗，但工人阶级要达到完全自由，只有在工人阶级推翻资本制度，自己掌握政权之后"。

第二次全国劳动大会的重要成果是成立了中华全国总工会。《中华全国总工会总章》规定其宗旨为"团结全国工人，图谋工人福利"。后来，中华全国总工会第一届执行委员选举林伟民担任委员长，刘少奇等人则为副委员长。中华全国总工会的产生标志着全国工会在党的领导下，在组织上实现了团结和统一，具有重大且深远的历史意义。

（二）五卅运动中的工人运动

中共四大闭幕后不久，工人运动逐渐进入一个发展高潮。1925年2月起，上海22家日商纱厂近4万名工人为反对日本资本家打人和无理开除工人，要求增加工资而先后举行罢工。二月罢工在党的领导和上海工人的支援下取得胜利，日本资本家被迫与工人谈判并签约。5月，上海、青岛的日本纱厂先后发生工人罢工的斗争，但遭到日本帝国主义和北洋军阀的镇压。5月30日，上海学生及其他群众代表举行抗议上海内外棉第七厂日本资本家枪杀工人、共产党员顾正红反帝游行、讲演。英帝国主义的巡捕向群众开枪，制造了震惊中外的五卅惨案。上海随即爆发反帝爱国的五卅运动，得到全国各大城市爱国群众的声援，形成大规模的全民反帝运动，震动了全世界。

在党的领导下，上海工人在五卅运动中体现了高度的组织性。6月1日，上海市各界开始罢工、罢课、罢市的斗争。根据中共四大的规定，李立三、刘少奇等人在罢工一开始就公开宣布成立中共中央直接领导下的全市工人运动最高指挥机构——上海总工会，联系全市工厂、企业一百多处基层工会。此外，总工会还完善了组织网络，建立若干产业总工会及总工会分区办事处，便于上下沟通，掌握和指导反帝斗争的正确动向，促使纺织、公用事业、海员、码头工人等反帝斗争的四大行业逐步形成，从而带动各行各业工人协同作战，加强了总罢工的社会影响力。6月5日，中国共产党发表《为反抗帝国主义野蛮残暴的大屠杀告全国民众》书。北京、汉口、长沙、济南、青岛、开封、南京、天津、广州等三十多个城市先后声援和响应上海的五卅运动，几十万工人以及学生和部分工商业者，游行示威和罢工、罢课、罢市，形成规模空前的全国性反帝爱国运动。

五卅运动后，党也注重加强工会的组织建设。1925年10月，中共中央执行委员会召开扩大会议，确定工人运动当前阶段的首要目标是工会的发展和争取公开自由、发展工人自卫团“直到自卫军之成立”等方针②。

（三）省港大罢工

为声援上海五卅反帝爱国运动，在中国共产党的领导下，爆发了震惊中外的省港大罢工。1925年五卅惨案发生后，中共中央广州临时委员会和中共广东区委根据中央关于声援上海人民斗争的指示，指派邓中夏、黄平、杨殷、杨匏安、苏兆征到香港组织罢工。经过周密的组织准备，香港工人于1925年6月19日开始举行罢工。6月19日，首先起来罢工的是香港海员、电车工人、印刷等行业工人，随后，其他行业工人也争相响应参加了罢工。半个月内，参加罢工的人数近20万人，并通过全港工团委员会对香港当局提出了要求。沙基惨案发生后，罢工进一步扩大。香港罢工工人很快增加至25万人。省港罢工工人为统一领导，组成省港罢工工人代表大会和最高的执行机构——省港罢工委员会，推举苏兆征为委员长，李森为干事局长，邓中夏、廖仲恺等为顾问，维持罢工工人正常的生活秩序，具体处理罢工斗争中的日常事务。中国共产党在罢工委员会内建立了党团组织，凡重大问题都通过党团组织讨论，再通过大批积极分子贯彻下去。

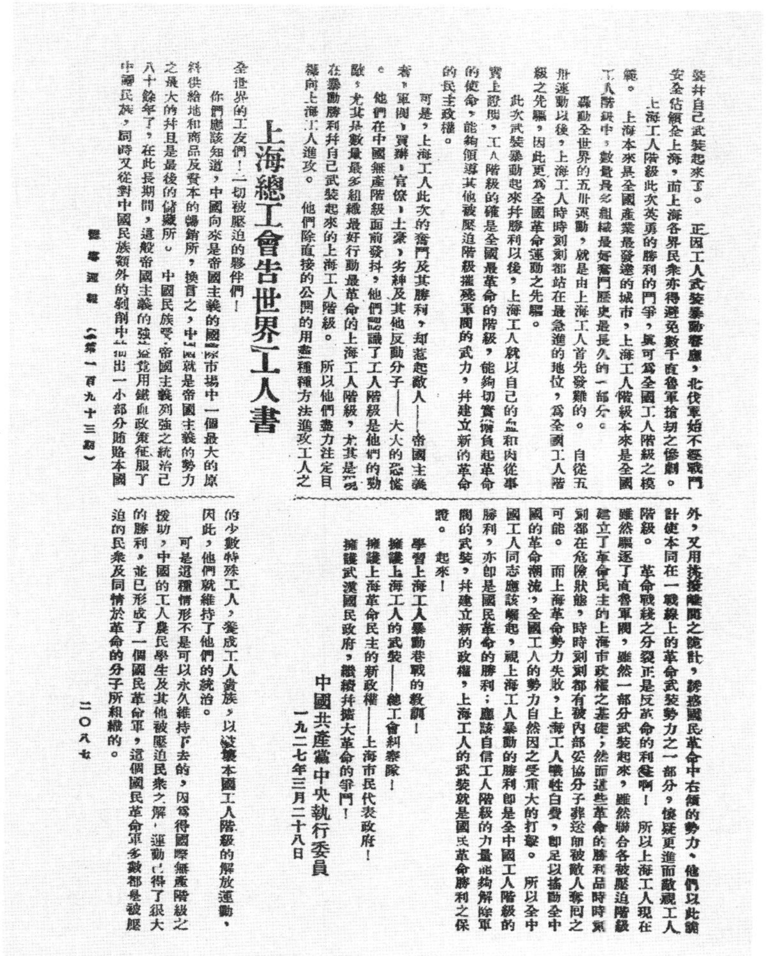

裝幷自己武裝起來了。正因工人武裝暴動響應，北伐軍始不經戰鬥安全佔領全上海，而上海各界民衆亦得避免數千直魯軍搶刧之慘劇。

上海工人階級此次英勇的勝利的鬥爭，真可為全國工人階級之模範。

上海本來是全國產業最發達的城市，上海工人階級本來是全國工人階級中，數量最多組織最好奮鬥歷史最長久的一部分。

轟動全世界的五卅運動，就是由上海工人首先發難的。自從五卅運動以後，上海工人時時刻刻都站在最急進的地位，為全國工人階級之先驅，因此更為全國革命運動之先驅。

此次武裝暴動起來幷勝利以後，上海工人就以自己的血和肉從事實上證明，工人階級的確是全國最革命的階級，能夠切實擔負起革命的使命，能夠領導其他被壓迫階級摧殘軍閥的武力，幷建立新的革命的民主政權。

可是，上海工人此次的奮鬥及其勝利，却惹起敵人——帝國主義者，軍閥，買辦，官僚，土豪，劣紳及其他反動分子——大大的恐慌。他們在中國無產階級面前發抖，他們認識了工人階級是他們的勁敵，尤其是數量最多組織最好行動最革命的上海工人階級，尤其是現在暴動勝利幷自己武裝起來的上海工人階級。所以他們盡力注定目標向上海工人進攻。他們除直接的公開的用盡種種方法進攻工人之外，又用挑撥離間之詭計，誘惑國民革命中右傾的勢力，他們以此詭計使本同在一戰線上的革命武裝勢力之一部分，懷疑更進而敵視工人階級。革命戰綫之分裂正是反革命的利益啊！所以上海工人現在雖然驅逐了直魯軍閥，雖然一部分武裝起來，雖然聯合各被壓迫階級建立了革命民主的上海市政權之基礎；然而這些革命的勝利品時時刻刻都在危險狀態，時時刻刻都有被內部妥協分子葬送和被敵人奪回之可能。而上海革命勢力失敗，上海工人犧牲白費，即足以搖動全中國的革命潮流，全國工人的勢力自然因之受重大的打擊。所以全中國工人同志應該崛起，視上海工人暴動的勝利即是全中國工人階級的勝利，亦即是國民革命的勝利；應該自信工人階級的力量能夠解除軍閥的武裝，幷建立新的政權，上海工人的武裝就是國民革命勝利之保證。起來！

學習上海工人暴動巷戰的教訓！

擁護上海工人的武裝——總工會糾察隊！

擁護上海革命民主的新政權——上海市民代表政府！

擁護武漢國民政府，繼續并擴大革命的爭鬥！

中國共產黨中央執行委員

一九二七年三月二十八日

上海總工會告世界工人書

全世界的工友們！一切被壓迫的夥伴們！

你們應該知道，中國向來是帝國主義的國際市場中一個最大的原料供給地和商品及資本的傾銷所，換言之，中國就是帝國主義的勢力之最大的幷且是最後的儲藏所。中國民族受帝國主義列強之統治已八十餘年了，在此長期間，這般帝國主義的強盜竟用鐵血政策征服了中華民族，同時又從對中國民族額外的剝削中拿出一小部分賄賂本國的少數特殊工人，養成工人貴族，以破壞本國工人階級的解放運動，因此，他們就維持了他們的統治。

可是這種情形不是可以永久維持下去的，因為得國際無產階級之援助，中國的工人農民學生及其他被壓迫民衆之解放運動已得了很大的勝利，並已形成了一個國民革命軍，這個國民革命軍多數都是被壓迫的民衆及同情於革命的分子所組織的。

嚮導週報 （第一百九十三期） 二〇八七

《上海总工会告世界工人书》

从1925年6月到1926年10月，省港大罢工坚持长达16个月之久，在中国工人运动史上是空前的，在世界工人运动史上也属罕见。大罢工迫使港英当局对其统治政策采取了重大的调整，逐步减轻了对华人的歧视与压迫。

（四）北伐时期湘鄂赣地区工人运动

中共四大提出必要时召开职工运动讨论会的要求，其目的为“审查过去成绩，并规划以后进行的方法”[①]。根据这一会议精神，中共中央以工人运动委员会的名义于12月发出召开一次全国职工运动讨论会的通知。经过一段时间的筹备，全国职工运动讨论会于1926年4月北伐前夕召开。会议通过了14项决议案，认为，“使工会完全在党的指导之下，以在国民革命中，取得领导地位”，才能引导工人阶级由国民革命而至社会革命。为此，“在职工运动中如何发展党的组织与建立密切关系，以及如何巩固这种关系，却是目前最重要而迫切的问题”[②]。

1926年5月1日至12日，第三次全国劳动大会在广州召开。出席大会的代表502人，代表699个工会、124万多名会员。刘少奇向大会作题为《一年来中国职工运动的发展》的报告。他重申中共四大关于无产阶级领导权的方针：“工人阶级在国民革命运动中之领导地位是确凿不移的”，同时指出工人开展政治斗争乃至军事斗争。[③]

1926年7月，中共中央第四届执行委员会召开第三次扩大会议，继承和坚持了中共四大以来的工人运动方针和路线，指出：“中国工人阶级目前的主要职任是领导全民族的解放斗争”。同时强调工运人才培养问题，指出“工会就是共产主义的学校”，决定在上海、汉口、天津、广州等地设立职

---

① 中共中央文献研究室、中央档案馆编：《建党以来重要文献选编（1921—1949）》第2册，中央文献出版社2011年版，第237页。

② 中共中央文献研究室、中央档案馆编：《建党以来重要文献选编（1921—1949）》第3册，中央文献出版社2011年版，第73页。

③ 上海社会科学院历史研究所编：《五卅运动史料》（第一卷），上海人民出版社1981年版，第80页。

工运动训练班，“训练下级干部人才”；在上海、广州设立“高级训练班”，“养成全国高级指导人才”[①]。

会后，党加强了中华全国总工会的分支机构建设，全国范围内工会组织规模不断扩大。中华全国总工会上海办事处于8月1日宣告正式成立。中共中央通告各地：无论是公开的或秘密的工会，均应与之建立密切关系；各种运动和事件均须直接向办事处报告。9月17日，汉口办事处设立，主要职责在于指挥湖北及邻近各省的工人运动。12月，全国工会会员由北伐前的100万人增加到近200万人，其中湖南、湖北、江西的发展最为迅速。

随着北伐战争的胜利推进，国民革命军所到之处，军阀的反动统治被推翻，民众有了集会、结社、罢工、游行示威等政治自由，革命群众运动以前所未有的声势蓬勃发展起来。以湖北为例，1926年10月10日，湖北全省总工会在汉口成立，在刘少奇领导下，湖北总工会深入群众之中，通过发布宣言、组织阅读等方式启发工人觉悟，主动投入革命斗争。总工会还举办工人运动讲习所，帮助工人骨干提高思想素质和工作能力，毕业后派往武汉各工会及各县担任工运领导，为发展工人组织和工人武装作出了很大贡献。据统计，到1927年春，全省共计成立工会约500个，会员达四五十万人。不仅大、中城市建立了统一的工会，而且大部分县也陆续成立了县工会。湖南、湖北、江西等省还组织了相当数量的工人纠察队。长沙、武汉、九江等城市相继出现大规模罢工，罢工工人提出增加工资、减少工时、改善劳动条件、反对封建性的工头制和包身工制等要求。这些斗争，大多数取得了胜利。

为抗议英帝国主义干涉中国革命，进行武装挑衅的行径，在工人运动的高潮中，发生了震惊中外的收回汉口、九江英租界的斗争。1927年英帝国主义制造了汉口一三惨案后，李立三、刘少奇立即领导全体代表声讨英帝国主义的暴行，并于当晚发表《为反对英水兵惨杀同胞通电》，提出请国民政府收回汉口英租界等六项要求和实行抵制英货、封锁英租界等五项

---

① 中共中央文献研究室、中央档案馆编：《建党以来重要文献选编（1921—1949）》第3册，中央文献出版社2011年版，第292、298页。

办法。在李立三、刘少奇等领导和组织下，湖北全省总工会和各行业工会纷纷发表通电、通告，揭露英帝国主义屠杀中国人民的罪行，号召工人阶级和人民群众为收回英租界而斗争。1月5日，武汉举行罢工、罢市、罢课。下午，在李立三、刘少奇等领导和组织下，在汉口济生三马路召开了30万人参加的反英示威大会，会后以“打倒帝国主义”“收回租界”为口号举行示威游行，汉口英租界随即被爱国群众控制。1月6日，江西九江各界群众集会游行，声援武汉人民收回英租界的斗争，占领了九江英租界。2月19日和20日分别与武汉国民政府签署协定，将在汉口、九江的租界交还中国。至此，中国人民收回汉口、九江英租界的斗争取得了完全的胜利。这是鸦片战争以来中国人民反帝外交斗争史上的一次重大胜利，使中国人民受到极大鼓舞。

（五）上海三次工人武装起义

北伐开始后，五卅运动后暂时处于低潮的上海工人运动重新高涨起来。在中国共产党的领导下，1926年6月至9月，上海工人先后举行多达100余次的罢工斗争，参加人数超过20万。罢工斗争的实践加强了上海工人阶级的组织性、纪律性和政治觉悟，工会组织也有了很大发展，许多工厂和工会还相继建立了工人纠察队或自卫团。为了以实际行动迎接北伐军进军上海，中共中央和以罗亦农为书记的中共上海区委准备建立由民众选举、代表广大市民利益的、共产党员在其中起核心作用的上海市民政府。1926年秋至1927年春，中共中央和上海区委发动和组织上海工人连续举行了三次武装起义。

由于前两次起义是在准备不充分、时机不成熟、大部分工人并没有组织起来的情况下发动的，所以很快以失败告终。随后，中共中央和上海区委即着手准备第三次武装起义。首先联合成立起义最高指挥机关——特别委员会，由陈独秀、罗亦农、赵世炎、周恩来等任委员。在特别委员会下设军事委员会和宣传委员会。特委会认真总结两次起义失败的经验教训，精心制定计划，并进行周密的准备，如组建武装工人纠察队，进行秘密的军事训练，在市民中开展广泛政治动员，召开市民代表会议等。3月19日，先后发布《中共上海区委行动大纲》和拟定《各部作战计划》。3月20日，北伐军进抵上海近郊龙华。特委当机立断，于3月21日及时发动上海工人总同盟罢工，并随即转为武装起义。起义工人依靠自己的力量，分别在南市、虹口、浦东、吴淞、沪东、沪西、闸北七个区域与敌作战。经过30个小时的英勇战斗，共歼敌5000余人，缴获5000多支枪等大量武器弹药。在激烈的战斗中，有300余名工人和群众英勇牺牲，1000余人负伤。上海工人阶级以鲜血和生命的代价占领了上海，第三次武装起义取得成功。

二、农民运动

中共四大在国共合作的背景下，在坚持党和无产阶级对国民革命的领导权的原则下，以广东农民运动经验为基础，提出一系列推进农民运动的新政策，对国民革命起到了巨大的推动作用。中共四大后，地方党组织贯彻中共四大精神，在各省建立农民组织，在以五卅运动为标志性开端的国民革命高潮中，农民运动蓬勃兴起。与此同时，以毛泽东为代表的中国共产党人在农民问题、工农联盟理论方面有了更深入的研究。李立三肯定中共四大对农民运动的贡献，指出："这一大会有一个伟大的决定就是做农民运动"，会后"各省就大规模开始农运，到1926年只有半年功夫，就爆发了大革命的高潮"①。

（一）中共四大后广东的农民运动

中共四大后，广东农民运动较早地发展起来，成了全国农民运动的先导。为了加强对广东全省农民运动的统一领导，1925年5月，广东省农民代表大会在广州举行，与会者有广东省21个县的117名代表，代表当时广东省会员20余万名。大会决定成立广东省农民协会，以彭湃、阮啸仙、罗绮园为常务委员。会议通过的《经济问题议决案》，使减租运动发展到一

① 李立三：《党史报告》（1930年2月1日），中共四大史料编纂委员会编：《中国共产党第四次全国代表大会》，中共党史出版社2004年版，第297页。

个新阶段。会后，广东农民运动在省农协的领导下，进入全面发展阶段。以减租运动的开展为例，在海陆丰，二五减租已成为广大农民从事经济斗争的基本形式和手段，获得较为普遍的成功；在高要，农民迫使地主减租二至三成。[①] 此外，在顺德、新会、南海等县都开展了不同程度的减租运动。此外，广东农民还进行反抗高利贷、苛捐杂税、反对买办盘剥的斗争，取得了不同程度的胜利。

1925 年 5 月 1 日至 7 日召开的第二次全国劳动大会通过了《工农联合的决议案》，贯彻了中共四大对工农联盟政策的要求，指出农民是工人阶级的第一个同盟者。大会为促进工农联合，要求“工人在其回乡时，或在其工作附近地之农村，均应向农民宣传并帮助他们组织农民协会；工会农会之间得互派代表；工会应设法提携农会进行，并帮助其发展经济的组织，如合作社等；农民如发生经济上或政治上的争斗，工会应领导工人为实力的援助”[②]。

在五卅运动和省港大罢工期间，广东农民积极参与斗争。在五卅运动中，广东各地农民举行了声势浩大的反帝示威游行，支援工人阶级的反帝斗争。省港大罢工爆发后，广东各级农会纷纷发表通电，以示声援；当罢工工人回到内地时，当地农民盛情接待，妥善安排食宿，并自动捐款慰问工友。中山、宝安、顺德等地农民协助工人纠察队封锁香港，厉行抵制英货，截留奸商向香港走私物品。在农民群众的大力支持下，省港大罢工坚持了 16 个月，给英帝国主义以沉重打击。这次罢工的胜利，也充分说明“在广东农民运动中，‘工农联合’已不是一个空洞的口号，而更是一个事实了”[③]。

大革命时期，1926 年 1 月，广东全省农会会员已达 50 万名。至 1926 年 4 月底，广东省 90 个县中，已有 66 个县建立农会组织，会员达 62 万余名。10 月，全省农会会员 80 多万名，至 1927 年 4 月达 100 万名以上。

① 《广东农民运动报告》，1926 年 10 月。

② 中央档案馆编：《中共中央文件选集》第 1 册，中共中央党校出版社 1989 年版，第 643—644 页。

③ 《犁头》9、10 期合刊，1926 年 6 月 15 日。

广东农民运动的发展对于促进工人阶级的解放斗争、全国农民运动的发展，都具有重要的作用和意义。

（二）五卅运动后的农民运动

受以工人阶级为主题的五卅运动的影响，广大农民群众正以主力军的身份登上了中国革命的历史舞台。上海附近的崇明、江阴、丹阳、武进、无锡、泰兴等县，农民运动得到迅速发展。在反对帝国主义的同时，又掀起抗租抗税斗争。有些地方还成立农民协会、创办农民补习学校。在农民运动较为领先的广东、湖南一带，五卅运动的影响则更加深入。湖南、湖北的农民也开始组织农民协会。到 1925 年 10 月，已经有 20 多县建立了农协，会员达到 40 多万人，并组织了几千人的武装自卫军。

中共四大后，党对如何领导农民运动的认识又有了新的提高。1925 年 10 月，中共中央第四届执行委员会第一次扩大会议通过了《中国现时的政局与共产党的职任议决案》，其中专门有一部分论述“农民与国民革命运动”问题，指出：“中国农民运动在南部及中部诸省也逐渐发展起来了。中国共产党对于农民的要求，应当列成一种农民问题政纲，其最终的目标，应当没收大地主、军阀、官僚、庙宇的田地交给农民。”①

10 月 10 日，大会发表《告农民书》。《告农民书》根据广东的经验，指出农民的团体是可以组织成功的。此次扩大会议还强调工农“联合互助的必要”，号召农民团结起来，建立农民协会和农民自卫军，并附发了一个内容包括十条的农民协会示范章程，说明农民协会应该怎样组织。

会后不久，湖南的农民运动迅速发展起来。到 1926 年 4 月时，湖南共有 28 个县建立了农民协会，会员达到 4.2 万余人，5 月增长至 6 万人。在河南，1926 年 4 月，河南省农民协会正式成立，下辖 4 个县农民协会，32 个区农民协会，200 余个村农民协会，会员人数约 27 万，仅次于广东省，占全国农协会员总数的 27.5%，全省农民自卫军约 10 万人。信阳、许昌、

① 中共中央文献研究室、中央档案馆编：《建党以来重要文献选编（1921—1949）》第 2 册，中央文献出版社 2011 年版，第 513—514 页。

荥阳、杞县、睢县、密县等县农民斗争的成果尤其显著。如杞县农民于三四月间在豫陕区委农运负责人萧人鹄等指导下，反抗特别捐，改组公款局，集合万人向县署示威，斗争取得部分胜利。在山东，成立了农民运动委员会，印刷并发放《山东农民》等宣传品；利用假期分派学生下乡调查农民状况，发动农民运动。到 1926 年 5 月，禹城、济宁等 13 个县建立了农民协会。在山西，临汾、定襄等 13 个县建立了农民协会，会员约有 3 万人。在直隶，1926 年秋，由广州农民运动讲习所回省的学员深入农村，在顺义、乐亭等县建立起农会组织；在获鹿、玉田等县，农民反抗封建压迫的斗争日渐兴起。热河、察哈尔、绥远的农民运动始于 1925 年下半年，至次年 6 月，相继建立了农民协会。1925 年冬，陕西省渭南的赤水、华县一带也有了农协组织。

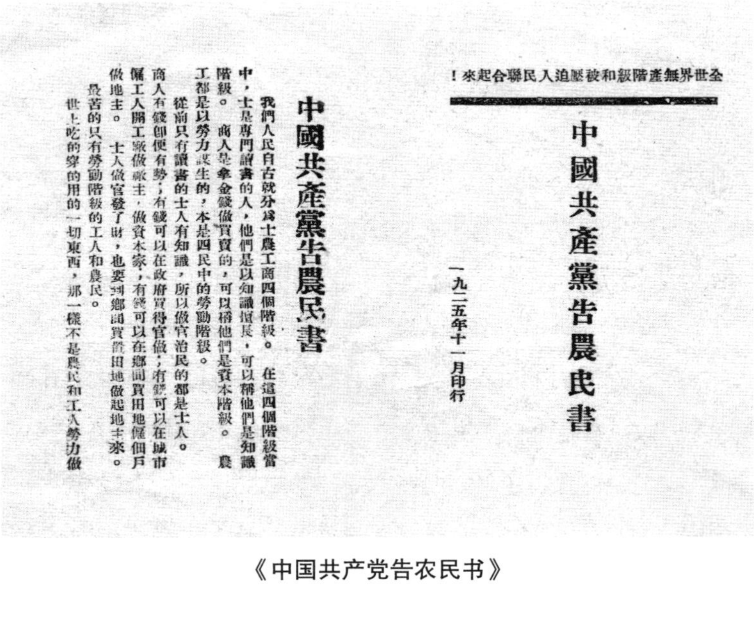
全世界無產階級和被壓迫人民聯合起來！

中國共產黨告農民書

一九二五年十一月印行

中國共產黨告農民書

我們人民自古就分爲士農工商四個階級。在這四個階級當中，士是專門讀書的人，他們是以知識擅長，可以稱他們是知識階級。商人是拿金錢做買賣的，可以稱他們是資本階級。農工都是以勞力謀生的，本是四民中的勞動階級。

從前只有讀書的士人有知識，所以做官治民的都是士人。商人有錢卽便有勢；有錢可以在政府買得官做；有錢可以在城市僱工人開工廠做廠主，做資本家；有錢可以在鄉間買田地僱佃戶做地主。士人做官發了財，也要到鄉間買置田地做起地主來。

最苦的只有勞動階級的工人和農民。世上吃的穿的用的一切東西，那一樣不是農民和工人勞力做

《中国共产党告农民书》

（三）北伐时期湘鄂赣地区农民运动

中共中央认为，北伐时期农民运动必须与同革命战争、夺取政权结合起来。1926 年 2 月 21 日至 24 日，中共中央在北京召开特别会议。会议认

为，“党在现时政治上主要的职任”是从各方面准备北伐，“而北伐的政纲必须是以解决农民问题作主干”。同时，会议认为，农民是工人阶级最需要最靠得住的同盟军，然而只有国民党或冯玉祥国民军有政权的地方，农民运动才能发展，党应使此政权推广于各省，以此扩大农民运动的基础。会议还指出，准备北伐，“不仅是广东作军事的准备，更要在广东以外北伐路线必经之湖南、湖北、河南、直隶等省预备民众奋起的接应，特别是农民的组织”。[①]

此后，党的各级组织积极发展工农运动，为迎接国民革命军的北伐做准备。农民协会组织遍及 10 余省，会员发展到近百万人。5 月上中旬，在广州同时召开第三次全国劳动大会和广东省第二次农民代表大会。出席农民代表大会的除广东 66 个县选出的 200 多名代表外，还有湖南、湖北、广西、福建、江西等省的代表，实际上起了全国农民代表大会的作用。两个大会一致认为，巩固和扩大工农组织，建立紧密的工农联盟，并同革命军和各界革命群众结成大联合，督促和援助国民政府北伐，是当前的主要任务。两个大会联合向国民政府请愿，要求从速出师北伐，并表示工农誓作国民政府的后盾。

1926 年 7 月召开中共中央第四届执行委员会第三次扩大会议。会议分析了广东、湖南等省的农民协会运动，山东、河南的红枪会运动，四川、陕西以及河北等省的减租抗捐运动，认为广大农民已经起来参加国民革命。会议认为，在农民的组织问题上，不必太拘泥于农民协会的形式；但在一县之内的各种农民组织，仍应统一于一个县农民协会之下，并应允许上述农民的各种自发组织加入农民协会。

北伐期间，在北伐军占领的地区，农民运动得到更大规模的发展。北伐军进入湖南后，湖南农村掀起针对土豪劣绅、贪官污吏，旁及各种宗法的思想和制度的革命斗争。许多地区的地主政权、地主武装被打倒，农民协会便成为乡村唯一的权力机关。1926 年 11 月，毛泽东担任中共中央农

---

① 中央档案馆编:《中共中央文件选集》第 2 册，中共中央党校出版社 1989 年版，第 81—82 页。

民运动委员会书记后，决定以湖南、湖北、江西、河南为重点开展农民运动。到11月底，湖南有54个县已建立农民协会组织，会员达107万人；到1927年1月，会员又增加到200万人。湖北、江西等省的农民运动也有很大发展。在湖北，全省农民协会会员由1926年7月的3万多人增加到11月的20万人左右。江西的农协会员从1926年10月的6000多人发展到11月的5万多人。在湖南、湖北、江西农民运动大发展的推动下，其他各省的农民运动也逐渐兴起。1927年3月30日，湖南、湖北、江西、河南四省农协执行委员会举行联席会议，选举产生中华全国农民协会临时执行委员会。委员会对领导发展各地农会组织、扩大农民武装、建立农村革命政权和解决土地问题等起到积极作用。

大革命后期，以毛泽东为代表的中国共产党人十分重视农民问题。1926年9月，毛泽东发表《国民革命与农民运动》一文，指出农民问题是国民革命的中心问题。他认为，与工人阶级首先进行经济斗争不同，农民要取得自身地位，必须直接推翻军阀政权，“这是现时中国农民运动的一个最大的特色”①。1927年3月，毛泽东在实地考察湖南的湘潭、湘乡、衡山、醴陵和长沙等县农民运动的基础上，写作并发表《湖南农民运动考察报告》。他热烈赞颂农民群众推翻乡村封建势力的伟大功绩，尖锐批驳党内外责难农民运动的各种谬论，阐明农民斗争同革命成败的密切关系。他强调：必须依靠广大贫农作“革命先锋”，团结中农和其他可以争取的力量，把农民组织起来，从政治上打击地主，彻底摧毁地主阶级的政权和武装，建立农民协会和农民武装，由农民协会掌握农村一切权力，然后进行减租减息、分配土地等斗争。当时的中共中央宣传工作负责人瞿秋白很重视这个报告，公开出版时曾亲笔为其写了序言。

三、妇女运动

中共四大通过的《对于妇女运动之议决案》，解决了妇女运动的主力

① 中共中央文献研究室编：《毛泽东文集》第一卷，人民出版社1993年版，第41页。

军和在统一战线中的妇女运动的领导权问题，为即将到来的妇女运动做好了思想准备。会后，全国各地纷纷成立妇女组织机构和以工农妇女为主体、能代表广大妇女利益和愿望、率领各阶层妇女进行战斗的妇女群众组织，领导各地妇女参加国民革命运动。党领导下的共青团和工会组织积极贯彻中共四大关于妇女工作指示，在妇女解放运动和民族解放运动中发挥了重要作用。

（一）继续推进女界国民会议运动

1924 年 12 月，向警予等人在全国各地成立女界国民会议促成会，在共产党的领导下，促进了国民会议运动的发展。中共四大对此给予很高评价，指出女界国民会议运动“在各地颇生影响，行动进步的智识界妇女和女工群众都已集中到这种组织之下”，强调要继续推进这一运动，并把握时机建立全国的妇女组织。①

中共四大后，1925 年 3 月，国民会议促成会全国大会在中国共产党和国民党左派的主持下召开，邓颖超、刘清扬等妇女代表参加了会议，邓颖超等当选为妇女问题小组成员。大会报告将妇女问题作一专项列入，并进行讨论。这次会议直接推动各地女界国民会议促成会运动的深入发展。女界国民会议促成会的作用，正如向警予所预言，“是中国妇女运动在同一的目标同一的策略之下，有系统有计划的进行的历史之序幕”②。共产党人在运动中得到了锻炼，积累了开展妇女运动的经验。

（二）五卅运动中的上海妇女运动

在共产党的领导下，上海各阶层妇女，特别是劳动妇女，积极参加五卅运动。向警予亲自带领妇女到南京路上进行宣传、演讲和募捐活动。

---

① 中共中央文献研究室、中央档案馆编:《建党以来重要文献选编（1921—1949）》第 2 册，中央文献出版社 2011 年版，第 252 页。

② 向警予:《女界国民会议促成会在中国妇女运动中的地位》（1925 年 1 月 11 日），《向警予文集》，人民出版社 2011 年版，第 208 页。

6月5日，上海23个妇女团体在勤业女子师范学校联合成立了上海各界妇女联合会，联合会对团结各界妇女在共产党的领导下，有目的有组织地投入反帝运动起了积极作用。

在这场反帝斗争中，劳动妇女站在了斗争的最前列。上海有十多万女工参加了罢工斗争。她们坚持在工厂、码头、街头站岗放哨、张贴标语、散发传单、维持秩序。为实现罢市，上海商务印书馆装订车间女工陆定华在党组织指示下，带领七八个女工横卧在南京路电车轨道上，阻止一路电车行驶，并用扳手、钳子等把电车上的玻璃砸得粉碎。5月30日晚，许多女工和女学生一起响应总工会和学联的号召，把总商会包围了一天一夜，迫使商会副会长方椒伯签字同意罢市。

知识妇女是反帝斗争中一支有力的力量。她们组织女子五卅国货社，抵制英货和日货。各女校学生在学联的组织下，参加了全市5万学生的罢课活动。上海学联还组织了长江演讲队，到南京、武汉、九江、重庆、宜昌等地演讲，揭露帝国主义罪行。上海大学女学生钟复光的演讲言辞激昂、动人心魄。她不辞辛劳，常常一天几场，以致劳累过度，病倒吐血，但她只稍稍休息，又踏上征途。女共产党员杨之华深入烟厂、纱厂，与女工们谈心，宣传革命道理，引导女工参加反帝罢工斗争。

在这次反帝斗争中，全国各地有200多万女工参加。五卅运动也使广大妇女逐渐意识到，要把妇女解放与民族解放紧密结合起来，并在反帝斗争中争取妇女自身的权利。

（三）省港大罢工中的广东妇女运动

广东妇女解放协会于1925年5月10日在广州成立，制定了纲领，并发表了宣言，指出妇协创办的宗旨是：提倡女权，促进妇女地位，谋妇女的健全人格，尊奉“三八”国际妇女节，继承妇女运动领袖蔡特金的创设而不断奋斗。中共广东区委妇委领导人蔡畅、邓颖超参加妇协工作，并在妇协机关刊物《光明》上撰写文章，指导妇女运动。党的领导人周恩来、陈延年、邓中夏等还为解决妇协的活动经费热情捐款。广东妇协领导组织广东各阶层妇女全力支援五卅运动、省港大罢工、北伐战争及反对国民党右派的斗争，为争取妇女自身权利等做了积极努力。通过在农村各县成立分会，会员由成立之初的40余人发展到1926年的3000余人。协会会员中，“以农妇居多数，妇工次之，女学生又次之，自由职业与家庭妇女最少”[①]，成为一个较有组织、有群众基础的妇女团体，使广东妇女运动出现了新的局面。

广东妇女积极参加了省港大罢工。在6月23日举行的示威游行中，广东妇协执委张婉华担任1000多名妇女游行队伍的总领队，区梦觉、廖梦醒、周冷波、谭竹山等参加了这次斗争。队伍在沙基时遭到英法水兵的射击炮轰，当场死亡52人，伤无数，酿成了耸人听闻的“沙基惨案”。惨案后，广东妇协发表了《为沙基惨案敬告同胞书》，号召全体姐妹坚持斗争。罢工期间，为了坚持罢工胜利，广东妇协开办了劳工妇女补习学校，学习文化和实用技术，和国民党妇女部组织开展生产和募捐活动，这些措施解决了罢工女工的后顾之忧，提高了她们斗争积极性。

省港大罢工又促进了广东女工运动的发展。1926年3月20日，在国共两党共同努力下，省港女工代表大会在广州召开，到会女工800余人，代表40多个妇女团体。大会通过了《制定新工厂法》《女工保护法》《对省港罢工案》等三个决议案，这些决议案废除了工厂中压迫妇女的各种不合理制度，制定了符合女工利益的新法，提出了女子特殊利益的具体条文和要求。这是中国妇女运动史上女工第一次为争取劳动权而召开的大会。

（四）北方妇女的反帝反封建斗争

1. 北京女师大风潮

北京女子师范大学校长杨荫榆在任职期间，排挤进步教师，推行奴化教育，灌输封建伦理道德，引起广大师生强烈不满。1925年1月女师大学生自治会要求她自动辞职，并呈文教育部撤换校长。杨荫榆却以反动政府为后台，对学生进行报复。8月段祺瑞反动政府强行解散了北京女子师范

① 《中国妇女运动文献资料汇编》第1册，中国妇女出版社1987年版，第179—180页。

大学。但是被迫离校的学生并没有屈服，她们在西城宗帽胡同14号租赁校舍，聘请教师，坚持上课。北京女师大学生的斗争，得到社会各界支持和声援。鲁迅、钱玄同、马裕藻等七位教授撰文揭露杨荫榆的奴化教育，肯定被开除的学生是品学兼优的好学生。鲁迅等30名教师还义务为学员上课。全国许多妇女团体都发表了声援女师大学生的宣言和通电，中共北方区委还派夏之栩到学校指导斗争。在各界群众支持下，乘着反奉倒段运动东风，1925年11月30日，女师大学生成功复校，斗争取得胜利。历时一年的女师大学生斗争是一场反帝反封建、争取民主自由的政治运动，在妇女史上写下了光辉篇章。

2. 三一八运动中的妇女运动

为抗议帝国主义侵略、反对八国通牒，1926年3月18日，包括女师大学生在内的北京各界人士在北京天安门前举行了国民大会。以段祺瑞为首的反动政府动用军警，用排枪、大刀、铁棍冲杀群众，当场重伤100多人，杀死47人，其中有刘和珍、杨德群、魏士毅三位女学生，这就是三一八惨案。惨案发生后，全国各界妇女联合会发出通电，号召女界同胞一致奋起，继续奋斗，为民族的独立自由而战，为中国妇女解放而战。3月20日，北京各校一律停课。25日，女师大学生和各界群众为死难战友召开追悼会。北京大学师生，高举用鲜血写成的“踏着烈士的血迹前进”的横标，举行抬棺游行。鲁迅在《纪念刘和珍君》一文中说：“我目睹中国女子的办事，是始于去年间。虽然是少数，但看那干练坚决的百折不回的气概，曾经屡次为之感叹。至于这一回在弹雨中互相救助，虽殒身不恤的事实，则更是为中国女子的勇毅，虽遭阴谋秘计，压抑至数千年，而终于没有消亡的明证了”，并称刘和珍是“为中国而死亡的中国的青年”①。

（五）北伐战争中的妇女运动

1926年7月6日，广东革命政府发表了北伐宣言，9日国民革命军在

① 鲁迅：《纪念刘和珍君》，《工人之路》第254期，1926年3月9日。

广州誓师，北伐正式开始。北伐战争打响后，中国共产党发表了《关于对时局的主张》，号召全国民众团结起来支援北伐。全国妇女积极响应和支持。在广西学生女子北伐工作队中，队员都是20岁上下的青年女子，在革命空气熏陶之下均抛却脂粉，换上戎装。北伐军所到之处，还受到当地广大工农妇女支持，她们在当地妇女部、妇女协会领导下，组织起宣传队、慰劳队、做鞋队、洗衣队、送茶队、向导队等为官兵服务。各地群众还开展捐衣物、钱款、促销北伐公债券活动，为配合北伐，武汉妇女开展了收回英租界斗争，上海女工英勇参加解放上海第三次武装起义。总之，在国共两党领导下，全国妇女积极支援北伐，为北伐胜利作出了自己的贡献。

在北伐革命浪潮席卷之下，各地妇女组织如雨后春笋般成立。在湖北，国民革命政府迁到武汉后，武汉妇女组织迅速发展，1927年2月，全省已有40多个县建立了妇女协会，会员1万余人。3月8日，湖北省妇女第一次代表大会在武昌举行，53个县和各机关团体共500多人参加，湖北妇委书记蔡畅作了妇女运动状况的报告，大会通过了宣传、教育、放足等一系列决议案，大会还通电要求中央妇女部召集全国妇女代表大会。妇女组织的建立和发展，团结起广大妇女积极参加各项革命活动。北伐战争期间，各地妇女都举行了“三八”国际妇女节活动，规模越来越大，范围更加广泛。特别是当时革命中的武汉，三八纪念活动盛况空前。1927年3月8日武汉共有20万人民参加了纪念大会，其中半数是妇女，大会向国民政府提出男女平等13条总要求，通过了致第三国际妇女秘书处、英国劳动妇女、全世界劳动妇女等八项通电，会后还举行了声势浩大的游行。同天，在武昌、湖南、上海、江西、北京、天津这一天也举行了纪念大会。

北伐战争前及北伐期间，党参与设立妇女运动讲习所、妇女运动人员训练所等多个培养妇女运动人才的机构。这些机构虽然以国民党名义创办，由共产党员主持日常工作和教育活动，倡导将理论知识与革命实践相结合。大多数学员在学习结束后，回到各地区开展工作，成为当地妇女运动的骨干力量。值得一提的是缦云女校的创立。1926年9月至翌年3月，为在白色恐怖笼罩下的北京进一步开展妇女工作，国民党北京特别市党部开办了缦云女校，招收女生 50 人。该校名誉校长是国民党老党员吕缦云，实际负责人是我党地下工作者郭隆真。郭隆真同志以女校为基地开展革命活动。因此，缦云女校实际上是我党团结教育各界妇女，培养妇女干部，开展妇女运动的阵地。

四、学生运动

中共四大通过的《对于青年运动之议决案》，明确提出党除了要加强对青年工人和农民的宣传、组织工作外，还要进一步加强学生运动，使学生运动与工人农民运动结合起来。为了贯彻中共四大精神，1925 年 1 月下旬中国社会主义青年团在上海召开了第三次全国代表大会。会议认真总结了以前工作的经验教训，明确提出了进一步开展青年工人、农民、学生、妇女运动的方针与具体办法，并决定将中国社会主义青年团改为“中国共产主义青年团”，为进一步动员和组织全国学生迎接革命高潮的到来奠定了基础。

（一）五卅运动中的学生运动

1. 参加五卅运动

中共四大后，青年学生与各阶层人民配合，积极投入五卅运动。根据 5 月 28 日中共中央紧急会议要求，上海学生联合会立即开会研究游行示威的具体部署。同日，恽代英根据中央指示，主持召开会议，指定 9 名学生为宣传报告员，分赴各校宣传动员，并决定将上海学联作为五卅反帝示威总指挥部。

5 月 30 日，上海学生按照指定地点在租界内主要马路上进行了反帝示威宣传，广大青年学生一方面手持标语口号、旗帜，演讲揭露日本资本家枪杀工人顾正红、英巡捕逮捕学生的真相，一边散发印有“援救被捕工人学生”“收回租界”“打倒帝国主义”等口号的传单。学生和市民在南京路老闸捕房门前抗议时遭到英国巡捕的开枪射击，共产党员、上海大学学生何秉彝，共青团员、同济大学学生尹景伊和南洋附中学生陈虞钦等十几人当场牺牲，造成了震惊全国的五卅惨案。31日，1万多名学生、工人和上海总商会，要求商界共同行动举行罢市。在党的领导下，6月1日，上海开始实行工人罢工、学生罢课、商人罢市。据统计，共有来自30所大学和20余所中学的5万名学生参加了罢课斗争。学生罢课后，他们在学联的领导下走上街头进行反帝演讲和动员。为了唤起全国人民的同情和支持，上海学联还出版了《血潮日刊》等，在社会上大量发行。此外，广大学生还同总工会、提倡国货会等团体一起，开展了抵制仇货活动，并举行义演募捐。

五卅惨案发生后，全国范围内掀起了汹涌澎湃的反帝浪潮。在各地，青年学生仍然走在斗争的前列。广州、武汉、北京、南京、天津、济南、长沙、九江、杭州、成都、大连等全国大中城市以及海外的学生先后举行罢课或游行示威，声援上海工人、学生的反帝斗争，汇成了一股声势浩大的反帝洪流。

2. 收回教育权的斗争

收回教育权运动始于广州。从19世纪80年代开始，外国传教士在广州的教会学校中不仅大肆宣扬殖民主义和奴化思想的"基督教文明"，而且还蛮横干涉学生的自由，压制学生的进步思想，迫害爱国学生，广大学生对此早已深感不满。早在1922年初，中国社会主义青年团便发起了反对帝国主义利用宗教侵略中国的非基督教运动。1924年国共合作实现后，收回教育权的斗争再掀高潮。中国共产党和中国社会主义青年团对这次收回教育权的斗争十分关注，通过发布通告等方式给予指导和支持。此外，《向导》《中国青年》《中国学生》也发表许多重要文章指导收回教育权运动的开展。1925年1月，《中国青年》发表了恽代英所写的《打倒教会教育》一文，号召全国学生团结起来，为收回教育权而斗争。

中共四大后，在中国共产党的指导和支持下，首先发端于广州的收回教育权的斗争迅速发展成为一个波及全国的反帝运动。随着革命形势的日益高涨，收回教育权的运动也达到了高潮，大批教会学校学生愤然退学。其中影响较大的是上海圣约翰大学学生掀起的退学斗争。除了上海，南京、九江、南昌、武昌、北京、福建的多所学校也通过发表宣言支持斗争、罢课退学、反对读经祷告、驱逐洋教员等方式进行斗争。以广州圣三一和圣心等校为发端的收回教育权的斗争迅速席卷全国。

尽管在当时的历史条件下，完全收回中国的教育权是不可能的，但是斗争仍然产生了积极的效果。在广大革命学生的压力下，1925 年北京军阀政府曾三次颁发取缔教会学校的命令，颁布“外人捐资设立学校请求认可办法”等。虽然这些内容未完全实行，后来又慑于帝国主义列强的威胁而有所变动，但它毕竟是收回教育权运动的一个重要成果。

（二）首都革命中的学生运动

在反帝运动高潮中，青年学生积极参加首都革命和三一八运动，与工农各界建立广泛的统一战线，共同反对帝国主义和军阀。全国学联于 1925 年 6 月 26 日至 7 月 6 日在上海召开了第七次全国代表大会，恽代英、任弼时等 61 位代表出席了会议。恽代英在会上作了五卅运动后政治形势的报告，号召全国青年学生一定要成为民族解放的先锋战士，英勇坚持斗争。这次会议对于巩固和健全全国学生组织，进一步组织和动员广大学生投身于反帝反封建革命中去有着重要的意义。

五卅运动后，面对汹涌澎湃的国民革命，帝国主义和段祺瑞政府加紧了勾结，共同镇压人民的革命斗争，中共北方区委发动各界群众掀起反奉倒段运动高潮。11 月 28 日，北京各校学生、工人和市民共 5 万多人以“打倒奉系军阀”“打倒段政府”“实行关税自主”“废除不平等条约”为口号联合举行反对段祺瑞卖国政府的大示威，包围了段祺瑞政府，一度占领了警察总局和邮电局。这次大示威被称为“首都革命”。这是城市暴动夺取政权的一次伟大尝试，虽然它未能达到预期目的，但仍然产生很大影响，并得到上海、南京、开封、长沙、汉口等地青年学生及工人的配合和响应。

1926 年 3 月 18 日，为了反对八国通牒，以青年学生为主的 2000 多人的请愿团举行游行示威，却遭到段祺瑞政府军警的开枪射击，共死亡

47人，伤200余人。其中大、中、小学生伤亡最多，共有27名北京学生不幸遇难。这就是震惊全国的三一八惨案。面对反动政府的压迫，广大青年学生毫不畏惧，继续斗争，通过实行总罢课、为死难的学生召开追悼会、举行示威游行等方式，抗议军阀政府的残暴罪行，形成一股宏大的革命洪流。青年学生的斗争在一定程度上阻止了帝国主义的侵略野心。

（三）北伐战争中的学生运动

北伐战争期间，广大青年学生作为一支重要的社会力量，除了活跃在北伐的战场上，还在全国部分地区开展了形式多样的反帝反封建军阀的斗争，有力地支援了北伐战争。北伐战争开始后不久，全国学联总会于7月23日至31日在广州召开第八次全国学生代表大会。会议通过了《拥护国民政府并赞助北伐决议案》等文件，要求各地学生联合会积极宣传和组织群众参加北伐战争。北伐期间，广大青年学生一方面纷纷投笔从戎，直接参加北伐战争，另一方面组织宣传队、救护队、慰劳队以及深入城乡动员群众支援北伐战争。如当时上海大学学生、共产党员张家铎回到河南确山开展农民运动，以策应北伐军。有了广大青年学生和各界群众的大力支持，北伐战争得以顺利进展。

青年学生在汉口、九江收回英租界的斗争、倒孙拒鲁运动和上海三次工人武装起义中也发挥了重要作用。1927年1月4日，面对英帝国主义对群众的恫吓，武汉学生及工、农、商各界代表召开联席会议，要求武汉国民政府向英领事提出严重抗议，并提出赔偿损失、惩办凶手、收回英租界等八项要求。5日，九江工人、学生及市民也一举夺回了九江英租界。英国政府迫于全国反英运动的压力，正式承认将汉口、九江租界交还给中国。在反对英帝国主义屠杀中国人民的同时，在中国共产党领导下，上海学生一马当先，参与了倒孙拒鲁运动。从11月8日起，上海学校每天派出250多个宣传队上街演讲和散发传单，反对张宗昌南下，要求组织市政府，取代孙传芳的反动统治。11月28日，上海学界和工商界400多个团体5万人在公共体育场召开大会，学生代表冷隽为大会主席，大会要求倒孙拒鲁，建立自治市政府。上海学生还和工人阶级相配合，积极投身于上海三次武装起义。在第三次起义中，除了通过罢课的手段配合工人的斗争，上海大学、复旦大学、暨南大学等学校还组织了纠察队，参与攻占闸北的激烈巷战，与工人纠察队并肩战斗。起义胜利后，上海学生又积极协助组建上海市特别临时政府。

第三章　推动中国共产党自身发展壮大

中共四大通过的《对于组织问题之议决案》明确指出，“组织问题为吾党生存和发展之一个最重要的问题”[①]，决定在全国范围内加强党的建设，使党的建设开始进入一个新阶段。这一时期党的建设重视发展党员和建立党的组织，开始重视党的思想理论建设和党员教育，初步设立了党的组织制度和工作制度，推动党的组织规模不断扩大，群众基础日益壮大，完善党的组织建设，为大革命高潮的到来奠定坚实的基础。蔡和森认为，由于中共四大使“党的政治组织开始走向正确的道路”[②]，因此，“第四次大会是形成群众党的开始的基础”[③]。会后，彭述之与中共旅莫支部全体同志通信，信中深刻指出，中共四大后，“我党已由小团体而转入真正的党的时期了”[④]。

一、党的队伍迅速扩大

中共四大强调要增加党员人数，扩大党的组织。会后，党中央、地方和基层党组织认真贯彻落实中共四大会议精神加强党的组织建设，还为适应革命形势发展的需要，大力发展党员。

五卅运动中，中国共产党在群众中的影响力进一步增强，推动党的队伍壮大。1925 年 10 月，举行中共第四届中央执行委员会第一次扩大会议。此

① 中共四大史料编纂委员会编：《中国共产党第四次全国代表大会》，中共党史出版社 2004 年版，第 75 页。

② 蔡和森：《蔡和森的十二篇文章》，人民出版社 1980 年版，第 64 页。

③ 蔡和森：《蔡和森的十二篇文章》，人民出版社 1980 年版，第 57 页。

④ 中共武汉市委党史研究室、中共五大会址纪念馆编：《中国共产党第五次全国代表大会》，中共党史出版社 2007 年版，第 57 页。

时党员人数已达3000人，党员成分包括工人、农民、学生、教师、军人、商人、店员以及其他革命分子。根据党的发展情况，会议认为要迅速将党“从小团体过渡到集中的群众政党”。为了达到这一目的，扩大会议通过的《组织问题议决案》指出，要“吸收无产阶级及先进的智识阶级中最革命的分子”。在党员成分方面，党在这个时期不但把革命的工人视作党的主体或基本力量，而且把革命的学生、农民也囊括进来。与此同时，“其他革命分子”的概念外延也较为宽泛。文件明确指出：“社会上一切革命分子，只有加入我们的党后，才有受到党的训练及真能了解党的理论之机会，我们决不可妄想在中国的社会能够得到许多现成的党员”。在入党要求方面，针对吸收工人入党，“只要他有阶级觉悟及忠于革命，便可加入，不必更有其他条件”。工人、农民和学生则“免除入党之手续上的繁杂形式”。① 此外，议决案还决定缩短党员的候补期，例如规定工人、农民是一个月，知识分子则为三个月。

为了适应不断发展的革命形势，在1926年7月召开的中共第四届中央执行委员会第二次扩大会议上，党中央再次强调要加强党的建设，第一次提出使党“布尔什维克化”和“一切工作归支部”的口号。会议再次指出要壮大党的队伍，强调“务使本党更加发展，征集更多的革命工人农人与知识分子”。②

随着北伐的胜利进军和工农运动大发展，党的队伍得到进一步发展。据不完全统计，到1926年9月，党员人数已达13281人。为了进一步推动党的发展，同年10月17日，陈独秀在给全国各级党组织负责同志的信中，强调：在革命迅速发展的有利形势下，“党员数量上的增加，乃是第一个重要问题”，“不急谋党员数量上的增加，便是对党怠工，便是一种反动行为”③。他提议，到中共五大召开前，党员应发展到41200人。根据陈独秀关于增加党员人数的要求，各级党组织各自制订了发展计划，立即着手扩

① 中共中央组织部、中共中央党史研究室、中央档案馆：《中国共产党组织史资料（1921.7—1949.9）》第8卷，中共党史出版社2000年版，第67页。

② 中共中央组织部、中共中央党史研究室、中央档案馆：《中国共产党组织史资料（1921.7—1949.9）》第8卷，中共党史出版社2000年版，第84—85页。

③ 中央档案馆编：《中共中央文件选集》第2册，中共中央党校出版社1989年版，第635页。

大组织规模。同年 11 月，据中央局不完全统计，全国党员人数已经增长至 18526 人，其中军人 1500 人，妇女 1992 人①。党内有不少优秀人物便是在这段时间入党的，如罗荣桓、徐向前、粟裕等。

在北伐战争后期的革命斗争高潮中，在党中央的号召和推动下，工农运动蓬勃发展，党的队伍迅速壮大，党的阶级基础和群众基础也进一步巩固和扩大。到 1927 年 4 月中共五大召开时，党员人数上升至 57967 人，其中工人党员占党员总人数的 53.8%、农民为 18.7%、知识分子为 19.1%、军人为 3.1%、中小商人为 0.5%、其他成分为 4.2%，女党员占到党员总人数的 10%②。中共四大后短短两年多的时间内，党员人数增加了近 60 倍，这是党的历史上党员人数增长最快的时期。

地　区	党员人数（1927.4）
湖南	13000
湖北	13000
江苏（包括上海）	13000
广东	9027
北方地区	3109
江西	3000
河南	1300
陕甘	388
山东	1025
福建	168
满洲（包括沈阳）	380
北满	137
安徽	233
四川	200
共计	57967

表格内容根据《陈独秀在中国共产党第五次全国代表大会上的报告》（1927 年 4 月 29 日）和《中国共产党组织史资料》（第 1 卷）整理得出。

① 中共中央党史研究室著：《中国共产党历史》第一卷（上册），中共党史出版社 2011 年版，第 188 页。

② 共青团中央青运史研究室：《中国青年运动史》，中国青年出版社 1984 年版，第 77 页。

（一）吸收工人入党

中国共产党是中国工人阶级的先锋队，因此在工人群体中发展党员一直是党的组织工作的重中之重。在中共四大后的工人运动高潮中，党通过工会、工厂委员会、工会联合会、全国劳动大会等形式把工人阶级的力量逐渐集中起来，并将其中担任工会骨干的优秀分子吸收入党，共产党组织在工人队伍中迅速发展。

在五卅运动中，上海党组织吸收了大批工人入党。据统计，1925 年 9 月，上海党员人数达到 1080 人，其中工人党员 846 名，占 78.5%。[①]1926 年 10 月至 11 月中央局报告的统计数据显示，广东区、北方区、湖南区、上海区四区“工人成分占大多数，约占 60%”[②]。中共四大后，从全国范围内来看，工人党员占比也在不断攀升。中共三大时工人党员只占 39%，到 1926 年 1 月，这一数据已猛增至 70%。1927 年 4 月中共五大召开时，工人党员仍占 53.8%[③]。这与国民革命形势高涨，工人运动的大发展和工会组织的广泛建立不无关系。在党的领导下，特别是在北伐军占领武汉和南昌后，工人运动风起云涌般向前发展。在全国总工会的直接领导下，各省工会组织迅速发展，其中湖北、湖南、江西等省发展最快。工会会员的增加为党的队伍的迅速壮大提供了重要来源。

（二）吸收团员入党

中国共产主义青年团是中国共产党的后备军。中共四大后，吸收团员入党成为党组织建设的重要途径。当时，全国许多地方只设立了团组织而没有党组织，有的地方团组织甚至比党组织规模更大。因此，吸收团员入党便成为壮大党的队伍的便捷方法。1925 年，团中央规定年纪稍大的团员

---

① 张铨：《论“五卅”中的上海工人运动》，《史林》1988 年第 2 期。

② 中央档案馆编：《中共中央政治报告选编（1922—1926）》，中共中央党校出版社 1981 年版，第 20 页。

③ 中共中央党史研究室第一研究部译：《共产国际、联共（布）与中国革命档案资料丛书》第 1 卷，北京图书馆出版社 1997 年版，第 107 页。

应转为党员，由团入党。各地党组织在团的基础上从无到有，党员数量不断增加，党组织规模不断扩大。

陕西中共党组织是采取由团入党形式建立党组织的典范。从 1924 年到 1925 年，陕西渭南、西安、三原等地先后建立了青年团组织，分别直属团中央。同年 10 月到 1926 年夏，陕西部分团员相继转为共产党员，并在西安、三原、渭南、绥德、榆林、宜川、延安等地先后建立起党组织。由于这些地方受战乱影响比较小，党团组织发展很快。到同年 11 月，总共有 3000 多名超过 23 岁的团员加入共产党，另有 3000 名团员兼共产党员，这使一些原来基础薄弱的共产党地方组织得到了加强，一些没有建立中共组织的地方也开始成立党的组织①。可以说，由团入党不仅实现了团的工作青年化，而且为党组织输入了新鲜血液。

（三）吸收农民入党

农民是中国数量最多的社会群体，党高度重视发挥农民在民族革命运动中的重要作用。中共四大通过的《对于农民运动之议决案》指出："中国共产党与工人阶级要领导中国革命至于成功，必须尽可能地系统地鼓动并组织各地农民逐渐从事经济的和政治的斗争。"②

中共四大后，党越来越认识到农民问题的重要性和党在农民运动中之发展③。在此基础上，党也进一步提出了农民入党的条件。1926 年 7 月中共中央第三次扩大的执行委员会通过的《农民运动议决案》指出："农民加入我们的党，应以是否忠实而勇敢的为农民利益而争斗为标准，不必问其有无宗法社会思想及迷信。"④ 以毛泽东领导的湖南农民运动为例，党积极吸收农民中的先进分子入党，集中体现在三个方面：一是强调要把真正受苦的

① 中共中央党史研究室、中央档案馆编：《中国共产党第五次全国代表大会档案文献选编》，中共党史出版社 2015 年版，第 46 页。

② 中央档案馆编：《中共中央文件选集》第 1 册，中共中央党校出版社 1989 年版，第 358 页。

③ 《建党以来重要文献选编（1921—1949）》第 2 册，中央文献出版社 2011 年版，第 513—514 页。

④ 李龙芬等：《毛泽东考察醴陵农民运动》，《毛泽东在湘东——纪念毛泽东同志诞辰一百周年》，中共株洲市委办公室 1993 年，第 122 页。

人吸收到党内来，每个区要公开一二个有威望的党员的身份，以形成共产党的领导核心。每个乡农协成立一个党支部，每一百个农协会员中有一名中共党员，党在乡村中的基础建立在贫农上[①]。二是强调在实际斗争中大力发展党员。三是重视发展合作社运动，以保存、发展共产党的力量[②]。在毛泽东领导下，湖南农民纷纷入党，直接带动了湖南党员总数猛增，1927 年 2 月有党员 6000 人，到同年 5 月就增至 2 万人。湖南吸收农民入党的运动带动了全国农民入党的热潮，根据 1926 年 5 月的统计数据，对农民党员第一次有了单列的记载，其占比为 5%；到同年 11 月，农民党员占比上升至 11.75%[③]；到 1927 年 4 月中共五大召开时，农民党员占比已达到 18.7%[④]。

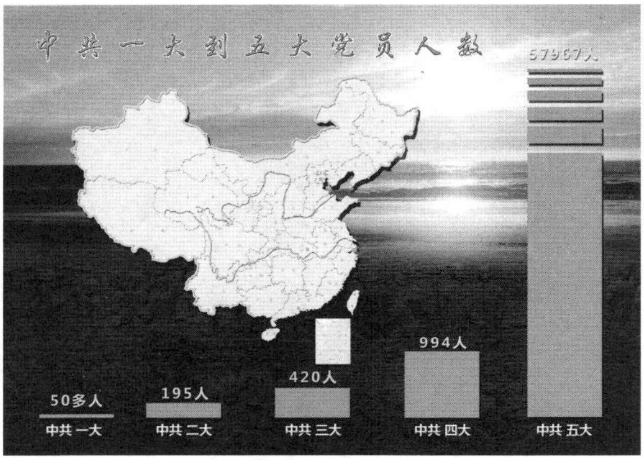

中共一大到中共五大党员人数

（四）吸收知识分子入党

知识分子是具有较高文化水平的特殊社会群体。1925 年 10 月中共第

① 中共湖南省组织史资料编纂领导小组：《中国共产党湖南省组织史资料》（1920 年冬—1949 年 9 月）（第 1 册），1993 年，第 4 页。

② 余进东等：《国民革命时期湖南合作社运动再探》，《南华大学学报（社会科学版）》2013 年第 5 期。

③ 中央档案馆编：《中共中央文件选集》第 2 册，中共中央党校出版社 1989 年版，第 502—504 页。

④ 中共中央党史研究室、中央档案馆编：《中国共产党第五次全国代表大会档案文献选编》，中共党史出版社 2015 年版，第 46 页。

四届中央执行委员会第一次扩大会议指出，工人阶级的同盟者不仅包括农民和城市小资产阶级，还包括革命的知识分子，党应当引导广大学生群众参加革命运动，并设法使革命的分子加入共产党组织。为此，党针对知识分子中的不同群体采取相应的措施。对于学生，一方面通过广泛宣传，使学生真正了解党的立场和主张，另一方面对他们的日常工作予以指导，以实际行动取得学生对党的信任，争取其中的先进分子入党；对于乡村教师，除了通过通信谈话、介绍刊物课本等方式，尽量使他们多接受党的思想，还组织教师联合会，开展革命斗争，经过革命实践吸收符合条件的进步知识分子入党。

随着国民革命形势的日益高涨，中国共产党在全国的影响迅速扩大，除了广大工人农民中的先进分子大量入党，“许多社会上投机分子均想加入C.P.，不仅是一般知识分子，小商人，大商人，甚至许多拥有重兵的高级军人也来敲 C.P. 的门。”①

二、党组织结构的健全和完善

中国共产党是由中央组织、地方组织和基层组织根据民主集中制原则构成的有机整体。中共四大强调组织工作的重要性，指出“组织问题为吾党生存和发展之一个最重要的问题”②。1926 年 7 月召开的中共中央扩大会议也认为，“组织工作的意义，绝不止于是技术的，而是政治的。换言之便是：组织工作，即党指挥群众运动的枢纽”③。

中共四大后，党的组织建设得到加强。从纵向看，党的各级组织层级分明、组织严密，全国形成包括中央委员会、区执行委员会、地方执行委员会、支部四级组织体系。在大的工业区域中（如上海、武汉、天津），

① 中共中央党史研究室、中央档案馆编:《中国共产党第五次全国代表大会档案文献选编》，中共党史出版社 2015 年版，第 46 页。

② 中央档案馆编:《中共中央文件选集》第 1 册，中共中央党校出版社 1989 年版，第 514 页。

③ 中央档案馆编:《中共中央文件选集》第 1 册，中共中央党校出版社 1989 年版，第 46—47 页。

区委或地委下，还按区域联合若干邻近的支部，组成“部”，增设“部委”一级组织[①]。从横向看，党的中央组织机构不断完善，地方及基层组织相继建立，战斗力显著增强。到1927年4月中共五大召开时，党的组织几乎遍及全国，中国共产党成为全国性、有影响力的大党。

（一）中央工作机构不断健全

中共三大前，中共中央没有专门设立从事某项工作的机构，而是由每位中央委员对各项工作进行分管。中共三大时，为更好指导全国地方党组织工作，中央执行委员会开始设立秘书、会计的职务。1924年5月中央扩大会议后，中央工作机构相继设立，正式成立组织部、宣传部、工农部、妇女部、职工运动委员会等机关[②]。中共四大后，中央机关逐渐健全，增设军事部、军事运动委员会、农民运动委员会等工作部门。这表明党的活动空间不断拓展，工作涉及面越来越广泛。仅就中央组织部门来说，中共四大决定强化中央组织部，并加强各地组织部门的建设。以前党员人数较少，中央组织部工作较为简单，但在“第四次代表大会后的中共中央组织日趋庞大，会议更是繁重，一切事物，就得循着组织的体系，经过复杂的手续来处理”[③]。中共四大后，中央组织部部长由陈独秀兼任，不仅工作人员较前大为充实，而且内部分工也越来越明确具体，包括党员调查登记、工作分配、党员训练等，以便更好地完成日益繁复的党务工作。

（二）地方组织网络逐步拓展

为了进一步推动党的发展，壮大党的队伍，全国各地党组织通过多种途径做了大量组织发展工作，推动地方组织网络不断拓展。

在湖南，党组织工作非常具有开拓性。中共湖南区委成员直接到地方

① 中央档案馆编:《中共中央文件选集》第2册，中共中央党校出版社1989年版，第185页。

② 中共中央组织部、中共中央党史研究室、中央档案馆:《中国共产党组织史资料（1921.7—1949.9）》第1卷，中共党史出版社2000年版，第40页。

③ 张国焘:《我的回忆》（上），东方出版社2004年版，第368页。

建立党组织，或派省委特派员到地方整顿党组织，或派遣共产党员以农运特派员、工运特派员身份去建立党组织，还有些是党员自己回到家乡先建立党组织，后来得到中共湖南区委的批准认可等。大革命高潮时期，全省共建立 25 个地方执行委员会，11 个县委，还建立了一些直属的区委、特支和支部。湖南富有开拓性的组织工作取得了成功和经验，多次得到中共中央的肯定和重视，中央认为："湘区党的组织为各地之冠，在这样大的环境变动中，能把一切民众运动均集中在我党指导之下，能使党的组织在突飞的发展中不落后于空浮，对付各种问题的策略，亦稳当周到。"①

在广东，在陈延年的领导下，广东区委的党组织建设有了很大的发展。1925 年，广东党组织仅具雏形，组织涣散，力量薄弱，难以适应形势需要。陈延年到达广东后，首先建立健全区委领导机构，并充实各部门领导干部；其次抓紧建立健全下属机构，注意发展新党员，扩大和巩固党的基层组织；他还派人到全省各县及广西、闽南和香港等地建立党组织。在陈延年卓有成效的领导下，至 1926 年 9 月，广东区党员达 5039 人，其中工人占 42.68%，农民占 30.24%，知识分子及其他占 27.08%。至 1927 年 4 月，党员人数增至 9027 人，成为当时中共最大的一个地方组织②，陈延年也被誉为广东党组织"开疆辟土的拖拉机"③。

在上海，中共四大后 1925 年爆发的五卅运动，推动了全国的反帝斗争的发展，锻炼和培养了党的干部，壮大了党的组织。上海区执委的组织建设工作发展较快。1925 年 6 月至 8 月，上海工人运动高涨，形成罢工高潮。上海地区党的组织和党员人数成倍增加。据 1926 年 9 月统计，上海区执委下属上海和江苏、浙江以及安徽部分地区的中共支部已发展至 188 个，党员增至 2065 名。1927 年 1 月，已增至 273 个，党员共 4602 名。上海工人武装起义的胜利，使上海地区的中共组织建设有了更大发展。一大批工

① 中央档案馆编：《中共中央政治报告选编（1922—1926）》，中共中央党校出版社 1981 年版，第 85 页。

② 广东省地方史志编纂委员会编：《广东省志 · 中共组织志》，广东人民出版社 2001 年版，第 72—73 页。

③ 《广东党史资料》第一辑，广东人民出版社 1983 年版，第 174 页。

人纠察队员和工人中的优秀分子被吸收入党，上海的党员人数由武装起义前夕的 4400 名骤增到 8000 名。

在陕西，1925 年 9 月，吴化之与安存真等创建了中共西安特别支部；吴化之还赴三原、渭南赤水等地，领导成立了中共三原特支和中共赤水特支；中共西安地委成立后，吴化之负责组织工作，同黄平万等人领导举办暑期学校，培养革命骨干，发展党、团员。

在重庆，1925 年 2 月，共青团重庆地委的杨闇公、童庸生等主要骨干首批转为共产党员，并开始在四川建立党的组织。1926 年 1 月，杨闇公、童庸生在广州参加国民党二大后，经上海向党、团中央请示工作，回到重庆后，于 2 月成立中共重庆地方执行委员会，归中共中央领导，管理四川省中共组织①。

在河南，中共四大前后，中共中央从上海、武汉、北京等地陆续派共产党员马文彦、黄平万、李震瀛、杨介人、张昆弟、王荷波等到河南筹建中共地方组织，领导河南人民的革命斗争，从 1925 年 5 月至 10 月，先后建立郑州支部、郾城（漯河）车站支部、洛阳铁路工会支部、信阳省立三师支部、信阳柳林支部、信阳豫南中学支部、卫辉华新纱厂支部、卫辉学校支部以及中共郑州地执委、开封地执委、信阳地执委和焦作地执委。这些党组织均属中共北京区执委领导。到 1925 年 10 月，已有党员 169 名，团员 300 名。

地方支部领导人的积极工作，使得党中央加强组织建设的政策得以贯彻落实，保证了党的基层组织建设顺利开展。广西、云南、安徽的安庆和芜湖、福建的福州和厦门等地就在五卅运动的影响下相继建立了党组织。在北伐战争的影响下，党的组织得到空前发展。到中共五大召开前夕，受中共中央直接领导的区执行委员会共有 9 个：湖南区执委、湖北区执委、江浙区执委、广东区执委、北方区执委、江西区执委、河南区执委、陕甘区执委、山东区执委；地方执行委员会 5 个：安徽地执委、四川地执委、

① 中共中央组织部、中共中央党史研究室、中央档案馆：《中国共产党组织史资料》第 1 卷，中共党史出版社 2000 年版，第 564 页。

北满地执委、福州地执委、大连地执委；此外还有奉天特别支部等。[①]

（三）基层党组织日益稳固

党的基层组织不仅是联系党员和群众的桥梁与纽带，而且是党的全部工作和战斗力的基础。中共四大前，党的组织体系中，主要由中央执行委员会和地方委员会两级组织体系构成，基层组织以党小组的形式呈现。

中共四大是党支部建设的历史起点。党的四大通过的章程，第一次将支部规定为党的基层组织，三人即可成立一个党支部；还将党建的重点转至支部建设，通过加强支部建设，使党的支部担负起联系群众、宣传群众、组织群众和团结群众的重要责任，把党的路线方针政策真正落到实处。以上海为例，上海地执委根据中共四大通过的修改党章中“凡有党员三人以上均得成立一支部”的规定，在原来中共小组的基础上组建为中共支部。至 1925 年 5 月，上海地执委下属的支部已发展到 26 个，党员共 297 名。

（四）中共党团网络逐步完善

中共四大在党团制度的形成过程中是一个重要的节点。1924 年 9 月，中共中央要求在国民党内工作的共产党员和青年团员，组建党团，党团工作由党的区执委或地执委直接指挥。这是共产党关于在非党组织中设立党团（即后来的党组）的最早规定[②]。中共四大再次决定“吾党在国民党及其他有政治性质的重要团体中，应组织党团，从中支配该党和该团体的活动”[③]，第一次正式提出成立和组织党团问题。

中共四大后，中国共产党根据实践的需要，又对党团有过更明确的规

---

① 以上信息根据陈独秀在中共五大上的报告，参考《中国共产党组织史资料》（第 1 卷）等史料，校对得出。

② 中共中央组织部、中共中央党史研究室、中央档案馆：《中国共产党组织史资料》第 1 卷，中共党史出版社 2000 年版，第 7 页。

③ 中共四大史料编纂委员会：《中国共产党第四次全国代表大会》，中共党史出版社 2004 年版，第 76 页。

定和要求。1925年8月31日发出的中共中央第53号通告和同年10月中共中央在关于组织问题议决案，是贯彻落实中共四大精神的有关党团问题的重要文件。后者指出，“在一切工人组织农民协会及革命的智识阶级团体里，组织我们的支部和党团”①。1926年2月，中共中央发出第77号通告，要求“各种群众组织内的党团活动报告：由各种组织内的党团书记负责，每月向所属上级机关报告一次”②。1926年7月，中共第四届中央执行委员会第三次扩大会议关于《组织问题议决案》中，对党团的地位、作用、任务作了进一步的明确规定：“党团的作用是为实现党的政策，加重党的影响于各种非党的组织。”党团和党的支部组织及作用不同，它不是一个独立的单位或自成一个系统，而是依随党的组织，在各级党的机关之下成立，并受其管理。它的工作是整个的代表党的意见，在政府和群众团体中贯彻党的政策③。1927年中共五大后，党团制度正式写入党章。

中共四大后，党团组织发展很快，全国层面的有中华全国总工会党团、全国铁路总工会党团、海员工业联合会党团、全国农民协会临时执委会党团、全国学生联合会党团、济难会总会党团等。中共地方组织也在相应的机构中成立各种党团。党团作为党的一种组织形式，从组织上有力地保证了党的路线方针政策得以落实，尤其是在第一次国共合作期间，在我党既无军队又无政权的情形下，仍有力地推动了北伐的顺利进军和工农群众运动的蓬勃开展。中共各级党团以其严密的运作及效能，引起国民党强烈的疑惧和生存危机感，这也是其以后不惜破坏国共合作的重要原因之一。

（五）全国性群众团体日益壮大

中共四大后，在工、农、青、妇等革命群众运动不断高涨的大背景下，

---

① 中共中央党史研究室、中央档案馆编：《建党以来重要文献选编（1921—1949）》第2册，中央文献出版社2011年版，第522—523页。

② 《中央通告第七十七号——各级党组织必须按时按要求向中央作工作报告》（1926年2月13日），《中国共产党组织史资料（1921.7—1949.9）》第8卷，中共党史出版社2000年版，第80页。

③ 中央档案馆编：《中共中央文件选集》第2册，中共中央党校出版社1989年版，第132页。

党领导下的群众团体也获得蓬勃发展，党的阶级基础和群众基础进一步巩固和扩大。共产主义青年团、全国工会有了进一步发展。团中央工作机构除组织部、宣传部、工农部、学生部等外，新增非基督教部、妇女部工作机构，工作范围继续得以拓展。经历 1925 年的五卅反帝爱国运动，共青团发展非常迅速。到 1926 年 6 月，全国有团区执委 5 个，团地执委 56 个，团特支 140 个，团支部 843 个，全国团员 10072 名[①]。各地工会组织的发展也很迅速。

1925 年 5 月，第二次全国劳动大会在广州召开后，成立全国总工会。当时全国工会 166 个，有组织的工人 54 万余人；至 1926 年 5 月第三次全国劳动大会召开时，全国建立 699 个总工会和分会，会员 124 万余人[②]。这为中国大革命的到来奠定了坚实的群众基础。

1927 年 4 月，陈独秀在中共五大的报告中，用一组数据对比了中共四大至中共五大党领导下的群众团体力量的变化："党领导下的群众团体，计有二百八十万工会会员；在第四次代表大会时，只有唐山和上海的少数铁路工人和矿工受我们领导。农民协会会员有九百七十二万人；第四次代表大会时，只有广东的二十万有组织的农民受我们的领导。学生联合会将近四百二十个；在第四次代表大会开会时，共青团领导的学生联合会有六十个。现有共青团员三万五千人；而在第四次代表大会时，只有二千三百六十五人。"[③]

三、加强党员教育工作

随着大革命高潮的到来，党员队伍的扩大，新党员数量的增加，党迫切需要加强党员教育以提高党员的质量，保持共产党员的先进性。中共四

---

① 中共中央组织部、中共中央党史研究室、中央档案馆：《中国共产党组织史资料（1921.7—1949.9）》第 1 卷，中共党史出版社 2000 年版，第 52 页。

② 中共中央组织部、中共中央党史研究室、中央档案馆：《中国共产党组织史资料（1921.7—1949.9）》第 1 卷，中共党史出版社 2000 年版，第 65 页。

③ 中共中央党史研究室、中央档案馆编：《中国共产党第五次全国代表大会档案文献选编》，中共党史出版社 2015 年版，第 46 页。

大后，中共中央及各级党的组织充分认识到强化党员教育的重要性，并采取各种措施加强党员的教育，取得了比较明显的效果。通过对党员的思想教育，党员的素质和质量有了较大的提高，基本适应了大革命高潮的需要。

（一）开展马克思主义理论的宣传教育

中国共产党成立后，十分重视对党员进行思想理论教育，并将马克思主义、共产主义的宣传教育作为自己的重要任务。1925 年 1 月在中共四大通过的《对于宣传工作之议决案》，决定在党内加强马克思列宁主义的理论教育，使“党之布尔什维克化”。为了加强对党员的宣传教育，中共四大提出：一是利用党的支部作为党的基本教育机关，开展党内宣传教育。二是办好党报党刊，要求把党报党刊作为教育党员的最重要机关，宣传马克思列宁主义及党的方针与主张，批判各种非无产阶级思想，从而对纯洁共产党人的党性和传播马克思列宁主义起到促进作用。三是设立中央编译委员会，进行党内党外小册子之编译，尤其是关于列宁主义、国际政策、政治经济状况以及工人常识的材料之编辑。值得注意的是，中共四大第一次把“列宁主义”写入党代会决议，并要求加强对列宁主义理论的研究和宣传，使之与马克思主义一道，成为党内外宣传教育的理论依据。

（二）建立党校

中国共产党非常重视用马克思列宁主义理论武装党员和干部，把干部训练工作看成是关系到党的事业成败的重大问题，把它放到特殊的位置，加以重视。设立党校便是一个有效途径。安源党校于 1923 年建立，这是党创办的第一所地方党校。在此基础上，中共四大决议中提出，要设立党校，对党员进行系统的教育，以此“增进党员相互间对于主义的深切认识”①。中共四大不仅明确了党校也是实施党内教育的机关之一，并强调要由中央机关提供“统一的材料”，实际上明确了党内教育必须严格将马克思主义

① 中央档案馆编：《中共中央文件选集》第 1 册，中共中央党校出版社 1989 年版，第 377 页。

作为指导思想，确保党在思想上的纯洁性。

中共四大以后，革命形势空前高涨，中共自身组织迅速发展，客观上需要党培养更多人才，以适应革命的需要，北京、上海、湖南、广东、武汉等地的党组织就相继建立了一些党校。1925年10月召开的第四届中央执行委员会扩大会议再次强调对党员的教育和训练的重要性，决定开办两类党校：一类是地委之下的普通党校，其任务是训练工人党员；一类是区委之下的高级党校，其任务是训练政治素质较高和已有工作经验的党员。1925年9月，中共北京地区执行委员会根据中央指示，在北方区委领导下创办了一所秘密党校，也称为北京党校。北京党校的校长是罗亦农，北方区委委员赵世炎、陈乔年等担任教员，李大钊也经常进行指导，瞿秋白等常来党校讲课。北京党校的第一批学员有100多人，他们来自北京以及北方各地，多数是具有中等文化水平、朝气蓬勃的年轻的共产党员。他们在校学习的课程有：党的基本知识、马克思主义政治经济学、国际共产主义和时事政治等课程。学员经过短期学习以后，被分派到北方各地从事革命活动。

1926年7月的第四届中央执委会扩大会议，要求“在最近期内，应于上海，汉口，天津，广州等处，树立职工运动训练班，训练下级干部人材”[①]。

（三）选派党团员出国学习

中共四大后，党选派大量优秀的共产党员、共青团员到苏联学习，得到快速成长的机会，其中许多人后来成为党的高级干部。1925年10月7日，中国国民党特别顾问鲍罗廷宣布莫斯科中山大学正式成立，招收国共两党学生。中山大学在大革命时期共招收两批中国留学生，是招生数量最多，带有公开选拔性质的学校。大革命期间赴中山大学留学的两批学生共有600余名，其中共产党员约占一半。

同时，中国共产党一直没有停止独立派选党员和青年团员去东方大学

---

① 中央档案馆编:《中共中央文件选集》第2册，中共中央党校出版社1989年版，第205页。

和列宁学院等苏联其他高校学习。1925 年，中共旅欧支部派遣朱德、李富春、周世昌、蔡畅等到东方大学学习[①]。1926 年，派出最后一批留欧生，包括邓小平、邓绍圣、徐数屏等 10 多人赴东方大学学习[②]。国内也选派向警予、李福生、涂作潮等赴苏留学[③]。许多留学生根据国内斗争的需要，提前回国投身革命的洪流。邓小平、萧明、多松年等于 1926 年底回国。邓小平回国后就参与创建国民军中山军事政治学校，在国民军中积极从事革命政治工作，培养革命的军事、政治干部。萧明回国后在国民军中任北陆军总司令部政治部副部长兼政治部中共党团书记，被迫离开国民军后，任渭南县委书记整顿当时的党团组织。多松年在进行秘密革命活动时，被国民党逮捕，牺牲时只有 22 岁。这批留苏生中的党团员，大部分都于 1927 年或者之前回国，他们有的为革命牺牲，有的则继续奋斗在战斗的第一线。

（四）中央直接派人到地方指导

中共四大后，党还通过中央直接派人指导地方工作的形式进行干部教育，加强组织建设。1925 年 5 月，中央鉴于处于上海的中央机关，距离北京、广州两个政治中心甚远，不便直接指导，决定由中央指定中央委员一至二人会同当地书记，外加技术委员一至二人组织临时委员会，代表中央就近指导当地的一切实际工作。

（五）在实际工作和会议中对干部进行培养和锻炼

中共四大后，随着革命形势的发展，党的组织不断扩大，但各级党组织缺少干部人才。党中央指出，“固然一方面是人才缺乏，一个有能力的工

---

① 名单根据郝世昌、李亚晨：《留苏教育史稿》，黑龙江教育出版社 2001 年版；张泽宇：《留苏与革命——20 世纪 20 年代留苏热潮》，人民出版社 2009 年版；孙石月：《东方劳动者共产主义大学里的中国女留学生》，《党史文汇》2003 年第 6 期整理得出。

② 郝世昌、李亚晨：《留苏教育史稿》，黑龙江教育出版社 2001 年版，第 91 页。

③ 张锡岭：《东方大学中国班及其对中国革命的作用》，《华东师范大学学报》1988 年第 3 期。

作者非短时期所能造成”，但同时也因各级党部很少注意在实际工作中提拔新领袖，并大胆放任他们、锻炼他们的原因。因此要克服少数人包办的现象，大胆使用新人[①]。要求各级组织对每个党员的工作能力务必十二分注意观察，“如有特长能力当竭力训育，多令参加某工作以资联系，必如是才能挽救我们现在人材缺乏的饥荒！”[②]上海的区委要求党组织负责人要善于发现人才、培养人才，能自认“教师慈母”，起到传帮带的作用。在实践中锻炼人才，这是解决各种人才缺乏的主要途径。

党的各级会议不仅是党组织运作体系中重要的一环，也是训练培养党员的重要方式。根据1926年底上海区委通告中的规定：（A）区委每二礼拜召集各部委委员及负责同志的活动分子大会一次，以便对各负责同志施行训练。（B）召集各支部书记联席会，直接训练各支部书记。（C）召集各部分活动分子会，如国民党活动分子大会、学生活动分子大会等，以便专门讨论某部分工作。（D）召集每部委的活动分子会及支部干事联席会，实施训练，并相互密切联系[③]。可看出通过各级会议对党员进行经常性的教育，有直接而明显的效果。

四、推进党的宣传工作

中共四大后，中共中央和各地党组织还非常重视党的宣传工作，努力扩大党的宣传阵地，扩大党的宣传和共产主义的影响。到中共五大前夕，党的宣传工作也取得了较大的成绩。陈独秀在中共五大政治报告中评价中共四大以来党的宣传工作时，指出：“中央的工作做得最好的是宣传工作。”[④]

---

① 中共中央组织部、中共中央党史研究室、中央档案馆：《中国共产党组织史资料（1921.7—1949.9）》第8卷，中共党史出版社2000年版，第114—115页。

② 中共中央组织部、中共中央党史研究室、中央档案馆：《中国共产党组织史资料（1921.7—1949.9）》第8卷，中共党史出版社2000年版，第76页。

③ 中央档案馆、上海市档案馆编：《上海革命历史文件汇集》甲2，1986年，第124页。

④ 中共四大史料编纂委员会编：《中国共产党第四次全国代表大会》，中共党史出版社2004年版，第271页。

（一）宣传鼓动工作

中共四大后，先后发生了席卷全国的五卅运动、省港大罢工、上海工人三次武装起义等革命群众运动。在大革命的高潮中，党的宣传工作发展到了一个新阶段。1925 年 5 月爆发的震惊中外的五卅运动，是党成立以来第一次公开领导的全国性的群众运动，各地群众斗争规模之广，声势之大，都是空前的。5 月 30 日，上海各大、中学校学生 2000 余人分散到公共租界繁华的马路，进行宣传、讲演和示威游行，这是以前的运动所没有的事。国民会议事件、孙文逝世事件、援助罢工事件，学生几次上街宣传都是在中国地界，能到租界宣传，本身是宣传工作一个新的突破，是一次全新的事件。

五卅运动中党加大对群众的宣传鼓动工作力度，对其产生了深刻影响。各地党部组织党员深入到工厂、学校、农村开展宣传工作。在五卅运动中，党的宣传工作发挥了很大的作用，把党的方针政策及时落实到群众中，引导着运动的正确方向，体现了党的领导，给群众以前进的力量。瞿秋白这样写道："五卅后民众运动的发展，一直波及于穷乡僻壤，山西太原等处都有工会的成立，江浙则甚至于小小村镇如双林、义乌等处，都起来响应。上海的街头巷口，普通的小商人，十三四岁的儿童，争着写贴'打倒帝国主义，废除不平等条约'的标语，争着唱五卅流血的时调山歌。这岂不是革命运动深入普遍的群众之明证！"①

（二）宣传出版工作

除了宣传鼓动工作，为了适应革命形势的需要，党的宣传出版工作在这一历史时期也得到了较快发展。由于中共四大确立了正确的路线、方针、政策，宣传工作经费得到了保证，宣传部门力量得到了落实，一大批报刊杂志办得生机勃勃，取得了很大的成绩。在五卅运动中，《向导》连续做了

① 瞿秋白：《国民会议与五卅运动》，《新青年》月刊第 3 号，1926 年 3 月 25 日。

好几期的宣传报道，揭露事实真相，揭穿帝国主义封锁消息的阴谋，鼓励群众英勇斗争。《向导》作为中共中央的机关报，不仅按期出版，一些模糊思想得到了澄清，质量得到了提高，其销售份数也在逐渐增长。第四次代表大会开会时，只有7000份，而从北伐开始，已增加到5万份。在五卅运动中，还创办了国民通信社，创办出版了《热血日报》。《新青年》杂志出版了5期，翻译出版了16种书籍，如《共产主义ABC》《民族问题和共产主义》《农民问题》《政治经济学简明教程》《马克思主义者列宁》《论列宁和列宁主义》《共产主义纲领》《唯物史观》《苏共的团结》《中国共产党五年来的政治主张》《资本主义稳定和无产阶级革命》《中国革命问题论文集》《不平等条约》《中国关税问题》《戴季陶主义和国民革命》《论北伐》等。

（三）对国民党新右派和国家主义的批判

中共四大后，中国共产党人对国民党新右派的理论进行严厉批判。随着革命形势不断高涨，特别是工人阶级在五卅运动中充分显示出自己的力量，随着资产阶级同无产阶级争夺领导权斗争的进一步发展，国民党内部发生了新的分化，出现了以戴季陶主义为代表的新右派思想。1925年六七月间，戴季陶先后发表《孙文主义之哲学的基础》《国民革命与中国国民党》等小册子，用儒家的仁义道德来重新解释孙中山的三民主义思想，反对阶级斗争和国共合作，要求加入国民党的共产党员、共青团员只做国民党员，必须放弃共产党员身份。这些理论是国民党右派打击和排斥共产党、夺取革命领导权的舆论准备。陈独秀、李大钊、瞿秋白、毛泽东、恽代英、萧楚女等共产党人撰写大量文章，对戴季陶主义进行了有力的揭露和批判，并列举大量事实证明，共产党员加入国民党以后，不但没有损害国民党，而且使国民党有了很大发展。他们指出：戴季陶的理论是对孙中山学说的严重歪曲。萧楚女在《国民革命与中国共产党》一书中批驳戴季陶对共产党的攻击和污蔑。中国共产党的这些批判捍卫了正确的革命理论和原则，大大缩小了这种反动思想的恶劣影响。连戴季陶自己后来也不得不承认，他的小册子发行以后，立即受到“很大的攻击”，“不能收圆满的效果”[①]。

中国共产党人还对国家主义派展开了批判。国家主义派是一个反苏反共的政治派别，标榜国家主义和全民政治，反对马克思主义，破坏国共合作，从 1925 年冬到 1926 年上半年，在国内嚣张一时。毛泽东、周恩来、恽代英、瞿秋白、萧楚女等发表文章和讲话，揭露国家主义派的反动面目，起到了良好的效果。

五、加强党的组织纪律性

在组织机构日益庞大、结构日益完善的情况下，为确保相互之间的密切联系，应付各种复杂局面，中共四大后，中央在完善民主集中制原则的基础上，建立了许多具有强制性和约束力的制度，有力加强了组织和纪律建设。

（一）健全统计制度

中共四大后，党的事务性、技术性工作日益增多，统计工作日显重要。统计工作的好坏，决定各级报告内容的充实详尽，关系到党的指导工作能否到位。在 1925 年 1 月 31 日《中央组织部工作进行计划》中，规定要在中央组织部专设一名技术书记，除缮写函件外，还办理党员的统计工作；还规定“中央组织部每月须检查各地关于党员的统计及报告一次，务注意使每个党员都不离开党的组织，都担任党的工作”[②]。1926 年初中央组织部的通告规定各级党组织也要有专人负责统计工作，“按月如期呈报上级组织”，从当年一月份起，务必填写专设的简表，每月寄来[③]。

① 中共中央党史研究室:《中国共产党历史》第一卷（上册），中共党史出版社 2011 年版，第 148 页。

② 中共中央组织部、中共中央党史研究室、中央档案馆:《中国共产党组织史资料（1921.7—1949.9）》第 8 卷，中共党史出版社 2000 年版，第 57 页。

③ 中共中央组织部、中共中央党史研究室、中央档案馆:《中国共产党组织史资料（1921.7—1949.9）》第 8 卷，中共党史出版社 2000 年版，第 76 页。

中央鉴于当时接到各地的报告和统计材料的稀少，要求各地给中央的各种报告，特别是组织部的报告，最好能制成统计表册，以便检查。还特意制作并下发的每月统计表、工作人员检查表、党员检查表三种统计表册样式，要求各地填写后“务须迅速按期详表填报寄来”[①]。由于党的统计工作得到初步实施，中央对各地党组织有了确切的数据，1926 年 9 月至 11 月的两份中央局报告中，各地的政治形势，各地党组织发展情形、优势不足都很清楚。

为了贯彻中央的要求，上海区委非常重视统计工作，1925 年制作的《上海区委组织系统、组织关系、经费预算表格及党内负责人名单》，整个表格简单明了。《上海区委关于组织情况统计表》中上海区委的组织、名单、职员表，上海各部负责人员名单，一目了然。1926 年，上海区委连续下发《关于填写支部每月统计表和履历表等通知》《关于统计工作》《按期填送统计报告表格问题》指导统计表格的填写工作。

（二）推进特派巡视制度

巡视制度是党内监督的重要形式，也是党组织运作体系的一个重要组成部分。它是加强党的集中统一领导、保证党的路线方针政策得到正确贯彻执行的重要制度。1922 年中共二大通过的党章中规定“中央执行委员会得随时派员到各处召集各种形式的临时会议”[②]，可视作巡视制度的萌芽。中共三大通过的《组织法》规定，中央执行委员会选举五人组成中央局，其余四人分派各地，与当地委员会一同工作，每星期将所在地的情形报告中央局一次[③]。这是党的文件中最早出现的特派员制度。中共四大后，1925 年 10 月《组织问题议决案》指出，应当增加中央特派巡行的指导员，“使

---

① 中共中央组织部、中共中央党史研究室、中央档案馆：《中国共产党组织史资料（1921.7—1949.9）》第 8 卷，中共党史出版社 2000 年版，第 80—81 页。

② 中共中央组织部、中共中央党史研究室、中央档案馆：《中国共产党组织史资料（1921.7—1949.9）》第 8 卷，中共党史出版社 2000 年版，第 16 页。

③ 中共中央组织部、中共中央党史研究室、中央档案馆：《中国共产党组织史资料（1921.7—1949.9）》第 8 卷，中共党史出版社 2000 年版，第 20 页。

事实上能对于区及地方实行指导全部工作”[①]。此后，中央和各级党部都曾派巡视员（特派员）到下级部门进行巡视检查工作。1927年11月14日，《最近组织问题的重要任务议决案》指出各地方“应当开始建立各级党部的巡视指导制度”[②]；12月1日，中央通告中明确“中央，省委，县委，市委必须经常的有一人巡视下级党部直至支部小组的工作”[③]，表明各级巡视制度的正式确立。

（三）强化报告制度

中央集权制需要各级组织之间政令畅通。工作报告是总结工作、联系上下的重要载体。党的各级执行机关，都要对相应的权力机关作定期报告。中共二大至五大，都由陈独秀代表中央向全国党代会作专门政治报告。中国共产党是在共产国际的协助下成立的，最早明确规定上交的报告，就是每月向共产国际作定期报告[④]。1923年底，中央开始规定地方组织应每月向中央报告工作。“以后各区及未成立区之地方组织或组，务必于每月内将本地政治、劳动及党务状况，逐一详报，勿稍稽延，是为至要”[⑤]。1924年底，中央要求地方组织“每次接到中局文告后，应即提出会议讨论，并尽力执行，执行时有误障碍及其结果，均应随时报告中央。委员会或组长，至少一星期应向中央作报告一次报告一星期内所做工作”[⑥]。

中共四大后，党开始更加具体和详尽地对各级党组织向党中央作报告

① 中共中央组织部、中共中央党史研究室、中央档案馆：《中国共产党组织史资料（1921.7—1949.9）》第8卷，中共党史出版社2000年版，第67页。

② 中共中央组织部、中共中央党史研究室、中央档案馆：《中国共产党组织史资料（1921.7—1949.9）》第8卷，中共党史出版社2000年版，第147页。

③ 中共中央组织部、中共中央党史研究室、中央档案馆：《中国共产党组织史资料（1921.7—1949.9）》第8卷，中共党史出版社2000年版，第155页。

④ 中共中央组织部、中共中央党史研究室、中央档案馆：《中国共产党组织史资料（1921.7—1949.9）》第8卷，中共党史出版社2000年版，第4页。

⑤ 中共中央组织部、中共中央党史研究室、中央档案馆：《中国共产党组织史资料（1921.7—1949.9）》第8卷，中共党史出版社2000年版，第32页。

⑥ 中共中央组织部、中共中央党史研究室、中央档案馆：《中国共产党组织史资料（1921.7—1949.9）》第8卷，中共党史出版社2000年版，第45页。

提出相关规定。在1925年2月中央的通告中，对各级报告分门别类，具体明确。（1）中央对于驻地方的中央委员、候补中央委员，应将所有通告及重要议决案通知；每月至少应向中央作报告一次，报告所在地的政治概况及其对于所在地党的工作的观察和批评。（2）北京、广州两处，因其所处政治地位之重要，驻该两地中央委员，每周须另向中央作政治报告一次，以使中央及时了解这两个地方的发展情况。（3）地方书记每周向中央作报告一次，报告当地的政治情形及党的工作情况。（4）地方各工作部门，每月至少须向中央各该部作详细报告一次，报告该部工作情形①。为了切实贯彻中共四大会议精神，1925年2月，中央通告要求各地在三个月内，向中央报告所列诸事，监督各地对会议的贯彻执行情况。

此后，随着党组织的不断壮大和革命事业的蓬勃发展，党不断强化报告制度，要求地方党组织通过经常写报告、写信请示的方式得到中央及时的指导。1926年2月，中央专门下发关于各级党组织必须按时、按要求向中央作工作报告的通告，明确政治报告、组织报告、宣传报告、各委员会报告、群众组织内党团活动报告和临时报告等各类报告的上交周期。

对于基层支部，要求每次会议必须有一个政治或其他重要报告，若支部组织薄弱，地方党组织可指令作某种报告，并提供材料或演讲人②。1926年7月，中央《关于宣传部工作议决案》专门就地方组织的宣传工作，罗列每月鼓动成绩、宣传成绩、地方所处各种刊物期数及当时的中心口号、思想舆论调查、教育成绩、党校成绩、中央各种刊物在当地的影响、当地同志对中央刊物（《向导》《新青年》等）的通信篇目及数量等所应报告的八类事项，以加强对全国的指导③。中央还采取惩罚手段保证地方报告的及

① 中共中央组织部、中共中央党史研究室、中央档案馆：《中国共产党组织史资料（1921.7—1949.9）》第8卷，中共党史出版社2000年版，第57页。

② 中共中央组织部、中共中央党史研究室、中央档案馆：《中国共产党组织史资料（1921.7—1949.9）》第8卷，中共党史出版社2000年版，第75页。

③ 中共中央组织部、中共中央党史研究室、中央档案馆：《中国共产党组织史资料（1921.7—1949.9）》第8卷，中共党史出版社2000年版，第90页。

时送达，规定“以后凡是上一个月的各项详细报告在下一个月十五以前没有寄出者，即停发该地本月经费，在中央直接管理之各级党部每周须有一详细的政治报告寄来，若不能实行，亦照样处罚”①。

（四）严明组织纪律

在残酷复杂的革命斗争中，严明的纪律是中国共产党保持组织纯洁性的重要保障。中国共产党自创建以后，对“纪律”的认知过程不断深化。

中共四大强调组织纪律。一方面，会议修改了党章，在“纪律”这一章中列出十条必须遵守的规定，比中共三大通过的《中国共产党第一次修正章程》中的“纪律”一章，增加了一条关于党员流动的规定：“凡党员离开其所在地时必须经该地方党部许可，其所前往之地如有党部时必须向该党部报到。”毛泽东可以说是遵守这条规定的模范。1925 年 8 月，毛泽东组织开展韶山“平粜阻禁”运动后，离开韶山赴长沙。一到长沙，毛泽东就立刻向中共湘区委员会报告韶山农民运动情况，与之交换意见。在广州工作期间，他还到中共广东区委同陈延年等人讨论工作，研究农运、工运等问题。即使在大革命失败后的白色恐怖时期，他仍坚持每到一处主动与地方党组织联络②。另一方面，在中共四大通过的《对于组织问题之议决案》中，认为党领导革命斗争的目的是“扩大党的数量，实行民主的集权主义，巩固党的纪律”，并用“党员们受其所隶属的区执行委员会、地方执行委员会及支部干事会的指挥”来诠释“巩固党的纪律”这一要求。③

（五）发布党的第一个反贪腐的文件

中国共产党从成立以来非常重视党风廉政建设和反腐败斗争。随着大

① 中共中央组织部、中共中央党史研究室、中央档案馆：《中国共产党组织史资料（1921.7—1949.9）》第 8 卷，中共党史出版社 2000 年版，第 57 页。

② 光新伟：《四大党章：强化组织纪律》，《中国纪检监察》2015 年第 22 期。

③ 中共四大史料编纂委员会：《中国共产党第四次全国代表大会》，中共党史出版社 2004 年版，第 76 页。

革命高潮的到来，中国共产党的威信不断提高，党员人数急剧增加，既有助于壮大党的力量，也有可能会有投机腐败分子混入党内影响队伍纯洁，这引起了党对党员质量上有所“退化”的高度警觉。1926 年 8 月 4 日，在中共中央扩大会议上，针对少数党员中“贪官污吏化”的倾向，向全党发出了第一个反贪污腐化的文件——《坚决清洗贪污腐化分子》的通告，要求各地党组织坚决清洗贪污腐化分子，制止党内腐化现象的发生。通告发布后，各地加强了对党员的教育，对党组织进行了整顿，尤其是“党内工作者的坏倾向如雇佣劳动化与贪官污吏化的分子，自扩大会议后各地均已注意清洗”[①]，保持了党的队伍的纯洁性，提高了党在群众中的威望，推动了国民革命向前发展。这一反腐倡廉措施的出台，为中共五大成立中央监察委员会奠定了制度基础，孕育了中共纪检监察制度[②]。

（六）成立第一个地方性纪律检查机关

为加强党内监督，1925 年初，中共广东区委成立了党的第一个地方性的纪律检查机关——中共广东区委监察委员会，林伟民任书记，杨匏安、杨殷、梁桂华任委员。在历时 16 个月、罢工人数 25 万、募集经费高达 490 万元的省港大罢工中，在广东区委的领导下，罢工工人代表大会成立了审计局、财务委员会、工人纠察队、会审处等机构，通过撤职、查办和惩戒舞弊的决议共 46 项，整顿纪律的决议共 80 项，有力保障了罢工顺利进行。

监察委员会还复查“开除陈公博党籍案”和处理“开除周佛海党籍案”，纯洁了党员队伍，赢得了广大党员的拥护。广东区委监委一方面严肃党的纪律、清除投机分子，另一方面帮助各地建立党的组织，促进党员队伍发展壮大、党的组织坚强有力。截至 1927 年 4 月，广东区党员人数已

---

① 中央档案馆编：《中共中央文件选集》第 2 册，中共中央党校出版社 1989 年版，第 355 页。

② 王佩军、刘世炎、潘秦保等：《中共早期纪检监察制度在上海孕育》，《上海党史与党建》2019 年第 1 期。

经超过 9000 人。在波澜壮阔的工人运动中，面对日益壮大的干部队伍，广东区委监委在维护党的政治纪律、组织纪律、廉洁纪律、工作纪律等方面做了大量富有开创性和成效性的探索工作，为党中央成立专门的纪律检查机构积累了宝贵经验。

中共四大重视党的自身建设，确立了党的组织路线，使党走上快速发展的轨道，对党领导中国的革命向纵深发展奠定了良好基础。此后，虽然在国民党的“清党”运动和白色恐怖下遭遇重大打击，但党的核心力量得以保存，得以渡过各种艰难险恶的情形，大革命失败后全国各地保存下来的组织仍能发挥战斗堡垒的有力作用。

但是，由于党在当时毕竟还处在幼年阶段，党的工作大多聚焦在国共合作方面，国内政治环境恶劣，在这一时期，党虽然在自身建设方面取得了一定成效，但还处于起步阶段。党的队伍的发展以及思想建设和组织建设，还远远不能适应迅速高涨的大革命形势发展的需要，特别是在对新党员的教育和干部人才培养方面、党的基层组织建设方面，还存在着一些缺点和失误。后来毛泽东总结道：“在这一阶段中，党的组织是发展了，但是没有巩固，没有能够使党员、党的干部在思想上、政治上坚定起来。新党员非常之多，但是没有给予必要的马克思列宁主义的教育。”① 但是中共四大以来对于党的建设的探索对后来党的发展和建设仍然具有重要意义。

---

① 《毛泽东选集》第 2 卷，人民出版社 1991 年版，第 610 页。

第四部分

中共四大相关研究综述

1925年1月11日至22日，在今上海市虹口区东宝兴路254弄28支弄8号召开了具有重要历史意义的中共四大，这是一次影响深远的会议，在党史功绩簿上书写了浓墨重彩的一笔。时至今日，学界对中共四大进行了多维度、深层次的分析与论证，涌现出了一批可圈可点的学术成果。在整理文献中发现，学界对于中共四大的相关研究主要集中在无产阶级领导权思想、党的组织建设、群众性政党建设以及相关人物研究上。本书试图将关于中共四大的研究进行粗浅的学术梳理，希冀对后续的研究有所裨益。

第一章　无产阶级领导权思想的研究

领导权问题是中国革命的基本问题，无产阶级领导权问题是中共四大的中心议题。中共四大通过多项文件，包括:《中国共产党第四次全国大会宣言》《对于民族革命运动之议决案》《对于职工运动之议决案》《对于农民运动之议决案》等。在这些文件中，中共四大明确提出了无产阶级对国民革命的领导权问题。在第一次国共合作时期，中国共产党在一定程度上实现了对大革命的思想领导、组织领导和政治领导，这与中共四大第一次在党的历史上明确提出无产阶级领导权问题是分不开的。那么，当前关于无产阶级领导权问题研究的总体概况如何？提出背景及其科学内涵是什么？学术界进行了大量探讨。

一、研究概述

关于大革命时期，尤其是中共四大前后无产阶级领导权思想的研究，长期以来，没有能够进行深入细致的考究，诸多版本的党史教材和论著，基本都认为无产阶级领导权思想的形成是以毛泽东的《中国社会各阶级的分析》的发表为标志的。党的十一届三中全会以后，史学界本着科学的治学态度，对大革命时期无产阶级领导权等问题的研究无论在广度还是在深度上都有显著的进展。一些珍贵的史料被发掘整理，弥补了以往研究的不足。比如关于无产阶级领导权问题，既要看到毛泽东个人的贡献，也要看到陈独秀、李大钊、瞿秋白等党的早期领导人对这个问题所作的探索和贡献。据不完全统计，这一时期有关这方面研究的学术论文、回忆录就有近500篇发表，论文及专门资料汇编近40本，出现了一个百家争鸣的局面。

党的十八大以来，在全面从严治党的大背景下，领导权、组织建设以及群众性政党建设问题逐渐得到学术界的关注。2015年1月，上海市委党史研究室和中共四大纪念馆联合主编的《力量之源——纪念中共四大90周年学术研讨会论文集》出版，精选了46篇最近研究成果，这些成果研究视角新颖、覆盖面广，其中直接关于无产阶级领导权问题的有4篇。2019年12月，中共虹口区委党校和中共四大研究中心联合主编的《中共四大研究中心课题论文集》，汇总了2016—2018年间中共四大研究中心的课题成果29篇。这些最新研究成果的出版，立足现实、顺应形势，在充分挖掘中共四大历史贡献的基础上，进一步探索了中共四大提出的无产阶级领导权、工农联盟等问题的当代意义。

二、无产阶级领导权思想的提出背景

中共四大确定无产阶级领导权并非偶然，而是有着深刻的社会背景、思想理论准备以及内外部因素的。

（一）早期中国共产党人的探索

一是关于陈独秀与无产阶级领导权问题的研究。陈独秀作为当时中共中央的主要负责人，他对无产阶级领导权问题的认识，直接影响到国民革命运动的发展，甚至是中国共产党的前途命运。对于陈独秀究竟有没有提出无产阶级领导权的问题，马英民在《论陈独秀无产阶级领导权思想的形成及其演化》一文中对陈独秀无产阶级领导权思想形成的脉络，做了较为客观的评述[①]；蔡文杰运用阶级分析方法对中共四大以前陈独秀对中国社会各阶级的看法及其思想特征做了详细解读[②]；潘秦保在《中共四大前后陈独秀的无产阶级领导权思想》[③]中把陈独秀无产阶级领导权思想的演变划分为三个时期：一是从五四运动到中共一大，主张“劳工神圣”，因此要组建一个无产阶级政党——中国共产党，这一时期陈独秀的无产阶级领导权思想初步形成；二是从中共一大到中共三大，主张在联合战线中要保持无产阶级的独立性，但是由于对资产阶级的作用估计过高，国共合作出现矛盾与转变，陈独秀的“二次革命论”逐渐形成；三是从国民党一大到中共四大，主张继续在国共合作中联合与斗争。对此，姚金果认为，“陈独秀的《资产阶级的革命与革命的资产阶级》一文是写给国民党人看的。陈独秀写此文的目的是帮助孙中山，说服那些反对国共合作的国民党人；而《中国国民革命与社会各阶级》，是写给共产党人看的。陈独秀对中国社会各阶级的分析没有错，当时无产阶级的力量确实很弱。”[④]因此，陈独秀从来没有把革命局限于资产阶级民主革命的范围，放弃无产阶级领导权以建设资本主义社会。

二是关于谁最早提出了无产阶级领导权问题。第一种观点认为最早提出无产阶级领导权思想的是高君宇。因为早在1922年10月，高君宇先后在《向导》第2、第4期发表了《革命运动中之印度政治状况》《答思顺》两篇文章，其中提出两个观点：一是中国无产阶级在革命性和实力上都胜过了资产阶级，完全能够在国民革命中“站个主要地位”，资产阶级是“被召集而参加的”；二是无产阶级与资产阶级的联合是有条件的，并应该在联合中坚持自己的政治、经济利益，而不可“放弃”对资产阶级的斗争。高君宇的思想中已经蕴含了无产阶级要领导国民革命的思想。第二种观点

① 马英民：《论陈独秀无产阶级领导权思想的形成及其演化》，《河北大学学报》1994年第4期。

② 蔡文杰：《重评中共四大前陈独秀的阶级分析》，《安徽史学》1998年第4期。

③ 潘秦保：《中共四大前后陈独秀的无产阶级领导权思想》，《党史博采（理论）》2012年第3期。

④ 姚金果：《“陈独秀与共产国际”学术研讨会综述》，《中共党史研究》2000年第2期。

认为瞿秋白首先提出了无产阶级的领导权问题。朱世英、郭晓合等学者认为，1923 年 6 月改组后的《新青年》杂志发表《新青年之新宣言》一文，在这篇文章中提出了无产阶级在民主革命中的“指导权”和“革命领袖的地位”，实际已经提出了无产阶级领导权思想。而瞿秋白是改组后的《新青年》主编，这篇文章的刊出无疑反映了瞿秋白的思想。此外，他在党的三大上也提出无产阶级对民主革命的领导权问题，并且就这个问题与陈独秀等进行过争论。由此认为瞿秋白是中共党内提出无产阶级领导权思想的第一人。第三种观点认为最早提出无产阶级领导权问题的是邓中夏。理由是邓中夏 1924 年 11 月发表在《中国工人》第 2 期上的《我们的力量》一文，才明确提出了无产阶级必须领导民主革命的思想。第四种观点认为蔡和森是我党领导权思想的首倡者。理由是早在 1923 年 1 月 18 日，蔡和森在《外力，中流阶级和国民党》一文中就已经指出：工人阶级是国民革命的“真正主人”，领导工农阶级进行国民革命的则“有中国共产党”，并将中国反帝反封建的民主革命分为旧民主主义革命和新民主主义革命两个历史阶段，认定无产阶级是新民主主义革命阶段的领导者。由此认为“蔡和森提出的无产阶级领导权思想的时间，比瞿秋白还早了 8 个月”。第五种观点认为是彭述之最早提出了无产阶级领导权思想。提出这种观点的研究者认为，1924 年 10 月、12 月，彭述之在《中国工人》和《新青年》分别发表《中国工人阶级的责任》《谁是中国国民革命之领导者》两篇文章，提出工人阶级“天然是国民革命的领导者”。① 彭述之作为中共四大非常看重的“莫斯科来者”，比较全面地论述了无产阶级领导权问题，转变了党内一般认为资产阶级民主革命中领导力量是资产阶级的传统观点，对我党领导权思想的形成有不可忽视的作用。②

综上分析，按照时间顺序，提出无产阶级领导权思想的依次是高君宇、

---

① 《新青年》国民革命专号，1924 年 12 月。

② 参见朱世英：《试论国民革命时期瞿秋白的无产阶级领导权思想》，《徐州师范大学学报（哲学社会科学版）》1999 年第 1 期；郭晓合：《谁最先提出大革命领导权问题》，《广西大学学报》1991 年第 1 期。

蔡和森、瞿秋白、彭述之和邓中夏，但是无产阶级领导权思想被明确提出却是在中共四大。“中国的民族革命运动，必须有最革命的无产阶级有力参加，并取得领导地位，才能够得到胜利。……若要民族革命运动得到较彻底的胜利，固然需要最革命的无产阶级站在领导地位，同时这领导阶级也要能够抓住被压迫的各社会阶级的力量，向共同的敌人——帝国主义及其工具（国内军阀及地主买办阶级）——作战，才免得处于孤立地位，这是一个重要问题。”[①] 在这个基础上，有人认为大革命时期我党无产阶级领导权思想的提出和形成，是集体智慧的结晶和革命斗争的经验总结。它有一个发展过程，很难讲是哪一个人在哪一篇文章中首先提出。实际上，党的四大以前，没有哪一篇文章，也没有哪一个人专门论述过无产阶级领导权问题的基本内容。因此，这一思想的形成很难确定谁是首倡者，过分地集中于个人，既不符合事实，也不符合认识规律和历史唯物主义原理。[②]

（二）共产国际的指示

20 世纪 80 年代末 90 年代初，向青、杨云若、杨奎松、黄修荣等专家分别撰写了各具特色的共产国际与中国革命关系史的专著，诸如共产国际对中国革命的影响和作用，共产国际与中国革命关系的经验教训，共产国际与毛泽东及毛泽东思想的关系。但是由于缺少第一手档案资料，关于共产国际关于无产阶级领导权的看法，很少有专门性、系统性的论述。

联共（布）和共产国际绝密档案的陆续公布给陈独秀研究提供了契机。1997 年后，苏联解密档案中的 1920—1927 年联共（布）中央与共产国际如何指导中国革命的系统档案被介绍到中国。1999 年，杨奎松首先利用这套资料写成《陈独秀与共产国际》一文，刊登在《近代史研究》第 2 期上。唐宝林的《重评共产国际指导中国大革命的路线》也以新的史料为基础，

---

① 中共四大史料编纂委员会编：《中国共产党第四次全国代表大会》，中共党史出版社 2004 年版，第 37 页。

② 曲丰霞：《大革命时期无产阶级领导权思想研究综述》，《中共南宁市委党校学报》2005 年第 1 期；赵秀华：《大革命时期无产阶级领导权问题研究综述》，《理论界》2013 年第 8 期。

对陈独秀与共产国际的关系作了深入研究。官方出版的《中国共产党历史》（第一卷）、《中国共产党历程》《中国共产党上海史》等著作从历史唯物主义出发，吸收学术界最新的研究成果，对中共失去大革命领导权的原因作了新的表述。

一是共产国际为无产阶级领导权问题的提出提供了关键的指导和帮助。根据相关历史资料可见，中共一大通过的纲领还明确规定要“联合第三国际”。党的二大制定的《关于共产党的组织章程决议案》指出，要“到群众中去”、要组成大的“群众党”[①]。1922年底，共产国际四大的决议认为中国共产党人还未能贴近人民群众。[②]中共三大之前，《共产国际执行委员会给中国共产党第三次代表大会的指示》中就曾提出“领导权应当归于工人阶级的政党。”[③]中共四大即将召开的前一个月，维经斯基在给拉斯科尔尼科夫的信中指出四大的“中心议题是党渗透到城市工人群众中去的问题……同时，代表大会应该找到把群众集中和组织起来的各种方式。”[④]潘秦保认为，共产国际关于通过党的群众化来实现党的领导权的思想是中共四大明确提出领导权问题的重要因素。[⑤]

二是关于共产国际轻视中国无产阶级和共产党、过高估计资产阶级和国民党作用的问题。问题缘由可参见中共中央党史研究室第一研究部译：《联共（布）、共产国际与中国国民革命运动（1920—1925）》。[⑥]对此夏静雷、张娟认为共产国际为中共早期组织建设和工人运动开展提供了积极的

① 徐振岐主编：《革命纲领：中国共产党第二次全国代表大会》，河北人民出版社2012年版，第31页。

② 中共中央党史研究室第一研究部译：《共产国际、联共（布）与中国革命档案资料丛书》第1卷，北京图书馆出版社1997年版，第163页。

③ 中国社会科学院近代史研究所翻译室编译：《共产国际有关中国革命的文献资料》（1919—1928），中国社会科学出版社1981年版，第79页。

④ 中共四大史料编纂委员会编：《中国共产党第四次全国代表大会》，中共党史出版社2004年版，第148页。

⑤ 潘秦保：《党的四大前后陈独秀无产阶级领导权思想中的共产国际因素》，《上海党史与党建》2012年第9期。

⑥ 中国社会科学院近代史研究所翻译室编译：《共产国际有关中国革命的文献资料》（1919—1928），中国社会科学出版社1981年版，第76页。

无私帮助和支持，促成了国共合作，但是却“一开始就低估了中国共产党的力量，很少谈及无产阶级领导权问题”。①

既然如此，就谈不上无产阶级的领导权问题。共产国际这一论断是马林“一切工作归国民党”方针的思想基础。党的三大前后很长一段时间，共产国际显露出对中国共产党的极端轻视，而对国民党是持全盘肯定态度的，因此把全部希望寄托给了国民党。他们不惜一切力量在军事上给予国民党大力支持，完全取消了中国共产党独立的军事工作，特别是对国民党右派的反共活动也缺乏警惕，压抑中共内部与国民党斗争的力量，并进行严厉的打击。对此，杨云若、杨奎松认为，在国共关系上，共产国际只片面强调团结，否认斗争，“向资产阶级和国民党右派让步，以挽救南方的革命。”②

三、无产阶级领导权思想的科学内涵

（一）政治领导和组织领导的统一

有的学者从理论指导与革命实践的角度，把无产阶级革命领导权理解为政治领导和组织领导的统一，政治领导指的是路线和方向的领导；组织领导是指对党权、政权、军权等方面的把握，即组织建设、统一战线与武装斗争。政治领导和组织领导是既有区别又有联系的，二者互相依存、密不可分。政治领导是关系革命方向路线的根本问题，是主要的，是组织领导的向导和指南；组织领导是贯彻政治领导的具体步骤和保证，政治领导通过组织领导才能发挥作用。从完整的理论意义上讲，革命领导权，应是政治领导和组织领导的统一。如陶用舒的《论大革命时期的领导者》、刘培平的《关于大革命领导权问题的几点看法》等，这种观点注重理论与实践的辩证统一，

① 夏静雷、张娟：《中共四大前后中国共产党的无产阶级领导权思想》，《力量之源——纪念中共四大90周年学术研讨会论文集》，上海人民出版社2015年版，第271页。

② 杨云若、杨奎松：《共产国际和中国革命》，上海人民出版社1988年版，第125页。

突出强调政治领导的重要性，淡化和模糊了组织领导。[①] 因此，组织领导作为政治领导能否实现的重要保障，中共四大有无相应的安排？这就涉及无产阶级领导权思想的科学内涵的第二个层面：方向引领与实现路径的统一。

（二）方向引领与实现路径的统一

政治领导主要是一种方向和路线的引领，而包括统一战线、组织建设和武装斗争在内的组织领导则是实现无产阶级领导权的具体路径。因此，曲丰霞认为，党的无产阶级领导权思想，除明确中国无产阶级必须和能够领导民主革命以外，还要提出实现无产阶级领导权的一系列策略、方针、政策，它应该包括三个方面的基本内容：第一，正确认识中国无产阶级的性质、力量及其在中国社会各阶级中的地位；第二，正确认识农民问题这一中国革命的中心问题及工农联盟的策略；第三，正确认识中国资产阶级以及在与资产阶级的联合中争夺无产阶级领导权的方针。[②]

中共四大有没有提出实现领导权的现实路径？学术界传统的观点认为，中共四大仅仅提出了无产阶级领导权问题，但由于党受到陈独秀“二次革命论”的思想支配，从理论和实践上并没有坚持无产阶级领导权，所以，中共四大提出的无产阶级领导权问题仅停留在口号上。换言之，中共四大所提出的无产阶级领导权问题在整个国民革命时期只不过是一件孤立的事件而已。比如钱枫、刘其发从“如何处理与国民党关系问题”、“革命武装问题”、“农民问题”三个维度论述了在大革命时期中国共产党没有解决实现领导权的策略问题的具体表现。[③]

有学者认为中共四大虽然提出了“无产阶级领导权”思想，但是由于受到彭述之“天然领导权”思想的影响，中共四大并未提出实现领导权

① 参见刘培平：《关于大革命领导权问题的几点看法》，《烟台大学学报（哲学社会科学版）》1990 年第 1 期；陶用舒：《论大革命时期的领导者》，《湖南师范大学社会科学学报》1997 年第 5 期。

② 曲丰霞：《大革命时期无产阶级领导权思想研究综述》，《中共南宁市委党校学报》2005 年第 1 期。

③ 钱枫、刘其发：《第一次国内革命战争时期的革命领导权问题》，《中国社会科学》1980 年第 4 期。

的现实路径。周恩来在《关于党的“六大”的研究》中准确地对这个问题进行了分析：“在党的第四次全国代表大会上，彭述之认为领导权天然地落到了无产阶级身上，是‘天然的领导权’，不用无产阶级去争。这就是没有看到资产阶级在争领导权。所以在国民党第二次全国代表大会后，一九二六年三月二十日蒋介石来了个反共，我们毫无准备。”① 周恩来关于无产阶级领导权的分析不无道理，但是中共四大提出的无产阶级领导权问题虽然受彭述之“天然领导权”思想的影响，存有缺陷，但是二者并不可等同。潘秦保认为彭述之的“天然领导权”重点在强调无产阶级掌握革命领导权的必然性，而中共四大提出无产阶级领导权问题，除了强调无产阶级掌握领导权的必然性，还更加强调实现无产阶级领导权的现实性，显然是中共四大深化了彭述之的“天然领导权”思想。② 李永春、岳梅认为③，彭述之强调的是无产阶级的阶级性和天性决定了他们可以取得国民革命的领导权，并不含无产阶级不需争夺革命领导权的意思。因此，王小京认为：“中共四大提出的无产阶级领导权问题在一定程度上是得以贯彻落实的，其影响力也是长期的。我们可以从四大结束后，党中央召开的各类会议中，以及从陈独秀所写文章中都能找到依据。”④

（三）领导主体与衡量标准的统一

从领导主体角度，一些学者认为无产阶级领导权应当包括由谁领导和怎样领导。这类观点把握住了领导权的主体，强调无产阶级应该首先认识到掌握领导权的重要性，但没有对被领导者投以应有重视，其所理解的还不是领导权的全部内涵。因此，一些学者则更注重强调被领导者。黄寿先认为，中共早期领导人，如蔡和森、陈独秀、瞿秋白、邓中夏等在1920—1924年各自对领导权进行了相关表述，认为“这些都只是提出了无产阶级

① 《周恩来选集》（上），人民出版社1980年版，第159页。

② 潘秦保：《中共四大与无产阶级领导权问题的提出》，《党史文苑》2012年第5期。

③ 李永春、岳梅：《彭述之的无产阶级“天然领导权”思想再探》，《党史研究与教学》2013年第3期。

④ 王小京：《再论中共四大对无产阶级领导权问题的确立》，《兰州学刊》2006年第1期。

来领导革命斗争的问题，还未提出无产阶级领导谁，以及怎样去实现领导谁的问题，所以这只是提出了无产阶级领导权思想”①。可见，不仅要意识到领导权的重要性，还要关注如何实现领导权。而中共四大既正确提出了无产阶级领导革命，又明确提出了“农民阶级是工人阶级最可靠的同盟军”。所谓被领导者，那一定包括农民，所谓解决“被领导者”的问题，那一定涉及解决农民问题这个中国革命的中心问题。

关于领导权的衡量标准问题，有的学者主张政治标准是衡量领导权的首要标准，政治标准即政治领导标准，谁能够影响到革命的方向、纲领和路线，谁就是国民革命的领导者。“领导权的实现，主要的是靠路线、方针和政策的正确性”②。朱培民认为，第一次国共合作的政治基础——新三民主义，是孙中山提出的，虽然国民党“接受了共产党某些政治主张”，但是这不能“作为共产党领导国民党的理由”③。可见，朱培民认为国民党在孙中山时期是引领着大革命的方向、纲领和路线的，是大革命的实际领导者。但是，这不能否认中国共产党在中间起到的作用。綦军认为，“在第一次国内革命战争时期，实现了中国共产党提出的政治纲领和革命口号，也就是说实现了中国共产党的政治领导”④。有的学者把政权和军权当作领导权的重要衡量标准，郑本结认为中共四大从保持工人运动独立性、争取农民同盟军、坚持统一战线的阶级斗争和加强党的组织建设方面把如何争取领导权问题提上日程，但并没有提出如何争取政权和军权这个中心支柱的有效政策。⑤有的学者把国共合作的体制机制作为重要衡量标准，认为“党内合作的体制”使得中国共产党在思想、政治和组织方面的独立性受到了严重

---

① 黄寿先:《对我国无产阶级领导权的历史考察》,《广东民族学院学报（社会科学版）》1992 年第 1 期。

② 梁琴:《略述第一次大革命运动中无产阶级领导权问题》,《华中师院学报（哲学社会科学版）》1982 年第 4 期。

③ 朱培民:《关于第一次国内革命战争时期的革命领导权问题》,《实事求是》1981 年第 1 期。

④ 綦军:《关于第一次国内革命战争时期革命领导权问题》,《内蒙古民族师院学报（社会科学汉文版）》1982 年第 2 期。

⑤ 郑本结:《争取无产阶级领导权是党的四大确定的一项基本策略方针》,《解放军外语学院学报》1991 年第 2 期。

束缚，因此要想获得领导权是极为困难的。① 因此，“保持无产阶级政党的独立性和保证统一战线的不破裂，是一个二律背反的公式。”②

四、无产阶级领导权思想的研究展望

综观目前学术界已有成果，关于无产阶级领导权的研究可谓成绩斐然，而且不断有新的成果问世，之前不被人注意的问题逐渐被挖掘出来，为进一步研究奠定良好基础。下一步，为推动中共四大的相关研究进一步向纵深发展，一是在研究内容上，关于无产积极领导权依然有很多问题值得继续深入探讨，比如领导权的科学内涵和衡量标准有待进一步明确、中国共产党对大革命时期领导权的认识研究有待进一步深入、俄国革命共产国际对大革命期间领导权思想的影响、获取无产阶级领导权的现实路径、领导权与党的全面领导、无产阶级领导权思想的当代意蕴等等。二是在研究方法上，也应当注意一些问题，应当全面地、客观地、具体地看待大革命时期的历史事件和历史人物。例如，我们在研究大革命的领导权应该立足于那个时代，不能用马克思主义中国化过程中形成的严密科学理论来苛求我们党早期对这个问题的认识，也不能为了印证我们的某些观点而随意拔高早期的某些观点，应该严格遵照实事求是的原则对这一问题进行科学的研究。

① 沈建中:《无产阶级领导权与国共合作体制机制问题探讨》,《力量之源——纪念中共四大90周年学术研讨会论文集》，上海人民出版社2015年版，第261页。

② 田克勤:《国共关系论纲》，东北师范大学出版社1992年版，第104页。

第二章　中共四大与党的组织建设的研究

关于中共四大对党的组织建设的历史贡献是近年来的研究重点，学界研究角度、侧重和深浅不一。2018 年 12 月，“中共四大与党的支部建设”全国研讨会在上海召开，会议认为四大关于组织建设的核心在于支部建设，而且是支部建设的“历史起点”。

一、组织建设的主要内容

从总体上看，在 2005 年 1 月上海市纪念中共四大召开 80 周年理论研讨会认为，中共四大关于党的组织建设的内容：第一，在全国范围内发展和建立党的组织；第二，第一次规定党的支部为党的基本组织；第三，简化入党程序，积极吸收工人、贫农和一般革命分子入党；第四，设立中央组织部；第五，在国民党和其他有政治性质的重要团体中，组织中共的党团，以便从中支配该党和该团体的活动。四大在党的组织建设方面制定的一系列新的规定，使党的组织在其内部结构与外部联系方面都得到了进一步的完善，使党的基本组织原则更便于操作，从而使党的政党形态日趋丰满。①

沈燕培认为，四大关于党的组织建设内容包括：第一，突出强调了组织问题的重要性；第二，指出组织建设是实现党的使命的重要内容，凸显了党的组织路线和组织纪律；第三，党史上首次将支部规定为党的基本组织；第四，将“中央委员会委员长”职务改称为“总书记”，地方各级党

① 方宁:《上海市纪念中共四大召开八十周年理论研讨会综述》,《上海党史与党建》2005 年第 2 期。

的执行委员会的委员长职务，改称为“书记”；第五，四大党章的修改表明党的组织管理日益严格，组织纪律日益强化。[①]

二、组织建设的重要意义

齐卫平、张玉菡在考察了中共一大至四大的发展过程后，将中共四大作为中共创建的完成标志来考量，并认为中共的创建过程涵盖中共一大至四大，因为无产阶级领导权的确立是中共成为无产阶级政党的主要标志，而四大恰好确立了群众性党的建设目标，并确立了无产阶级领导权思想，实现了组织完型，所以四大时中共才真正完成了建党历程。[②]管怀伦认为，中共二大、三大与四大的指导原则均以集中制理论为基础，且在组织形态上都具有较为鲜明的集中制风格，此外在组织制度上都具有集中制的根本特征，进而认为其组织制度并非民主集中制，实为集中制。[③]曾成贵将中共四大的组织建设置身于布尔什维克化过程中予以考察，提出四大掀开了党建设群众性政党以及布尔什维克化的一页。[④]童科等认为：中共四大把党的支部规定为党的基本组织，初步奠定了党的支部制度基础，由此成为党重视并加强支部建设的历史起点，这在党的基层组织建设中具有奠基性的作用。同时，对支部建设作出的具体规定，表明中国共产党开始了对支部建设理论的积极探索。基层组织工作的改善和加强，为推进党的各项工作提供了强有力的组织保证，党的自身力量迅速发展，开始走上群众型政党的道路，党领导革命群众运动的能力大为增强。[⑤]

---

① 沈燕培：《迎接大革命高潮的历史准备：中共四大文献研读》，《党史文汇》2016 年第 10 期。

② 齐卫平、张玉菡：《论中共四大与中国共产党的组织完型——中国共产党创建史研究的一个新问题》，《上海党史与党建》2011 年第 9 期。

③ 管怀伦：《集中制是中共“二大”、“三大”、“四大”的组织制度》，《江苏社会科学》2009 年第 5 期。

④ 曾成贵：《中共四大：群众党建设和布尔什维克化的一页》，《中国延安干部学院学报》2014 年第 6 期。

⑤ 童科、兰剑：《“打造基层战斗堡垒”：中国共产党支部建设历程概述》，《上海党史与党建》2020 年第 1 期。

三、组织建设的研究重点

（一）党的基层组织——支部建设

关于中共四大与组织建设的研究，普遍认为是中共四大党支部建设的起点。一是确定基层组织的名称。二是设立基层组织基本形式。三是规定基层组织的人数，马婉认为，这不仅有利于党发展壮大组织，更有利于党的基层组织渗透到社会各个领域。此规定一直沿用至今。这些举措规范了党的基层组织建设，也为建设群众性的政党提供了强有力的组织保证。①

刘顺厚认为，支部建设的相关规定对于整个党组织的建设意义不止于基层，还包括在全国范围内建立和发展党的组织，有效推进了党的组织工作开展。支部建设的加强，不仅使党的组织建设得到完善与发展，而且确立了党的组织机构和组织原则的雏形，这对后来充分发挥基层党支部作用、提升组织力等具有十分重要意义。②

刘红凛也认为中共四大对建党初期党的组织建设具有里程碑意义。四大党章对支部地位的确立，将二大党章规定的“党小组”升格为党支部、地方党支部升格为地方执行委员会，从而形成“四级”党的组织体系，即党支部、地方执行委员会、区执行委员会、中央执行委员会。此外，中共四大明确提出无产阶级领导权与工农联盟问题，革命形势发展迫切需要进一步建立完善党的组织体系、扩大党员队伍规模。《对于组织问题之议决案》就强调指出：“在现在的时候，组织问题为吾党生存和发展之一个最重要的问题”，把力争引导工人、小手工业者、知识分子、农民中有觉悟的先进分子参加革命视为“吾党目前之最重要的责任”。要求执行使党群众化的组织路线，“扩大党的数量，实行民主的集权主义，巩固党的纪律”。就此，党的组织迅速发展、党员人数迅速增长，实现了党从最初的组织宣传

① 马婉：《党的组织“细胞”在中共四大完型》，《文汇报》2017 年 12 月 15 日。

② 刘顺厚：《从“党的一切工作归支部”到“党的一切工作到支部”——中共四大加强支部建设的历史价值与时代借鉴》，《中国近现代史研究》2019 年第 5 期。

小团队向群众性政党的历史跨越[①]。段光鹏等也认为无产阶级领导权问题的提出，推动建立了一套以加强中央对地方监督为核心的组织体系[②]。

（二）组织建设与群众性政党建设之间的关系

在构建组织体系的同时，中共四大也确立了党的组织路线，即加强党的领导，扩大党的组织，使党群众化。光新伟认为，中共四大对党章进行第二次修订，突出党支部作为基层组织的战斗堡垒作用，加快了各地党组织的发展速度；规定党员离开其所在地时必须进行报备，也正是以基层党组织大发展为前提。这些规定适应了加强党的建设的新要求，使党的纪律规定随着时代步伐的迈进不断完善。同时，在共产党自身强化组织纪律的影响下，共产党领导的工人运动也呈现出高度的组织纪律性[③]。

潘秦保认为，中共四大明确提出无产阶级领导权问题，则必须实现党的群众化，而群众性政党的建设离不开党的自身组织建设。正是中共四大采取了非常有力的步骤和措施来加强党的组织建设，群众性政党才得以逐步形成，主要有四个方面内容：一是在全国范围内发展和建立党的组织；二是简化入党程序，积极吸收工农入党；三是修改党章，巩固党的基层组织；四是强化组织部，组织党团。中共四大的组织建设实现了对群众性政党的探索[④]。

张云认为，中共四大关于党的组织问题的决议落实到对于职工运动之指导上，主要内容则集中于《对于职工运动之议决案》，该议决案着重提出在民主革命时期，尤其是与国民党合作时期，应该特别注意职工运动，认为："中国共产党是中国工人阶级唯一的指导者"，而主要策略则包括"主动力争工会的公开"，"主张工会的统一"，"指导群众的行动的时候，必注意于提出的口号，使能适合当地群众的组织力量，需要及情绪，而促

① 刘红凛：《党的组织路线的形成与发展》，《学习时报》2021 年 1 月 15 日。

② 段光鹏、王向明：《党的组织体系建设的百年演进、特点与经验》，《新疆社会科学》2021 年第 4 期。

③ 光新伟：《四大党章：强化组织纪律》，《中国纪检监察》2015 年第 22 期。

④ 潘秦保：《从中共四大看群众性政党的形成路径》，《上海党史与党建》2019 年第 3 期。

起群众做切实的更进一步的奋斗”，并阐述将工人组织起来的详细办法。因此，五卅运动在中共中央直接领导下，在罢工一开始就公开宣布成立全市性最高指挥中心——上海总工会，并与各工厂、企业一百多处基层工会相联系，并按产业系统建立若干产业总工会及区域性工会组织，即总工会分区办事处。形成了信息通达的组织网络，体现了高度的组织性，造成了总罢工的强大威力①。

潘秦保也认为，五卅运动的推进与群众性政党建设密不可分。中国共产党根据四大通过的一系列关于民族革命运动、职工运动、农民运动、青年运动及妇女运动等议决案，对民族革命运动及各种群众运动作了具体的计划和安排；通过职工运动委员会及妇女部等新机构，加强对群众运动的领导；根据四大关于宣传工作和组织工作的议决案，加强党的宣传鼓动工作。可以说，四大对群众性政党建设必要性的认识渐趋成熟，为即将到来的五卅运动奠定了阶级基础②。

（三）组织建设的宣传

党深刻认识到“组织问题为吾党生存和发展之一个最重要的问题”，为了加强党的组织建设，“扩大党的数量”，将党的方针指示及时、准确地传达到地方党组织，有必要将宣传工作进一步加强。对此，张朋认为，中共四大提出的“一切工作归支部”方针使报刊发行作为支部日常性工作而嵌入基层组织。四大对中共组织架构做了调整，提出中央到地方再到支部的组织系统，使报刊等出版物进入基层，发挥动员效力。梳理中央文件涉及党报发行政策设计，不难发现其演进的总体趋向是将报刊发行建立在中央到地方组织系统之中，使其不再仅属于专门性、专业性工作。其目的：一方面使得基层组织及党员团员参与到报刊发行工作中，一定程度上保证秘密状态下报刊发行的顺利进行；另一方面也是以报刊为“媒介物”构建中央与地方、组织与党员、党员与群众之间的有形纽带，形塑报刊发行推

① 张云：《中共四大、五卅运动与上海大学》，《大江南北》2021年第5期。

② 潘秦保：《浅析中共四大与五卅运动》，《红广角》2016年第9期。

广与组织构建相互为用的格局①。

中共四大《对于宣传工作之议决案》对国共合作期间党的宣传工作具有重大指导意义，宣传工作的转变一方面有力推动了群众性政党的建设，另一方面也为组织建设奠定坚实基础。光新伟认为，随着革命形势的发展，中共在宣传实践中积累了不少经验教训，越来越重视深入群众，开展多样化的宣传活动，并注重将之与组织建设结合起来。中共借助这些宣传活动方式深入到工农群众中发展壮大党的基层组织。以 1924 年下半年到 1925 年初的上海沪西工友俱乐部为例，在党的领导下宣传活动既有平时的游艺会、识字补习、工友讲演，也有深入的罢工、反帝宣传，组织工人阶级进行斗争活动。由于中共宣传工作深入工友生活，共产党基层党组织在俱乐部迅速发展起来。这就为后来党在五卅运动中领导上海工人运动奠定了良好的组织群众基础。中共四大前后的宣传工作不仅仅限于宣传动员，不再只是口号与主义的鼓动，是更深入地开展组织工作、与现实政治斗争的目标结合起来②。

刘苏华认为，中共四大至五大时期，党的出版机构已经逐渐得以建立，并且在机构的职能、人员的配备、工作的正常开展上，均表现出了作为一个中央级组织机构的完整性，标志着中国共产党出版组织机构的健全与发展。不过，这一时期虽然中国共产党的发展较快，组织建设得到加强，但受当时严峻形势和各种错误思潮的影响，党的出版组织机构发展受到影响，经历了过渡期，属于党的出版组织机构发展的承上启下阶段③。

四、研究展望

纵观中共四大与党的组织建设相关研究，一方面可以看出研究涉及内容相当宽泛，既有与《对于组织问题之议决案》和《中国共产党第二次修

---

① 张朋：《“人身上的血脉”：大革命时期中共党报发行网络》，《新闻与传播研究》2020 年第 4 期。

② 光新伟：《论中共四大宣传工作方针的转变》，《北京党史》2015 年第 1 期。

③ 刘苏华：《四大至五大时期中共中央出版组织机构考察》，《长沙理工大学学报（社会科学版）》2012 年第 5 期。

正章程》内容密切相关的组织建设研究，也有基于组织发展要求的群众性工作研究和宣传工作研究，还有组织纪律、组织制度和建党历程的研究；但是另外一方面也可以看出，相关研究内容的研究重点相对比较集中——对于中共四大在党的组织建设上的贡献主要集中于支部的确立。党的基层组织是党全部工作和战斗力的基础，加强基层组织建设的研究具有重大的历史价值与时代意义。但是，中共四大对党的组织建设贡献不仅止于此，四级组织体系的形成符合当时党的发展需求，中组部的设立对于组织建设工作的统筹、落实、推进也具有重要意义，而这部分内容在学术界尚处空白。此外，中共四大首次确立了加强党的领导、扩大党的组织、执行使党群众化的组织路线，大会通过的很多议决案可以视为落实该组织路线的具体文件，而这部分的研究也相对较少，如能有相关的系统研究与论述，对于推动和改进新时代党的组织建设仍富有历史价值。

第三章 党的群众路线与群众性政党建设的研究

“我们党的历次党代会都有特色，四大在党的历史上，应该说是一次以大力推进群众工作为主要特色的党代会”。“在我们党的群众工作史上，在群众路线形成发展史上，在党的优良传统和作风形成发展史上，四大都占有重要的地位”[①]。

一、中共四大与群众性政党建设

“群众性政党”建设的提出。有学者指出，这是基于共产国际的顶层设计。曾成贵在《中共四大：群众党建设和布尔什维克化的一页》[②]中指出，中共四大实现群众党建设和布尔什维克化的起步，是遵循共产国际顶层设计的结果。在当时条件下，第一次世界大战以后兴起的革命浪潮已经退去，资本主义在欧洲进入相对稳定发展的新阶段。共产国际认为，世界资产阶级的统治在帝国主义大战结束时未被推翻，主要是因为一些关键性的国家没有群众性的共产党来组织革命，并把自动起来反对战犯的群众导入革命斗争。所以，要坚持“到群众中去”的口号，争取工人阶级和人民群众的多数。因此，共产国际提出群众党建设的命题和任务。潘秦保在《群众性政党建设与党的群众路线的提出》[③]一文中指出，建设群众性政党，是共产国际对中国共产党提出的建党目标。共产国际对早期中国共产

① 李忠杰：《大力弘扬群众工作优良传统》，《上海党史与党建》2015 年第 2 期。

② 曾成贵：《中共四大：群众党建设和布尔什维克化的一页》，《力量之源——纪念中共四大 90 周年学术研讨会论文集》，上海人民出版社 2015 年版，第 64—66 页。

③ 潘秦保：《群众性政党建设与党的群众路线的提出》，《上海党史与党建》2014 年第 1 期。

党提供了积极的帮助，共产国际四大通过的《关于东方问题的总提纲》中关于《中国共产党的任务》的决议提出，共产党人应该将自己的主要注意力用于组织工人群众、成立工会和建立坚强的群众性共产党方面，这个把中共建设成群众性政党的目标，规定中国共产党必须加强对工人运动的领导，扩大在群众中的政治影响。中共四大使中国共产党走上了建设群众性政党的道路，根本目的是实现无产阶级的领导权，根本方法是加强党的组织建设。李颖的《中共四大历史意义探析》认为，中国共产党1921年诞生时，全国只有党员50多人，还不是一个群众性的党，党的创始人当时还没有建立一个群众性政党的意识，一大通过的党纲规定："彻底断绝与黄色知识分子阶层以及其他类似党派的一切联系。"① 共产国际四大向中国共产党人提出了建立"群众性共产党"的建党目标，遭到了共产国际驻中国代表马林的反对。1924年初，维经斯基接替马林成为共产国际驻华代表，指示要让中国共产党成为群众性的无产阶级党，群众性政党的建党目标应运而生。

中共四大对"群众性政党"建设的探索。齐卫平在《中共四大与党的群众观确立》② 一文中认为，中共四大确立了正确的群众观，才使建立"群众党"有了明确的指向。1922年中共二大提出要"到群众中去"组成一个大的"群众党"，"群众党"概念的提出，标志着中国共产党从狭小团体到面向群众的组织形态转型。但是，中共二大只是原则性地提出了建立"群众党"的思想，并不明确究竟从哪里入手去建立群众党。国共合作以后，中国共产党力求把国民党改造成为一个群众性的革命政党，将联系和发动群众的期待寄予国民党身上，这就偏离了共产党建设的正确方向，工作走了弯路。四大面向群众进行政治宣传，发动组织广大群众投身民族革命运动，这些都使党在建设"群众党"的实践中迈出了第一步。曾成贵在《中

① 李颖：《中共四大历史意义探析》，《力量之源——纪念中共四大90周年学术研讨会论文集》，上海人民出版社2015年版，第29—30页。

② 齐卫平：《中共四大与党的群众观确立》，《力量之源——纪念中共四大90周年学术研讨会论文集》，上海人民出版社2015年版，第45—46页。

共四大：群众党建设和布尔什维克化的一页》[1] 中指出，群众党建设包含两层意思：一是共产党到群众中去活动，群众是共产党工作的对象；二是吸收群众中的先进分子入党，这是群众性在党的组织形态上的表现。中共四大对群众党建设从组织建设、党章规范和加强对群众运动的领导等方面做了全面部署，掀开了群众党建设的一页。齐卫平、张玉菡在《论中共四大与中国共产党的组织完型——中国共产党创建史研究的一个新问题》[2] 中认为，中共四大之前，党内围绕党与工人阶级和工人运动是什么关系、党怎样对待农民运动、中国社会各阶级对国民革命的态度有什么差别、党在国民运动中居何种地位展开了深入的研究，为中共四大的召开奠定了基础。中共四大明确指出共产党不仅要在工人群众中做工作，吸收党员，还要深入到农民、学生、知识分子、小手工业者等一切受压迫的群众中开展宣传教育，扩大党的影响，增强党的社会基础和群众基础，向建设群众性政党迈进。这就表明，党的创建过程发展到中共四大，形成了从“秘密状态”转向公开亮相，从一个“潜在的党”转变成一个“实在的党”，从知识分子建立的政党组织转向“群众党”的发展目标，四大标志着中共创建的组织完型，中国共产党开始由小团体发展成为一个真正的群众性政党。刘建萍的《从“群众化”到“布尔什维克化”——中共早期对建党目标的探索与思考》[3] 认为，1924 年 5 月第三届中央执行委员会扩大会议和中共四大对建设无产阶级群众性政党目标的回归，重新开启了建设群众性政党的探索；1925 年 10 月后从“群众化”到“布尔什维克化”党建目标的树立，达到了这一阶段党建目标的新高度。

群众性政党的起点。蔡和森曾对中国共产党早期走过的道路作过一个分析，认为党先是由小团体而形成大的政党，然后再由政党形成阶级群众

---

① 曾成贵：《中共四大：群众党建设和布尔什维克化的一页》，《力量之源——纪念中共四大 90 周年学术研讨会论文集》，上海人民出版社 2015 年版，第 64—66 页。

② 齐卫平、张玉菡：《论中共四大与中国共产党的组织完型——中国共产党创建史研究的一个新问题》，《上海党史与党建》2011 年第 9 期。

③ 刘建萍：《从“群众化”到“布尔什维克化”——中共早期对建党目标的探索与思考》，《河南理工大学学报（社会科学版）》2012 年第 1 期。

的党，中共四大是由一般政党形成为阶级群众党的起点。他指出，中国共产党发展到第四次大会时，革命的情形与以前不同，以前是宣传的时期，现在到了行动的时期，使党走上领导群众的路上去，且是走上广大的道路。以前党有相当的发展，但是局部的，而不是普遍的。但到中共四大时，“党的政治组织开始走向正确的道路”，所以，“第四次大会是形成群众党的开始的基础”。张明楚在《“群众性政党”的提出与中共四大的作用》[①]中指出，中共四大政治路线和组织路线的正确，使党开始走上群众性政党的道路。中共四大以后，由于中国共产党的组织不断强固和壮大，又由于中国共产党已站在革命的指导地位，中国共产党已发展成为群众性的政党，五卅运动的成功标志着中国共产党发展成为群众性的政党。王钦双在《从宣传小团体到群众性政党——论中共四大对党的建设探索及历史性贡献》[②]中指出，中共四大开创了党的建设的新阶段，党的队伍迅速壮大，四大后的短短两年多的时间内，党员人数增加了近60倍，是中共历史上党员人数增长最快的时期，党的政治影响比数量的增加更快，从而使党变成真正的群众的党。

二、中共四大与党的群众路线

群众路线是党的生命线和根本工作路线。树立正确的群众观，坚持群众路线，贯穿于党领导革命、建设和改革全部历史过程。四大虽然没有明确提出群众路线，但是很多学者认为1921年至1927年，中共本身尚属于幼年时期，“群众路线思想不可能超越自身的发展阶段”，“只能是处于一种萌芽状态”[③]。

---

① 张明楚:《“群众性政党”的提出与中共四大的作用》,《上海行政学院学报》2005年第2期。

② 王钦双:《从宣传小团体到群众性政党——论中共四大对党的建设探索及历史性贡献》,《力量之源——纪念中共四大90周年学术研讨会论文集》，上海人民出版社2015年版，第85—86页。

③ 罗平汉:《中国共产党群众路线思想史》，人民出版社2013年版，第2页。

党的群众路线的初步探索。齐卫平在《中共四大与党的群众观确立》[①]中认为，中共四大是党的群众路线思想形成的历史起点。群众观是群众路线的前提和基础，没有正确的群众观，就不可能有群众路线的形成。中共四大之前，虽然有了建设群众党的意识，但还不懂得如何做群众工作，中共四大制定的关于群众运动的系列议决案，贯穿着发动群众运动的精神，群众运动的蓬勃掀起是党正确的群众观确立的结果。树立群众观点是中国共产党的独树一帜，体现着历史唯物主义强调人民创造历史的主体论思想。有了群众观点就使中国共产党与其他政党走上不同的路线，并造成不同的革命景观，其中的最亮点是广大人民群众融入革命浪潮而演绎出来的历史场景。中共四大确立的群众观，为党形成群众路线作了思想铺垫。李华在《"群众路线"：概念、内涵及其历史演变》[②]中指出，中国共产党在1921—1927年间没有明确提出过"群众路线"这个概念，但已对党与群众之间的关系、党领导群众的方式等问题进行了初步的阐述和探索。中共从成立伊始，就强调自身区别于一般研究性的小团体，要求党"从小团体变为群众的党，要能做到从思想的团体变为行动的团体，要能做到从支部基础的工作到大的群众行动"。李忠杰在《大力弘扬群众工作优良传统》[③]中指出，群众路线是中共四大富有特色的建树。我们党最初成立的时候，主要是一批知识分子在探索思考中国革命应该走什么路、中华民族的出路在哪里。有了认识，并付诸行动，从而建立了中国共产党。但是，中国革命这样一个巨大的历史任务，光靠知识分子是不可能完成的，因此就必然要求到群众中去。四大关于群众运动的系列决议，提出了如何组织群众、做好对群众的组织工作。工农群众运动在四大之后有了蓬勃发展，党进一步走到群众中去，组织群众、动员群众、发挥群众的作用，产生了积极的效果，四大之后，群众工作大规模地推开了。中国革命的历史事实证明，如果没有

① 齐卫平：《中共四大与党的群众观确立》，《力量之源——纪念中共四大90周年学术研讨会论文集》，上海人民出版社2015年版，第45—46页。

② 李华：《"群众路线"：概念、内涵及其历史演变》，《党史研究与教学》2014年第1期。

③ 李忠杰：《大力弘扬群众工作优良传统》，《上海党史与党建》2015年第2期。

人民群众的参与和支持，我们党是不可能发展壮大的。所以齐卫平认为，中共四大确立的群众观最重要的是使党懂得了一个深刻的道理：党的立足基础在群众，中国革命有了广大人民群众的支持才有取得成功的保障。懂得这个道理是党的群众路线逐渐丰富、成熟并不断延伸发展的重要思想基础[①]。

发动群众。1924 年 12 月 19 日，维经斯基在上海写信给共产国际东方部主任拉斯科尔尼科夫通报中国共产党的近况。他谈到了即将召开的中共四大。维经斯基直言："代表大会的中心议题是党渗透到城市工人群众中去的问题，也就是从在小组中做宣传工作过渡到在工厂中做鼓动工作的问题"。这不啻揭橥了中共四大的会议主题，有利于人们对此次会议精神的把握。吴海勇认为，在中共二大的"到群众中去"与中共六大的"争取群众"之间，中共四大的大会主旨可概括为发动群众。在理论方面，中共四大在党史上首倡无产阶级的领导权，极大地鼓舞了共产党领导民族革命运动的勇气，加强了领导群众运动的自觉性。从实践层面来看，中共四大在总结以往经验教训的基础上，密切结合当时问题的症结所在，对于如何组织发动群众、加强宣传工作、发展群众性党组织等，有了前所未有的切近指导。为此，党的群众路线在进一步丰富思想理论的同时付诸深入的实践。无疑，中共四大在党的群众路线发展中是重要的一个环节[②]。齐卫平在《中共四大与党的群众观确立》[③]中认为，中共四大确立的群众观具有革命战争时期的鲜明特点，其主要内容是动员和组织广大群众加入革命的事业，将党的奋斗与群众参与紧密相结合。中共四大之前，虽然有了建设群众党的意识，但还不懂得如何做群众工作，中共四大制定的关于群众运动的系列议决案，贯穿着发动群众运动的精神，群众运动的蓬勃掀起是党正确的群众观确立

① 齐卫平：《中共四大对民族革命运动的"新审定"与群众观确立的思想逻辑》，《中共党史研究》2015 年第 11 期。

② 吴海勇：《发动群众成为中共四大中心议题的历史语境》，《力量之源——纪念中共四大 90 周年学术研讨会论文集》，上海人民出版社 2015 年版，第 63 页。

③ 齐卫平：《中共四大与党的群众观确立》，《力量之源——纪念中共四大 90 周年学术研讨会论文集》，上海人民出版社 2015 年版，第 45—46 页。

的结果。潘秦保在《群众性政党建设与党的群众路线的提出》① 一文中指出，“群众路线”提出的根本目的是搞清楚在民主革命时期，党的革命动力和力量源泉是什么的问题，群众性政党建设为“群众路线”的提出奠定了思想基础，是中国共产党的群众观念在不同历史时期的具体表现，反映了中国共产党能够根据革命形势的变化，始终从群众的实际出发、深入群众、发动群众、为群众谋利益。

三、中共四大与群众运动

中共四大通过了《对于职工运动之议决案》《对于农民运动之议决案》《对于妇女运动之议决案》《对于青年运动之议决案》等一系列群众运动的议决案，推动了大革命时期群众运动的风起云涌。

关于职工运动。《中国革命史丛书（五）》② 认为，《对于职工运动之议决案》为全国工人运动的发展指明了方向，并制定了灵活的斗争策略和切实可行的具体计划，为即将到来的工人运动高潮作了理论上、思想上和组织上的准备。之后召开的第二次全国劳动大会共通过的 30 多个决议案，其中最主要的有《工人阶级与政治斗争决议案》《经济斗争决议案》《组织问题决议案》《工农联合决议案》《铲除工贼决议案》《中华全国总工会总章》《加入赤色职工国际决议案》等，明确规定了中国工会在民主革命时期的方针、任务、斗争策略和组织原则，它们指导下的五卅运动和省港大罢工，充分显示了无产阶级的战斗力量；《中国工人运动史话》③ 探讨了四大《对于职工运动之议决案》中职工运动过去状况与现状、职工运动与民族运动的关系、职工运动的策略问题、职工运动中共产党的政治教育及党的组织、职工运动的组织问题、职工运动的具体计划等内容。《中国工人运动史（第 3 卷）：第一次大革命时期的工人运动（1924 年 1 月至 1927 年 7 月）》④ 解

① 潘秦保：《群众性政党建设与党的群众路线的提出》，《上海党史与党建》2014 年第 1 期。

② 苏双碧主编：《中国革命史丛书（五）》，新华出版社 1991 年版，第 17—26 页。

③ 邹沛、刘真：《中国工人运动史话》，中国工人出版社 1993 年版，第 67—72 页。

④ 刘明逵、唐玉良主编：《中国工人运动史（第 3 卷）：第一次大革命时期的工人运动（1924 年 1 月至 1927 年 7 月）》，广东人民出版社 1998 年版，第 91—95 页。

读了《对于职工运动之议决案》，从工人运动与民族运动的关系、工人运动中的策略、工人运动中共产党的政治教育和党的组织、工人运动的组织等重大问题，以及制定工人运动的具体计划等方面对文件进行了解读。肖甡在《略论中共四大的历史贡献》中认为：1924 年 5 月中共中央第一次扩大执行委员会，强调产业工人是党的基础和发展产业工人入党的重要性。[①]文中指出："在大产业的工人里扩大我们的党，是现时的根本职任之一。"[②]

关于农民运动。中共四大对于农民运动问题进行了积极的理论探索并取得重大的成果。大会通过了《关于农民运动之议决案》，对于农民运动问题作出了系统的理论阐述。《毛泽东与大革命》[③]分析：中共三大上毛泽东特别重视农民问题，中共四大和五卅运动是中国共产党把农民提高到无产阶级同盟军地位的一个转折点，毛泽东的农民运动生涯是从 1925 年开始的。肖甡在《略论中共四大的历史贡献》[④]中认为：四大根据列宁主义关于农民同盟军的思想和共产国际关于农民问题是"全部政策的中心问题"的指示，对农民问题的重要性有了新的认识和明确阐述，肯定了约占全国人口 80% 的农民在中国民族革命中的重要地位，第一次提出了农民"天然是工人阶级之同盟者"，中国共产党要领导中国革命取得成功，必须鼓动并组织各地农民逐渐从事经济和政治的争斗，强调农民问题在民族革命时代的中国特别重要。沈燕培在《迎接大革命高潮的历史准备：中共四大文献研读》[⑤]一文中分析了《关于农民运动之议决案》这份文献的主要内容，包括：第一，总体上分析了国际国内各环境中农民的基本处境，充分认识到农民在革命运动中的重要作用；第二，指出宣传和组织农民的方法主要是

① 肖甡：《略论中共四大的历史贡献》，《力量之源——纪念中共四大 90 周年学术研讨会论文集》，上海人民出版社 2015 年版，第 6—9 页。

② 《党内组织及宣传教育问题决议案》，中央档案馆编：《中共中央文件选集》第 1 册，中共中央党校出版社 1989 年版，第 196 页。

③ 黎永泰：《毛泽东与大革命》，四川人民出版社 1991 年版，第 279—284 页。

④ 肖甡：《略论中共四大的历史贡献》，《力量之源——纪念中共四大 90 周年学术研讨会论文集》，上海人民出版社 2015 年版，第 6—9 页。

⑤ 沈燕培：《迎接大革命高潮的历史准备：中共四大文献研读》，《党史文汇》2016 年第 10 期。

减租、反对土豪劣绅、反对苛捐杂税，组织农民机关和乡团，维护农民权益，争取农民为革命同盟；第三，反对国民党对农民的错误政策，要求独立进行宣传，启发农民的阶级觉悟。随着工农联盟思想的形成，四大后各省纷纷开始大规模农民运动。中国共产党在中共四大上还未提出土地问题，未明确认识到土地问题是中国革命的主要问题。王明前在《中共四大前后中国共产党对农民问题的认识刍议》[①]一文中指出，中共四大总结了党在农民运动中的诸多不足，深刻的自我检讨表明中国共产党独立于国民党之外领导农民运动的决心，“应使农民向国民党政府要求以官地分给贫农”说明中共坚决触及到土地所有制问题。《对于农民运动之议决案》注意到了农民武装问题，中共中央要求各地党组织加强农民武装建设，扩大农民自卫军组织，说明中共已经认识到农村阶级斗争和农民运动的发展必将引发农村社会力量的军事化动员问题。李贵忠在《中共四大对农民运动的理论探索》[②]中指出，中共四大比较系统地回答了农民运动在中国革命中的重要意义和怎样开展农民运动等一系列重大问题，在探索农民运动理论方面作出了卓越的贡献。但因为农民运动开展程度不够、党的领导层对农村的实际缺乏全面深入的调查研究、党对武装斗争的重要性和中国革命的性质认识不够等诸多因素影响，党对农民运动的理论探索也存在着一些不足：第一，中共四大最大的成就是提出了“工农联盟”的思想，但过分强调这种关系的“天然性”；第二，对于农民土地问题这一农民运动的核心问题没有提出明确的方针和政策；第三，提出了建立和发展农民武装，但没有提高到武装夺取农村政权的水平和程度来认识；第四，提出领导农民运动的工作措施是在国民政府框架内的措施，对于党独立领导农民运动提得不明确、不到位。

关于妇女运动。陆漫的《不懈探索平等和谐的婚姻关系》[③]阐述，《对于妇女运动之议决案》首次明确提出“结婚离婚自由”，反映了中共废除

---

① 王明前：《中共四大前后中国共产党对农民问题的认识刍议》，《连云港师范高等专科学校学报》2016 年第 4 期。

② 李贵忠：《中共四大对农民运动的理论探索》，《力量之源——纪念中共四大 90 周年学术研讨会论文集》，上海人民出版社 2015 年版，第 343—345 页。

③ 陆漫：《不懈探索平等和谐的婚姻关系》，《中国妇运》2011 年第 11 期。

封建婚姻对妇女的束缚以构建民主主义婚姻制度的努力。韩贺南的《中共将妇女解放纳入民族解放的历史必然性及理论支撑》①认为，中共四大的妇女运动议决案首次提出将妇女运动作为民族解放运动要素的理论原则，具有鲜明的历史必然性，而并非仅仅是“收编”妇女运动的策略或对妇女进行革命动员的口号。沈燕培《迎接大革命高潮的历史准备：中共四大文献研读》②分析了《对于妇女运动之议决案》的主要内容：第一，提出了妇女运动的基本原则；第二，分析了中国妇女的革命倾向和斗争能力，不同家庭背景的妇女的革命倾向不同，党应当有系统有组织地指导各类妇女运动；第三，明确了发展妇运的方法，加强对妇女运动的理论指导和训练；第四，要求妇女部在公开的妇女团体中开展妇女运动。议决案表明，中国共产党充分认识到中国妇女是民族革命运动的重要力量，提出了妇女运动的原则和方法，使妇女工作更加具体化，更具针对性。杨青在《中共四大为党在五卅运动中的妇女工作奠定基础》③中指出，中共四大《对于妇女运动之议决案》提出了中国共产党领导妇女运动的指导思想、依靠力量和工作方法，确立了党领导妇女运动的原则，加强妇女组织建设，专门成立领导妇女工作的组织机构和妇女团体，加强党关于妇女运动方针和政策的宣传，突出了工农妇女在妇女运动中的作用。

关于青年运动。青年运动方面的文献相对较少，张立飞在《中共四大前后的青年运动工作》④中指出，中共四大前后，伴随着国共合作的开展、国民革命运动的蓬勃发展，中国革命青年积极参与青年团等组织，青年运动迅猛发展，并且同工人运动、农民运动、妇女运动相互融合，共同推动革命的发展，为党组织的发展提供了后备力量。青年团的群众化，是开展

① 韩贺南：《中共将妇女解放纳入民族解放的历史必然性及理论支撑》，《中共党史研究》2012年第6期。

② 沈燕培：《迎接大革命高潮的历史准备：中共四大文献研读》，《党史文汇》2016年第10期。

③ 杨青：《中共四大为党在五卅运动中的妇女工作奠定基础》，《观察与思考》2015年第1期。

④ 张立飞：《中共四大前后的青年运动工作》，《力量之源——纪念中共四大90周年学术研讨会论文集》，上海人民出版社2015年版，第292—294页。

青年运动的有效路径之一。青年团的发展要走青年群众的道路，到青年群众中去结合和生根，从而实现青年运动的群众化。中共四大前后的青年运动虽然取得了很好的成绩，但也暴露了青年运动的脆弱性及因缺乏共同纲领而出现分裂这些弱点。

四、既有研究的评述与进一步研究的设想

总体而言，中共四大与群众运动、群众性政党建设方面的研究已取得了较为丰硕的成果，既往研究的视阈不断加深拓宽，但研究的不足之处亦不容忽视。笔者认为，关于中共四大与群众性政党建设、党的群众路线的研究有待于从以下几个方面聚焦或升华：第一，拓宽视野，应将中共四大与群众运动、群众性政党建设的研究置于中国共产党人探索中国革命道路以及国际共产主义运动的大背景下去考察。中共四大的召开以及一系列决议的产生与施行并非偶然因素所致，是与中国共产党对中国革命的艰难探索及国际共产主义运动广泛兴起的大背景紧密相连的。所以，在开展相关研究时，我们一定要置于一定的历史背景下去考察与分析。第二，用联系的、历史的与发展的眼光来研究，切忌孤立看待某一问题，中共四大时党的群众观是中国共产党的“群众路线”思想形成的历史起点，对于群众运动、群众性政党建设，不能孤立地对四大通过的系列决议做文本分析与理解，而要联系四大前后党领导的群众运动开展的实践去考察与分析。第三，广泛吸收其他相关学科的研究视角与方法。事实上，中共四大研究所牵涉的学科领域相当广泛，如社会学之于社会环境与阶级分层研究、政治学之于群众性政党建设研究、经济学之于经济背景下的工农妇青群体研究等，皆为研究所需。所以，开展历史学科与社会学、政治学、经济学等相关学科的跨学科研究显得尤为重要。我们还应努力突破单一革命史观的局限，坚持唯物史观和正确的党史观、全息史观等有益方法为研究所用。研究中共四大不难发现，关于群众观、群众运动和群众性政党建设研究亟需解决的难点、疑点依然不少，很大一方面原因就在于史料的匮乏，继续发掘新史料尤为关键。此外，有关中共四大现存的史料较为分散，对既有史料的整合研究也尤为重要。

第四章　中共四大代表及其他相关人物研究

中共四大代表及其他相关人物研究主要集中在代表名单、重要人物思想等方面。

一、中共四大代表名单问题

学术界关于中共四大代表的名单问题一直存在争议。原因主要有二，一是战争年代，当时的档案资料遗失；二是年代久远，当事人多数已故，健在的与会代表回忆有所偏差，甚至相互矛盾，需要结合史料进一步证实。因此对于四大代表问题，许多研究成果各持观点，以下进行梳理。

虹口区委党史办公室2001年6月在《中共上海市虹口区历史大事记》一书中明确指出：中共四大“出席代表有陈独秀、蔡和森、瞿秋白、周恩来、汪寿华、彭述之、陈潭秋、李启汉、李维汉、李立三、杨殷、高君宇、项英、庄文恭、尹宽、王荷波、朱锦棠、张太雷、李逸、阮济等20人，代表党员944名”[①]。但其中有些代表尚不能确认，为了进一步查实这些问题，2003年10月，虹口区委党史办走访专家、学者、当事人，先后到40多个单位查找资料，对中共四大的情况有了新的了解，对中共四大代表的查考工作也有了新的进展。

关于唐山代表阮济，除了天津代表李逸在90年代的回忆录《中共“四大”会议琐忆》一文中提及之外，几乎所有书籍资料，均未出现过这一名字。为确认阮济身份，2003年起，虹口区委党史办专程前往唐山调研。调

① 中共“一大”会址纪念馆、上海革命历史博物馆筹备处编:《上海革命史资料与研究》4，上海古籍出版社2004年版，第37页。

查组找到一份1962年的珍贵的口述资料。它明确叙述道："1925年党在上海召开了第四次党代表大会，阮章代表唐山党组织出席了大会。"这句话最终确定李逸笔下的阮济即阮章[①]。自2013年起，虹口区委党史办王佩军等开始近八年找寻阮章资料及照片。2022年1月26日，虹口区委党史办、南开中学、唐山市委党研室、中山市委党研室、锦州市委党研室、北票市道德建设促进会、秦皇岛市委党研室和中共四大纪念馆共同举办"最年轻的中共四大代表、北方工人运动先驱者之一——阮章史料征集与学术研讨会"，对阮章史料进行了系统的征集和研讨。

《中共上海市虹口区历史大事记》中认定北京代表是高君宇，但是经李蕙芬依据以往研究成果和现有史料考证，高君宇在四大召开期间正患有重病在医院治疗，不可能到上海出席中共四大。根据李逸的回忆录和《郑超麟回忆录》的记载，出席四大的北京代表应是范鸿劼[②]。

《中共上海市虹口区历史大事记》中将张太雷作为青年团的代表，出席了中共四大。主要依据是当事人李维汉和郑超麟的回忆，他们俩人都把张太雷列入了代表名单。但李蕙芬认为共青团代表应该是林育南。据当事人李逸所写的《中共"四大"会议琐忆》记载，张太雷是被列入中央工作人员名单，林育南被列为代表名单，而且还记载了有关的细节："此外就是林育南报告青年运动时，有人纷加指责，表示对S.Y.工作不满。张太雷在我身旁，私下对我表示，为林育南抱不平。"接又叙述了当时张太雷抱怨的话，可见此事给李逸留下了颇为深刻的印象。又引用《中国共产党组织史资料》第一卷明确指出，中共四大代表中有青年团代表林育南。因此李蕙芬认为，中共四大青年团代表林育南的证据比张太雷更充分一些，虽然两人都出席了四大，但是从现有这些资料看，还应以林育南为青年团代表为妥[③]。

李蕙芬依据《中国共产党历次代表大会》《中国共产党组织史资料》、郑超麟的《怀旧集》《郑超麟回忆录》、李维汉的《回忆与研究》、李逸的

---

① 李蕙芬:《中共四大代表考证新进展》,《上海党史与党建》2005年第1期。
② 李蕙芬:《中共四大代表考证新进展》,《上海党史与党建》2005年第1期。
③ 李蕙芬:《中共四大代表考证新进展》,《上海党史与党建》2005年第1期。

《中共“四大”会议琐忆》和《中共上海市虹口区历史大事记》等书面资料和走访、查证资料，认为确定陈独秀、蔡和森、瞿秋白、林育南、周恩来、陈潭秋、朱锦棠、彭述之、李立三、李启汉、李维汉、范鸿劼、王荷波、项英、尹宽、谭平山、何今亮（汪寿华）、庄文恭、李逸、阮章20名代表为中共四大代表。

目前存在争议较大的中共四大代表问题是广东代表到底是谭平山还是杨殷。《中共上海市虹口区历史大事记》依据郑超麟《怀旧集》的记录，认定杨殷为中共四大广东代表。但李蕙芬提出不同看法，他认为李逸的《中共“四大”会议琐忆》对四大出席情况的记录更加详细，可信性更强。且党史权威资料《中国共产党组织史资料》也将谭平山作为广东代表，因此认为应是谭平山。

肖甡经过爬梳史料，将杨殷列入“初步确定”的名单之中。其主要理由是有当事人的回忆或某些编著提及，但“尚须其他资料进一步核实”[①]。王菊如认为，所谓广东（粤区）代表，至少具有两层意思：一是来自广东（方向）的代表；二是广东（粤）区委的代表。如果这个前提属实，那么“广东（粤区）”代表很可能就不止一人，而这种可能是确实存在的。根据李维汉和郑超麟的回忆，广东（粤区）除了谭平山外，代表另有其人，那就是杨殷。郑超麟对杨殷参加四大印象十分清晰，《郑超麟回忆录》记载，杨殷：“头上包着纱布”出席会议。对于李逸回忆录没有记载杨殷，王菊如认为四大持续了十多天，李逸是迟几天方到上海的代表，他不可能遇见所有代表[②]。王菊如找到1925年1月5日陈延年致陈乔年、王若飞、王一飞、罗亦农信，该信提及了“粤区”出席四大代表的人选：“粤区由谭平山及命葵二人代表出席”。王菊如认为信中“葵”即杨殷别名“孟揆”之“揆”的同音异形。由此王菊如推测谭平山是中央（驻粤委员）代表，而杨殷是广东区委代表。

王佩军、刘世炎、谢长贵三人合撰《关于杨殷中共四大代表身份的考证》

---

① 中共上海市委党史研究室编：《中共四大研究》，《上海党史与党建》增刊，2005年1月。

② 王菊如：《杨殷是中共“四大”的广东代表》，《上海党史与党建》2006年第3期。

一文也认为杨殷是中共四大代表。此文证据一是陈延年的信。二是郑超麟回忆："杨殷在上海被广东同乡殴打成伤，大概是为了广州两派工会冲突问题。最后一日，他才包了头来参加大会。"三是李维汉回忆录及会议参与者的旁证。而且在王菊如判断陈延年信件中所记"葵"即杨殷别名"孟揆"、之"揆"的同音异形的基础上，王、刘、谢此文进一步通过《杨氏族谱》认定此人正是杨殷。广东省中山市翠亨村《杨氏族谱》关于杨殷的记载："弍十弍世典乐，讳观恩，字典乐，号命夔，礼华公长子。"①《杨氏族谱》中对杨殷号"命夔"的记载，与陈延年信中"命葵"相印证，增加了杨殷为四大代表的可信度。需要留意的是，王菊如文中引陈延年信"粤区由谭平山及命葵二人"，以为此处"命"是中央指定之意，"葵"为杨殷别名。依据《杨氏族谱》所记，该解释有误，"命夔"为杨殷之号。但这处误解并不影响王菊如文中论断。

此外，还有一些党史研究著作中将王尽美也作为四大代表之一。如《中共党史人物传》（中共党史人物传研究会编，陕西人民出版社 1980 年版）、《光辉历程：从一大到十五大》（中共中央党史研究室编，中共党史出版社 1998 年版）、《陨星之光——王尽美生平 · 家事》（济南出版社 1998 年版）等。但李蕙芬通过梳理与会者的回忆，均没有王尽美参加四大的记录。且通过相关史料对比，发现王尽美在四大召开时正在山东领导国民会议运动，因此不可能出席四大②。

二、陈独秀、蔡和森、周恩来、瞿秋白等四大代表

陈独秀、蔡和森、周恩来、瞿秋白等人，作为党的早期领导人，对于他们出席中共四大问题的相关研究较多，成果也较为丰富。

关于陈独秀与中共四大的研究，主要可以概括为两个方面：一是侧重于陈独秀思想对四大的贡献。如提出无产阶级领导权以及正确处理与国民

① 王佩军、刘世炎、谢长贵：《关于杨殷中共四大代表身份的考证》，《上海党史与党建》2019 年第 7 期。

② 李蕙芬：《王尽美没有参加中共"四大"之辨析》，《上海革命史资料与研究》第 8 辑，第 54—63 页。

党右派的关系等。李颖的《陈独秀与共产国际》[①]一文从陈独秀赴俄出席共产国际四大，中共四大融合了陈独秀和维经斯基双方（共产国际代表）的观点，陈独秀、共产国际对国民党新老右派的斗争，正确地提出了处理国民党左、中、右派的斗争策略，显示出陈独秀在中共四大前后思想的正确及对大革命高潮局面形成的贡献。郭绪印的《评陈独秀与中共第四次代表大会》[②]认为陈独秀在四大前夕及四大期间反对共产国际和苏共代表右倾错误的努力，陈独秀主持的中共四大提出无产阶级领导权和工农联盟问题的重要性，不是偶然的，在中共党史上却是应当实事求是地予以肯定的；郭绪印的《陈独秀对新民主主义思想形成的探索和贡献》[③]认为，中共四大无产阶级领导权的观点反映了主持大会的陈独秀的认识水平，说明陈独秀对于领导权问题的认识虽然有了可贵的飞跃，但仍具有初步状态的观点。潘秦保的《党的四大前后陈独秀无产阶级领导权思想中的共产国际因素》[④]阐述了党的四大召开前、中、后陈独秀无产阶级领导权思想中的共产国际因素，因而作为党的主要负责人，陈独秀无产阶级领导权的思想无疑对四大在党的历史上第一次提出了无产阶级在民主革命中的领导权问题具有重要作用。二是研究陈独秀与共产国际的关系。唐宝林在《重评共产国际指导中国大革命的路线》[⑤]一文中指出，中国大革命是在联共政治局和共产国际直接指导下进行的，指导中国大革命的基本路线和方针、政策，几乎全部来自莫斯科，并且由莫斯科派驻中国的代表、顾问亲自执行；只有一小部分是在他们的代表严密监督下由陈独秀为首的中共中央执行。1923—1925年，莫斯科提出的路线基本上是正确的；1925年秋开始发生右倾化的转变，最后导致了大革命的失败，陈独秀是替罪羊。杨奎松的《陈独秀与共

① 李颖：《陈独秀与共产国际》，湖南人民出版社2005年版，第45—56页。

② 郭绪印：《评陈独秀与中共第四次代表大会》，《党史研究与教学》2005年第4期。

③ 郭绪印：《陈独秀对新民主主义思想形成的探索和贡献》，《上海党史与党建》2012年第3期。

④ 潘秦保：《党的四大前后陈独秀无产阶级领导权思想中的共产国际因素》，《上海党史与党建》2012年第9期。

⑤ 唐宝林：《重评共产国际指导中国大革命的路线》，《历史研究》2000年第2期。

产国际——兼谈陈独秀的“右倾”问题》[①]认为，陈独秀在多数情况下对共产国际是言听计从的，但在少数情况下陈独秀的某些独立见解和不服从显示了他作为一代中共领导人所具有的求实态度，这种独立思考恰恰是推动中共领导人逐渐成熟起来，最终摆脱共产国际束缚的一个不可缺少的基本要素。

关于蔡和森的研究，通过对蔡和森与四大的关系研究，更能看出蔡和森对党的早期发展的贡献。邓涛通过对党的二大到六大的系统考察，从党建的角度论述了蔡和森对中国革命的重大贡献；李蕙芬聚焦蔡和森与中共四大的关系，通过对蔡和森在中共四大上的贡献探讨，凸显中共四大的伟大意义[②]。张杰的《蔡和森对中国马克思主义史学的奠基性理论贡献》[③]指出在中共四大前，蔡和森就对中国社会“半殖民地半封建”性质，已有了正确的判断。1925年底在莫斯科中共旅俄支部会上作《中国共产党史的发展（提纲）》长篇报告。详细回顾了从建党到1925年中央第二次扩大执委会议的历史，对中国社会性质、中国革命性质、中国革命任务和中国革命的前途、中国社会的阶级状况以及各阶级在革命中的作用等重要理论问题进行了深入研究，明确指出，中国共产党的历史使命“是在半殖民地半封建社会里，作为无产阶级政党领导的工人、农民、小资产阶级、土著资产阶级，把民族民主革命进行到底；而无产阶级的真正解放，是应该夺取政权，建立新的阶级专政的国家，建设共产主义社会方能实现的”。

李永春的《蔡和森对马克思主义中国化的探索》[④]初步地总结了早期马克思主义中国化的经验教训，指出“党的四大解决了一些民主革命的基本理论问题”，使革命由宣传时期进到了行动时期，党的理论和政策也正确

① 杨奎松：《陈独秀与共产国际——兼谈陈独秀的“右倾”问题》，《近代史研究》1999年第2期。

② 纪亚光、杨晓成：《革命家庭研究：一个新的研究视角和方式——“蔡和森李富春革命家庭与中国革命和建设学术研讨会”综述》，《党的文献》2015年第6期。

③ 张杰：《蔡和森对中国马克思主义史学的奠基性理论贡献》，《史学理论研究》2018年第3期。

④ 李永春：《蔡和森对马克思主义中国化的探索》，《党史研究与教学》2008年第5期。

了，原因就在于“党在实际的革命工作中得到了许多经验和教训。所以这时在民族革命的理论上就有了正确的根据了。在另一方面说，证明我们的党已有很大的进步了。”总之，在四大以前因为理论的缺乏和训练的幼稚，所以党还是发生了错误的倾向。此外，蔡和森对中共四大有过科学的评论：“在第四次大会，理论的根据和党的政策都非常正确，党内的各种错误的倾向也减少了。所以这次大会将党的理论和政策都变正确了。”[①] 这充分反映出在四大后党的理论探索不断成熟。

学界对蔡和森与共产国际的关系进行了研究。李永春的《蔡和森对共产国际认识和态度的发展演变》[②]，指出蔡和森对共产国际的认识和态度有一个发展与演变的过程，经历了一个理论上的研究与宣传，到实际工作中则由反对到支持、拥护的转变。马连儒的《蔡和森对共产国际的一次抗争》[③] 提出，蔡和森批评共产国际重视国民党、轻视共产党、忽视工农革命运动，并向共产国际提出了恳切的希望，蔡和森详细记述了五卅运动的全过程及中共在其中的地位和作用，在于以大量的事实论证中国共产党已经从一个“人数不多的团体变成群众性的党”，以及四大后灵活提出不同战略口号和相应行动。

关于周恩来与四大的研究，李蕙芬的《周恩来与中共四大》一文认为，对周恩来的研究必须要不断开辟新的领域，攻克薄弱环节，这样才能开创周恩来研究的新局面。作者的研究结论是，出席中共四大，不仅仅是周恩来个人第一次参加党的全国代表大会，而且对中共留法党组织来说，也是第一次派代表参加党的全国代表大会；周恩来出色地完成代表中共旅法支部的任务，同时做了广东军事情况这一军事方面高质量的重要讲话，引起了全党对军事工作的重视。它不仅为党的军事工作奠定了扎实的基础，而且标志着周恩来已经向迅速走上中央领导岗位迈开了关键的第一步[④]。

洪晓霓的《周恩来与中共“四大”述论》指出，在中共四大召开前，

---

① 《蔡和森文集》（下），人民出版社 2013 年版，第 845 页。

② 李永春：《蔡和森对共产国际认识和态度的发展演变》，《中共党史研究》2009 年第 8 期。

③ 马连儒：《蔡和森对共产国际的一次抗争》，《百年潮》2003 年第 9 期。

④ 李蕙芬：《周恩来与中共四大》，徐行主编：《二十一世纪周恩来研究的新视野（上）》，中央文献出版社 2009 年版，第 201—210 页。

1924年9月，周恩来回国后，先后任中共广东区委委员长、黄埔军校政治部主任、中共广东区委常委兼军事部长等职，领导广东、广西、闽西南及南洋等地党的工作，并受党的委派参加“民族解放协会”的组织领导工作。他参与平定广东商团叛乱的军事指挥工作，在任黄埔军校政治部主任期间建立了军队中的政治工作制度，筹备组建了大元帅府铁甲车队。周恩来在广东的革命实践中积累的丰富军事工作经验为其在四大上发表军事报告提供了重要依据。在四大精神的指导下，他回到广州之后积极开展广东工农运动，反击国民党右派的进攻，组建了党领导的第一支革命武装——叶挺独立团，为中国革命道路的探索创造了经验。

洪晓霓认为四大结束后，周恩来在广东的革命实践为党的建设提供了重要启示。第一，中国共产党的正确领导是中国革命胜利的根本保证。周恩来在广东的实践，用正确的理论和四大精神作指导，维护革命统一战线，发展党的组织，领导工农运动，建立人民军队，形成具有自身特色的正确理论。事实证明，革命统一战线和中国革命的发展必须坚持中国共产党的领导，党的领导正确与否关系革命的成败。这是极为宝贵的历史经验。第二，建立一支人民的军队，是革命胜利的根本保证。周恩来和广东区委很早就认识到人民军队的重要性，在区委中设立军事运动委员会（军事部），在领导农民运动时率先建立了农民自卫军。他和广东区委先后领导建立的人民军队成为大革命的骨干力量。这是大革命也是中国新民主主义革命取得胜利的必要条件。第三，党和人民的紧密结合，是民族振兴、革命胜利的关键。周恩来在广东的革命实践促成了党和人民的紧密结合，形成了坚不可摧的力量。当时的广东形成了党的组织紧紧地依靠当地的人民群众，而人民群众又自觉地接受、拥护党的领导的生动局面，大革命由此被推向高潮[①]。

关于瞿秋白与中共四大问题，龙德成的《马克思主义者瞿秋白》对瞿秋白的研究涉及三个方面，一是他参与党的四大，担任政治决议草案审查

---

① 洪晓霓：《周恩来与中共“四大”述论》，《红广角》2015年第11期。

小组组长并对决议做出理论性的解释，选入中央核心领导层；二是他作为五卅运动领导人，从五卅惨案中看到了资产阶级向帝国主义妥协的一面，更重要的是看到了资产阶级向无产阶级争夺领导权的问题；三是他作为上海工人第二次武装起义的领导人，认为上海暴动是告诉中国的工农及一切被压迫的人民，中国工人阶级是中国革命里最伟大的、最先进的力量①。

冯昕的《瞿秋白与中共“四大”》论及四大召开过程中瞿秋白被指定参与大会的领导工作，他阐述民主革命的一系列重大理论问题，为党的思想建设和马克思列宁主义化，作出了多方面的巨大贡献，并因此奠定了他“伟大的马克思主义者、杰出的无产阶级理论家和宣传家”的基础②。

季甄馥的《党的四大与瞿秋白》认为，党的四大是瞿秋白的政治生涯和他为实现马克思主义中国化而努力的“起点”。四大结束后，1925 年 5 月，五卅运动爆发，瞿秋白主编了《热血日报》，撰写了数十篇反帝檄文，不仅坚决贯彻党的四大精神，还从思想理论上阐明了关于充分发动群众坚持反帝斗争的正确主张。尤其是他在 1927 年 2 月发表的《中国革命中之争论问题》一文，是中国共产党创立以来“对于中国的社会经济政治状况之马克思主义的分析，第一次比较涉及各方面的尝试。”这是瞿秋白在党的四大精神的指引下，开风气之先，试图将马克思主义与中国革命实践相结合的尝试，这一尝试开辟了马克思主义在中国发展的新境界③。

三、中共四大其他代表与相关人物

关于彭述之，李永春在《彭述之与中共四大》④中分析了彭述之在四大成为主要领导之一的原因，在于他受到共产国际和旅莫支部委派回国参加

① 龙德成：《马克思主义者瞿秋白》，中共党史出版社 2005 年版，第 200—226 页。

② 冯昕：《瞿秋白与中共“四大”》，《瞿秋白研究文丛》辑刊，2008 年 12 月，第 309—316 页。

③ 季甄馥：《党的四大与瞿秋白》，《瞿秋白研究文丛：纪念瞿秋白诞辰 120 周年》辑刊，2019 年 7 月，第 73—81 页。

④ 李永春：《彭述之与中共四大》，《力量之源——纪念中共四大 90 周年学术研讨会论文集》，上海人民出版社 2015 年版，第 437—449 页。

中共四大，同时肩负宣传贯彻共产国际五大精神的使命，因此颇受中共领导人的信赖和倚重。此外分析了他对中共四大的四点重要贡献即参与中共四大的准备工作；积极宣传共产国际会议精神；参与会议文件起草工作；报告和审议各项决议草案。张东明在《中共四大前后的彭述之》[①] 中分析彭述之在四大如何成为党内的二把手，四大之后又逐渐淡出人们的视野。岳梅在《蔡和森与彭述之》[②] 中比较蔡和森与彭述之两人，都出生于湖南，接受过五四新文化运动的洗礼，都留过学，回国后共同从事宣传工作，在革命很多时期有过合作关系。大革命时期他们齐心协力，合作推动国民革命，是国民革命重要的宣传者和领导者；因思想主张的不同，在中共五大上他们各执一词，针锋相对，最后分道扬镳。

关于李立三，李思慎在《从李立三更名看其一生》[③] 中，详细介绍其一生，中共召开四大，李立三作为上海地区的代表参加会议，被选举为中共中央委员。同时，领导了上海的“二月罢工”。李立三被选举为上海市总工会委员长。在五卅运动中，中共中央任命他担任“三罢”（罢工、罢课、罢市）总指挥。马学军在《特派员制度与中共早期工人运动：以安源工运史为中心（1921—1925）》[④] 中从组织社会学的角度来探究中共领导工人运动的组织形态问题，重点分析并比较特派员李立三和刘少奇二人的工作效果，以此来探究中共早期采用特派员制度领导工人运动的组织形态。他认为，李立三利用个人资源开创了安源工运，而作为继任者的刘少奇则未能维系安源工运，表明中共采用的派遣特派员的组织制度的运作效果是引发安源工运兴衰的重要原因。

关于陈潭秋，李蕙芬的《陈潭秋与中共“四大”》[⑤] 明确指出，陈潭秋

---

① 张东明：《中共四大前后的彭述之》，《力量之源——纪念中共四大 90 周年学术研讨会论文集》，上海人民出版社 2015 年版，第 450—457 页。

② 岳梅：《蔡和森与彭述之》，《湘潮》2015 年第 3 期。

③ 李思慎：《从李立三更名看其一生》，《党史博采》2021 年第 1 期。

④ 马学军：《特派员制度与中共早期工人运动：以安源工运史为中心（1921—1925）》，《社会》2017 年第 2 期。

⑤ 李蕙芬：《陈潭秋与中共“四大”》，《上海革命史资料与研究》（第 13 辑），2009 年版，第 106—117 页。

是中共四大代表，并从五个方面进行论述。陈鹄在《陈潭秋烈士在中共“四大”前后——纪念中共“四大”召开90周年》[①]中指出，中共四大前后，党的活动最大的特征是推动和实现“第一次国共合作”。陈潭秋一起积极参与了促进国共合作的活动，并于中共四大前夕发表了《国民党的分析》，用阶级分析的方法分析国民党的阶级成分，其主要观点体现在四大的决议文件中。中共四大以后，党的中心工作是配合革命军北伐，在革命实践中发展壮大党的力量。湖北省的党组织做了大量工作，取得了很大的成就，陈潭秋功不可没。

关于张申府，郭一曲的《另一种传记——读〈张申府访谈录〉》[②]、雷颐的《张申府的困境：在个人与组织之间》[③]都论及1925年初，张申府出席在上海召开的中共四大时，因讨论党的纲领和国共合作问题与人争执而负气提出退党。指出，他不反对国共合作，但更强调共产党保持独立性。尽管李大钊、周恩来等反复劝说挽留，他仍坚持“在党外来帮助党的工作”的立场。王伯然的《1915—1925年的张申府：徘徊于学术和政治间的学人》[④]分析了张申府退党的原因：张申府特立独行的性格、“老大哥”情结和书生气质。

关于张太雷与中共四大的研究，《张太雷研究史料集》[⑤]介绍了张太雷在中共四大、团三大时期，第二次赴苏俄参加孙逸仙博士代表团、在青年共产国际工作，在党的四大、团的三大前后，在广州担任鲍罗廷的助手兼翻译，参与广东区委领导等方面的情况。美国学者亚历山大·潘佐夫在《张太雷与布尔什维主义在中国的传播》[⑥]一文中以时间为线索，通过分析

① 陈鹄：《陈潭秋烈士在中共“四大”前后——纪念中共“四大”召开90周年》，《力量之源——纪念中共四大90周年学术研讨会论文集》，上海人民出版社2015年版，第467—470页。

② 郭一曲：《另一种传记——读〈张申府访谈录〉》，《中共党史研究》2001年第5期。

③ 雷颐：《张申府的困境：在个人与组织之间》，《学术界》2021年第3期。

④ 王伯然：《1915—1925年的张申府：徘徊于学术和政治间的学人》，河北师范大学2012年硕士学位论文，第35页。

⑤ 《张太雷研究史料集》，中央文献出版社2007年版。

⑥ ［美］亚历山大·潘佐夫：《张太雷与布尔什维主义在中国的传播》，《上海师范大学学报（哲学社会科学版）》2021年第2期。

众多档案、打印文件和张太雷的手迹，力求为其革命生涯提供一份较为全面的评价，被誉为共产国际最为信赖的中国布尔什维克，他参加了四大并当选为中央执委会候补委员。

关于维经斯基，叶介甫的《维经斯基与中国革命》[①]详细介绍了维经斯基1923年至1927年在华期间，他对推动中国共产党的创建和国共两党统一战线的建立以及中国工农运动的发展，特别是在确立无产阶级在民族革命运动中的领导地位等方面，都作出了重大贡献。姜建中的《试评维经斯基对中共"四大"的贡献》[②]认为，共产国际代表维经斯基参与筹备和参加并给予指导，使这次大会开得很成功，不应忘记维经斯基对中共四大和中国革命所作出的重大贡献。陈毓述的《维经斯基与中国大革命时期的农民运动》[③]指出，维经斯基对中国农民运动提供了有关无产阶级领导权、革命动力、土地革命、工农联盟、农民武装等理论问题上的指导，还通过参与讨论、起草、制订中共中央领导农民运动的文件，特别是参与起草四大的《对于农民运动之议决案》强调，"必须尽可能地系统地鼓动并组织各地农民逐渐从事经济的和政治的争斗。没有这种努力，我们希望中国革命成功以及在民族运动中取得领导地位，都是不可能的"。而在四大《对于民族革命运动之议决案》中的表达更为清晰："已使占中国总人口大多数的农民参加农民运动，天然是工人阶级之同盟者"，实现对农民运动的指导。

当前中共四大人物研究取得了丰硕成果，但仍存在诸多不足。如以陈独秀研究为例，正如徐光寿指出，在陈独秀学术研究中仍然存在四个偏向：对已经公开的中外政治历史档案资料的重视和运用不够；研究成果高层次的不多，通俗读物过多；重复研究严重；对陈独秀的评价过于拔

① 叶介甫:《维经斯基与中国革命》,《文史春秋》2011年第12期。

② 姜建中:《试评维经斯基对中共"四大"的贡献》,《佳木斯大学社会科学》2002年第6期。

③ 陈毓述:《维经斯基与中国大革命时期的农民运动》,《湖州师范学院学报》2020年第9期。

高，甚至一味追求“正名”“翻案”[①]。其实这是在四大人物研究中普遍存在的问题，如重复研究，且研究单薄，零碎缺乏整体性，高质量的研究成果不太多。因此要加强整体性研究，从多学科多角度加大对四大人物的研究，比如可以从组织社会学、革命家庭的视角等角度切入，从而丰富研究成果。

① 徐光寿:《进入新世纪以来中共中央对陈独秀评价的变迁及其意义》,《上海档案史料研究》，上海三联书店 2019 年版，第 23—26 页。

第五章　中共四大会址考证和确认研究

一、查找中共四大会议遗址一波三折

从现有资料显示，1958 年 10 月至 1961 年 7 月，上海革命历史纪念馆筹备处曾发信给武汉大学校长李达、江西省委党校、中央文化部等多处，并派人到中央档案馆等单位查阅四大资料，寻找中共四大会址。1961 年 7 月 13 日，上海革命历史纪念馆筹备处派人访问了当年出席中共四大的上海代表庄文恭。1924 年 7 月，庄文恭受党中央派遣，出任上海地方委员会书记兼组织部长，他是中共四大和中共五大的正式代表，在五大还被选为中央候补委员。他为中共四大会址的寻找提供了很多十分有价值的信息。庄文恭说记得四大是在一所里弄房子里开的，好像是在川公路附近，因为川公路上里弄房子占多数。庄文恭认为，四大会址是在靠近闸北附近的中国地界，当时横浜桥筑路成为租界，而会议不会在租界里开的。庄文恭还说开会的弄堂并不很长，是在最后的一栋房子里，天井很长，有厢房，是二上二下的房子。此外，还采访了包括杨之华在内的一些人，留下了十多份书面调查和资料，但因年代久远，当事人的回忆没能形成一个确切的说法，四大会址仍下落不明。随着更多当事人相继去世，这给会址查找增加了更大的难度。

直到 20 世纪 80 年代，中共四大会址研究又重新进入党史研究者的视野。1981 年 6 月 8 日《人民日报》刊发了姜华宣的文章《中国共产党第四次全国代表大会》，第一次明确提到中共四大召开的地址为横浜桥 6 号。1982 年第 9 期《解放军画报》刊登了中共四大会址的照片和说明。照片的主体是横浜桥北岸的数间民房，文字说明为："图为四大会址——上海闸北横浜桥6号（四川北路横浜桥边的一座居民住房）"。横浜桥早先是跨越虹口、闸北两区界河俞泾浦的一座木桥，横卧南北，修于光绪年间，1951年换成了混凝土桥，南邻东宝兴路、川公路、虬江路，北近海伦西路、多伦路、长春路。这张照片立刻引起了虹口区地名志编辑组的关注，因为照片上拍摄的民居是在虹口区，不是在闸北。经过多次到实地考证，又向长春路街道、派出所和当年居住在这里的老居民了解情况，上海并不存在"横浜桥6号"这一地名。不过，地处俞泾浦北的东横浜路在20世纪20年代曾更名横浜路，但横浜路上也不曾有6号。沿路的6号门牌，是24弄6号的后门，此外路上再没有别的6号。而且门牌的序号是由解放前延续过来的，也否定了后面变动的可能性。此后上海市文物保管委员会加入调查行列中，《解放军画报》的说法也被郑超麟所否定，说"开会的地方，肯定是在河的南岸，不在河的北岸。"那为什么有此一说呢？是在当年工作于此的一位老同志的误导下，才出现这样的错误，原因是当年在横浜路的一个民居里，确实开过一个党的会议，但不是中共四大，这位老同志就误以为是中共四大，就以讹传讹了。至此，"横浜路6号"是中共四大会址的提法被否定。

二、实地勘察指认遗址

在中共四大会址的查找确认中，郑超麟是个关键人物。当时他担任中共中央宣传部秘书，中共四大召开时担任会务和记录工作。所以他除了负责会议记录外，还为外地代表担任向导工作，曾多次带领出席会议的同志赶赴会场。他撰写的《怀旧集》和《郑超麟回忆录》两书中都提及中共四大："会址是新租来的一幢三层石库门房子，地点在上海去吴淞的铁路旁边，当时是'中国地界'，但距越界筑路的北四川路不远，通过川公路可以到北四川路。会场设在二楼，布置成学校课堂的样子，有黑板，有讲台，有课桌课椅，而且每人有英文课本，准备有人闯进来问时，就说这里是英文补习班课堂。三楼是一部分代表住宿的地方。""这所房子，当时是委托中央宣传部的干事张伯简同志找来的，找房子地点的要求，不能在租界里，又不能离开租界太远，以便一旦发现问题，就可立即撤退疏散，往租界跑，所以才找到铁路边的这所房子。”①

1984 年 5 月 7 日，市文管委人员夏顺奎接郑超麟到虹口区进行实地辨认，由上海市虹口区地名志编辑组应云龙、陆仁福陪同，寻找当年的遗址。按照郑超麟的回忆，他们一起从川公路进去，一直走到铁路轨道边，再沿着轨道往北走了不远，郑超麟在现场的感受是除了铁路仍横卧如旧貌外，这里的环境已经完全改变了。再走到川公路与东宝兴路之间的一段铁路时，郑超麟就停了下来，他指着铁路轨道东边的新工房（即今东宝兴路 254 弄 28 支弄 8 号处的新工房）说：“就在这个地方。现在新工房的地点，可能就是当年的‘四大’的会场所在地，”接着他说，当年会址北面还有一座教堂。应云龙等人指着印度锡克教堂（经查，始建于 20 世纪初期，俗称印度庙），问他是不是这座教堂，他遥望北面的教堂房屋说，具体样式记不清了，只记得有一座教堂。郑超麟经实地勘察，通过铁路和教堂两个参照物，使他确认上海虹口区东宝兴路 254 弄 28 支弄 8 号处为中共四大会址遗址，这和李逸、庄文恭的回忆都能相互印证。

三、多方印证获得确认

为慎重起见，中共虹口区委党史办公室开展了大量的调查考证工作，取得了不少材料。区委党史办公室根据当事人的回忆，经现场察看和一些旁证材料的核实，于 1987 年 4 月 25 日确认：今上海虹口区东宝兴路 254 弄 28 支弄 8 号处（原来这里是一幢三层楼里弄房子），作为四大会址，正式向上海市委党史办公室递交了《关于确定中国共产党第四次全国代表大会会址的请示报告》，经上海市文物管理委员会审定，并报上海市人民政府批准。市政府颁发了沪府 1987 年 106 号文件，题为“上海市人民政府关于本市第四批市级文物保护单位和革命纪念地问题的批复”。文件

① 《郑超麟回忆录》，东方出版社 2004 年版，第 75 页。

明确指出："中国共产党第四次全国代表大会会址遗址（虹口区东宝兴路二百五十四弄二十八支弄八号）。"文件落款为1987年11月17日。1995年，中共四大召开70周年之际在遗址处勒石纪念。以上关于四大遗址的考证主要来自《中国共产党第四次全国代表大会》。①

四、中共四大会址所处里弄寻踪

中国共产党在上海诞生，在石库门中孕育。中共一大里弄名为"树德里"，中共二大为"辅德里"，而由于中共四大会址所处里弄在20世纪30年代的日本侵华战争中被毁，里弄名在长时间内没有确定。为迎接建党百年，中共四大会址考证工作不断推进，通过查找历史地图、报刊杂志、档案文件，在前人回忆的基础上，明确了会址所在里弄名称为广吉里。依据主要是标识这一区域信息比较完整的地图1929年6月公布的《上海特别市道路系统图·闸北区》。在1929年闸北图中，位于印度教堂东南侧的里弄被标记为广吉里。检索申报数据库，与（东）宝兴路附近的"广吉里"相关条目，最早出现于1914年，最晚的为1932年。这说明，广吉里在1925年1月中共四大召开时是确定存在的。但由于广吉里区域较大，该里弄可能存在区域拓展的情况或者其他里弄更名为广吉里的情况，因而仍然需要更多的地图、文字资料来判断。通过比对1929年地图

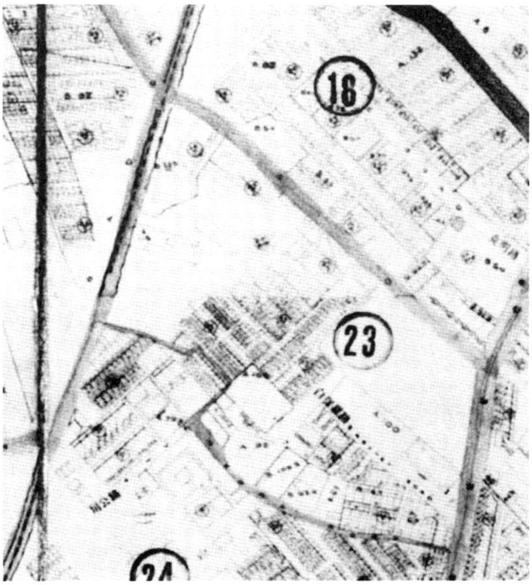

广吉里（1921年地图）

① 中共四大史料编纂委员会编：《中国共产党第四次全国代表大会》，中共党史出版社2004年版，第324—330页。

与1918年地图、1921年地图，在空地处多了一片形状不规则的区域，这些多出的石库门里弄，符合1922年档案所附的图纸（印度教堂建于1908年）[①]，还有启秀女校至少于1915年已迁址宝兴。因里弄旁边建有这两座建筑而导致里弄边缘形成的两道弧线也恰好重合，和1929年地图比对，可以认为是原广吉里里弄于1921年的扩建部分。既然广吉里扩建部分于1921年修建，那么到1925年确实较新，这和郑超麟回忆的房子比较新也是吻合的。从图纸可以看出，扩建的广吉里基本包含两排背靠淞沪铁路、面朝北四川路的石库门房屋，以及背朝启秀女校和宝兴路的一排石库门房屋。中共四大会址正是背朝淞沪铁路的第二排房子中靠近印度教堂的一幢。从该图可知，今中共四大会址所处地理位置在1929年对应的里弄是广吉里。[②]

广吉里（1929年地图）

中共上海市虹口区委、虹口区人民政府非常重视中共四大这一丰富资源，拨出专款，组织人力、物力，寻觅中共四大文物、史料，在专家学者的帮助指导下，于2005年1月中共四大召开80周年前夕，在“左联”会址纪念馆举办了中共四大史料展。2006年在多伦路215号筹建中共四大史料陈列馆，同年7月1日正式对外开放。中共四大会址考证、陈列和建馆等工作，得到了各级领导和社会各方面的关心重视。2007年7月12日上午，时任上海市委书记习近平同志到虹口调研时参观了中共四大史料陈列

① 上海市地方志办公室编：《方志上海微故事：街区与城市的记忆》，学林出版社2018年版，第187页。

② 曹典：《中共四大召开时会址所处里弄寻踪》，《联合时报》2021年12月14日。

馆。他仔细观看一件件珍贵文物和一张张历史照片，指出“优秀文化传统和革命精神是历史赐予我们的宝贵财富，也是我们开拓未来的丰富资源和不竭动力”。此后，建设四大纪念馆成为虹口区委、区政府的一项重要工作目标。2011 年，中国共产党成立 90 周年之际，虹口区委、区政府择址四川北路公园建设中共四大纪念馆。江泽民同志为纪念馆题写馆名。2012 年 9 月 7 日，纪念馆正式对外开放。四大纪念馆成为学习研究党史、传播红色文化、资政育人、爱国主义教育和促进地区经济文化协调发展的重要平台和基地。2017 年 11 月，中共四大纪念馆被中央宣传部命名为上海第 13 家全国爱国主义教育示范基地。

中共四大纪念馆内、外景

参考书目

一、文集

《毛泽东选集》，人民出版社 1991 年版。

《周恩来选集》（上下），人民出版社 1980 年、1984 年版。

《陈独秀文章选编》，生活 · 读书 · 新知三联书店 1984 年版。

《孙中山选集》，人民出版社 1981 年版。

《孙中山全集》，中华书局 1986 年版。

《瞿秋白文集》，人民出版社 1995 年版。

《瞿秋白文集 · 政治理论编》第一、第五卷，人民出版社 1987 年、1995 年版。

《蔡和森文集》，人民出版社 1980 年版。

《彭述之选集》，香港十月出版社 1983 年版。

《邓中夏文集》，人民出版社 1983 年版。

《恽代英文集》，人民出版社 1984 年版。

《张太雷文集》，人民出版社 2013 年版。

《张申府文集》，河北人民出版社 2005 年版。

《彭湃文集》，人民出版社 1981 年版。

二、回忆录、口述历史

李维汉:《回忆与研究》，中共党史资料出版社 1986 年版。

蔡和森:《蔡和森的十二篇文章》，人民出版社 1980 年版。

郑超麟:《怀旧集》，东方出版社 1995 年版。

《郑超麟回忆录》，东方出版社 2004 年版。

张申府:《所忆——张申府忆旧文选》，中国文史出版社 1993 年版。

张国焘:《我的回忆》，东方出版社 2004 年版。

黄平:《往事回忆》，人民出版社 1981 年版。

杨之华:《回忆秋白》，人民出版社 1984 年版。

［美］舒衡哲:《张申府访谈录》，北京图书馆出版社 2001 年版。

三、综合资料

《中共中央文件选集》第 1 册、第 2 册，中共中央党校出版社 1989 年版。

《中共党史报告选编》，中共中央党校出版社 1982 年版。

《建党以来重要文献选编（1921—1949）》，中央文献出版社 2011 年版。

《中国共产党第四次全国代表大会》，中共党史出版社 2004 年版。

《中国共产党第四次全国代表大会档案文献选编》，中共党史出版社 2014 年版。

《中国共产党历史》第一卷，中共党史出版社 2011 年版。

《光辉历程——从一大到十五大》，中共党史出版社 1998 年版。

《中共党史大事年表说明》，中共中央党校出版社 1983 年版。

《共产国际、联共（布）与中国革命档案资料丛书》，北京图书馆出版社 1997 年版。

《共产国际、联共（布）与中国革命国际学术研讨会论文集》，中共党史出版社 2006 年版。

《中国共产党第一至第六次全国代表大会代表名录》（增订本），中共党史出版社 2014 年版。

《上海革命史资料与研究》第 4 辑，上海古籍出版社 2004 年版。

《中国共产党组织史资料》（第一卷），中共党史出版社 2000 年版。

《中国共产党上海市组织史资料》，上海人民出版社 1991 年版。

《中共江苏党史大事记》，中共党史资料出版社 1990 年版。

《中共“三大”资料》，广东人民出版社 1985 年版。

《中国历次全国劳动大会文献》第 1 卷，工人出版社 1957 年版。

《上海工人三次武装起义》，上海人民出版社 1983 年版。

《五卅运动史料（第一卷）》，上海人民出版社 1981 年版。

《黄埔军校史料（1924—1927）》，广东人民出版社 1994 年版。

《黄埔军校图志》，广东人民出版社 2010 年版。

《李立三百年诞辰纪念集》，中共党史出版社 1999 年版。

《中共三大纪念画册》，广州出版社 2006 年版。

《中共中央政治报告选辑（1922—1926）》，中共中央党校出版社 1981 年版。

《中国共产党 90 年图集》上册，上海人民出版社 2011 年版。

《马林与第一次国共合作》，光明日报出版社 1989 年版。

《维经斯基在中国的有关资料》，中国社会科学出版社 1982 年版。

《中国共产党广东地方史》（第一卷），广东人民出版社 1999 年版。

《中国共青团历次全国代表大会概览》，中国青年出版社 2012 年版。

《中国青年运动史》，中国青年出版社 1984 年版。

《中国妇女运动文献资料汇编》第一册，中国妇女出版社 1987 年版。

《力量之源——纪念中共四大 90 周年学术研讨会论文集》，上海人民出版社 2005 年版。

《郑超麟在中共中央机关史料征集与整理学术研讨会论文集》，2021 年 12 月 26 日。

《“最年轻的中共四大代表，北方工人运动的先驱者之一”阮章史料征集与学术研讨会论文集》，2022 年 1 月 25 日。

［匈］贝拉－库恩编：《共产国际文件汇编》第二册，中国人民大学编译室译，生活·读书·新知三联书店 1965 年版。

［苏］索波列夫等：《共产国际史纲》，人民出版社 1985 年版。

《环龙群英会——国民党上海执行部研究》，上海人民出版社 2017

年版。

邓中夏：《中国职工运动简史》，人民出版社 1953 年版。

余世诚、刘明义：《中共山东地方组织创建史》，石油大学出版社 1996 年版。

张静如：《中国共产党全国代表大会史丛书——从一大到十七大》（第二册），万卷出版公司 2007 年版。

邹鲁：《中国共产党史稿》，东方出版中心 2011 年版。

四、传记、年谱

《毛泽东年谱（1893—1949）》（修订本），中央文献出版社 2013 年版。

《周恩来年谱（1898—1949）》（修订本），中央文献出版社 1998 年版。

《任弼时年谱》，中央文献出版社 2004 年版。

《任弼时书信选集》，中央文献出版社 2014 年版。

《革命烈士传》第一册，人民出版社 1985 年版。

唐宝林、林茂生编写：《陈独秀年谱》，上海人民出版社 1988 年版。

姚守中、马光仁、耿易编著：《瞿秋白年谱长编》，江苏人民出版社 1993 年版。

丁言模、黄明彦等编著：《张太雷年谱》，上海辞书出版社 2011 年版。

李玉贞：《马林传》，中央编译出版社 2002 年版。

五、专著

彭穗宁等主编：《中国共产党建设史纲要》，中共中央党校出版社 1989 年版。

郝世昌、李亚晨：《留苏教育史稿》，黑龙江教育出版社 2001 年版。

田子渝、曾成贵：《八十年来中共党史研究》，湖北人民出版社 2001 年版。

李颖：《陈独秀与共产国际》，湖南人民出版社 2005 年版。

肖甡:《唤起工农——中国共产党第四次全国代表大会》，万卷出版公司 2008 年版。

张泽宇:《留苏与革命——20 世纪 20 年代留苏热潮》，人民出版社 2009 年版。

王奇生:《革命与反革命——社会文化视野下的民国政治》，社会科学文献出版社 2010 年版。

苏智良:《中共建党与上海社会》，上海人民出版社 2011 年版。

李颖:《党代会现场：99 个历史深处的细节》，党建读物出版社 2012 年版。

张智丹:《谁主沉浮：中国共产党第四次全国代表大会》，河北人民出版社 2012 年版。

罗平汉:《中国共产党群众路线思想史》，人民出版社 2013 年版。

黄一兵等:《大决策——中国共产党历次全国代表大会探踪》，人民出版社 2013 年版。

李蓉、叶成林:《中共四大轶事》，人民出版社 2015 年版。

齐卫平等:《中国共产党创建与上海》，上海人民出版社 2016 年版。

王敏:《上海大学（1922—1927）与五卅运动》，上海大学出版社 2021 年版。

六、期刊

独秀:《给戴季陶的一封信》,《向导》第 129 期，1925 年 9 月 11 日。

瞿秋白:《中国国民革命与戴季陶主义》(1925 年 8 月)，原载《反戴季陶的国民革命观》,《向导》周报社 1925 年版。

瞿秋白:《国民会议与五卅运动》,《新青年》月刊第 3 号，1926 年 3 月 25 日。

张铨:《论“五卅”中的上海工人运动》,《史林》1988 年第 2 期。

鲁迅:《纪念刘和珍君》,《工人之路》第 254 期，1926 年 3 月 9 日。

王一知:《回忆张太雷》,《近代史研究》1983 年第 2 期。

张锡岭:《东方大学中国班及其对中国革命的作用》,《华东师范大学学报》1988 年第 3 期。

孙石月:《东方劳动者共产主义大学里的中国女留学生》,《党史文汇》2003 年第 6 期。

杨奎松:《共产国际为中共提供财政援助情况之考察》,《社会科学论坛》2004 年第 4 期。

余进东等:《国民革命时期湖南合作社运动再探》,《南华大学学报(社会科学版)》2013 年第 5 期。

张仰亮:《改革开放以来中共四大研究述评》,《苏区研究》2017 年第 2 期。

徐明:《从理想到现实,从蹒跚到健步——中国共产党初创时期四次全国代表大会的历史使命》,《上海党史与党建》2018 年第 9 期。

陶用舒:《新民主主义革命思想形成于中共四大》,《湖南师范大学社会科学学报》1990 年 11 月。

黄辉宝:《略论新民主主义革命基本思想的形成》,《中共党史文摘年刊》1990 年。

郭德宏:《关于党的民主革命总路线基本思想的形成》,《历史研究》1980 年第 1 期。

张静如:《党的新民主主义革命思想形成之史的考察》,《教学与研究》1980 年第 6 期。

韦博、王佩军:《试论中共四大对中国革命性质的探索与贡献》,《上海党史与党建》2022 年第 4 期。

张家禾:《中共四大推动大革命高潮到来》,《解放日报》2012 年 12 月 26 日。

王关兴:《试析中共四大前后党的领导意识的增强及其意义》,《上海党史与党建》2005 年第 1 期。

王小京:《再论中共四大对无产阶级领导权问题的确立》,《兰州学刊》2006 年第 1 期。

齐卫平、张玉菡：《论中共四大与中国共产党的组织完型——中国共产党创建史研究的一个新问题》，《上海党史与党建》2011 年第 9 期。

潘秦保：《党的四大前后陈独秀无产阶级领导权思想中的共产国际因素》，《上海党史与党建》2012 年第 9 期。

徐光寿：《陈独秀是中国共产党的早期领袖——与陈独秀“核心”说商榷》，《中共党史研究》2009 年第 11 期。

张明楚：《“群众性政党”的提出与中共四大的作用》，《上海行政学院学报》2005 年 3 月。

袁士祥：《早期中国共产党人在上海探索群众路线的意义、特点和历史经验》，《中共福建省委党校学报》2014 年第 10 期。

齐卫平：《中共四大对民族革命运动的“新审定”与群众观确立的思想逻辑》，《中共党史研究》2015 年第 11 期。

潘秦保：《从中共四大看群众性政党的形成路径》，《上海党史与党建》2019 年第 3 期。

傅少瑾：《论中共四大对中国共产党组织建设的历史作用》，《领导科学论坛》2015 年第 11 期。

王佩军、刘世炎、潘秦保等：《中共早期纪检监察制度在上海孕育》，《上海党史与党建》2019 年第 1 期。

李蕙芬：《中共四大代表考证新进展》，《上海党史与党建》2005 年第 1 期。

郭绪印：《评陈独秀与中共第四次代表大会》，《党史研究与教学》，2005 年第 4 期。

王佩军、刘世炎、谢长贵：《关于杨殷中共四大代表身份的考证》，《上海党史与党建》2019 年第 7 期。

虹区、益初：《中共四大会址的发现与确认》，《上海党史与党建》2002 年第 12 期。

苗体君、窦春芳：《中共“四大”会址寻踪》，《传承》2008 年第 21 期。

童科、黄明、顾圣莹：《中共四大会址广吉里考证》，《文化月刊》2023 年第 1 期。

后记

《中共四大史》是在中共上海市委党史研究室的指导和中共虹口区委宣传部的具体领导下，由中共虹口区委党史办公室牵头组织本室、中共四大纪念馆和中共上海市虹口区委党校，共同贯彻落实中央关于党史工作“一突出、两跟进”指示精神，迎接党的二十大的召开而编纂完成的。

全书编写过程中，中共党史出版社提出编撰要求，中共上海市委党史研究室严爱云主任给予指导，中共虹口区委常委、宣传部长吴强同志亲自关心推动，并对本书的编写提出了许多宝贵意见建议。中共上海市委党校常务副校长徐建刚、中共上海市委党史研究室一处处长吴海勇、华东师范大学马克思主义学院齐卫民教授、上海大学历史学院忻平教授和上海师范大学人文学院邵雍教授等对书稿提出具体修改意见。

参加本书编撰的人员有虹口区委党史办公室王佩军、许明罡、李新平、虞洪及上海大学博士生韦博，中共四大纪念馆童科、黄明、顾圣莹、袁嘉璐、陈天宇、闫园园、高欣韵，虹口区委党校温美平、忻雪、王洁、潘秦保、武音茜、李银娥、康涛、王萌、曾星等，并分头完成导论、本论和研究概况的资料收集和编撰工作。最后由虹口区委党史办公室主任王佩军统稿、调整、补充。

本书最后修订工作正处上海新冠疫情防控静默时期，有幸得到上海市社会科学联合会副主席、上海市中共党史学会会长、上海大学教授、博士生导师忻平老师拨冗提出的宝贵意见建议。上海大学历史系博士研究生韦博在调整修订和编纂校对上给予了有力的支持与帮助。本书最后书稿由王佩军编纂修订完成，并参阅了中共党史出版社和中共上海市委党史研究室有关出版物以及有关专家学者论文成果。在此一并表示感谢！

由于时间紧，编纂人员水平有限，加之资料收集难免会有遗漏，所编内容肯定存在疏漏和不妥，敬请领导和同志们批评指正。

中共上海市虹口区委党史办公室　王佩军

2022 年 2 月 28 日初稿，

2022 年 5 月 28 日二稿，

2023 年 6 月 10 日三稿。